UWE WOLFF

DER GEFALLENE ENGEL

UWE WOLFF

Der gefallene Engel

Von den Dämonen des Lebens

HERDER
FREIBURG · BASEL · WIEN

Für Hans Blumenberg

Umschlaggestaltung: Neil McBeath
Umschlagfoto: Paolo Ucello, Georg tötet den Drachen,
um 1456 (Detail). National Gallery, London.

Herstellung: Freiburger Graphische Betriebe
ISBN 3-451-23680-X

INHALT

„Denn der Teufel kommt zu euch hinab
und hat einen großen Zorn und weiß,
daß er wenig Zeit hat.“

Offenbarung 12,12

Hinabgestiegen

Ihr alle kennt die Engel des Lebens, die uns seit Kindertagen begleiten. Stille Momente des Glücks, die angehaltene Zeit, die innere Stimme, das lachende Auge des Freundes, die hörbar gewordene Lebensmelodie, der Gesang der Wale, die Bäume des Regenwaldes, ihr wißt, daß in ihnen Worte der Engel schwingen. Denn kein Mensch lebt allein. Jeder ist von sichtbaren und unsichtbaren Mächten und Gestalten umgeben. Jetzt, inmitten der Jahrtausendwende, sind wir endlich achtsam für ihren Klang geworden. Wir sind auf unsere Umwelt angewiesen.

Ihr alle kennt auch die Dämonen des Lebens, die schwarzen Vögel der Seele und den Drachen an unserer Seite. Wo das Licht leuchtet, wird der Schatten sichtbar. Gut und Böse, Hell und Dunkel, Engel und Teufel umgeben unser Leben. Das ist uralte Weisheit der Mythen, Märchen und großen religiösen Urkunden der Menschheit.

Die dunkle Welt der Dämonen und Depressionen gehört zu unserem Leben wie die Nacht zum Tag. Verdrängen wir die Schattenseite der Seele, so verlieren wir das Gleichgewicht und werden krank. Angst frißt die Seele auf, bösartige Zellen wuchern, der Tod zieht ins Haus des Herzens ein. Dämonen können uns so stark in Besitz nehmen, daß wir nicht mehr wissen, wer wir sind und den eigenen Willen im Gewirr der Ansprüche anderer nicht mehr finden. Dämonen sind listig. Sie lieben den Betrug und vor allen Dingen den Selbstbetrug. Freiwillig geben sie ihren Namen nicht preis. Hinter tausend Gestalten können sie sich verstecken: dem Vorgesetzten, den verwöhnten Kindern, den Machtbesessenen, dem Fremdenhaß, der Umweltzerstörung, dem zu hohen Selbstanspruch. Sie verführen zu Unmäßigkeit, Mißbrauch, Habsucht, Zorn, Angst, Angeberei, Stolz, Eifersucht. Dann breitet sich die Gotteskrankheit aus, das Leben ohne Gott und Engel.

Als Schatten stehen die Dämonen dem Kind zur Seite und bedrohen es bereits im Mutterleib, wie die pränatale Psychologie gezeigt hat. Wir nähern uns in sieben Kapiteln den Dämonen des Lebens. Es wird eine Spurensuche nach den Schatten, die zum menschlichen Leben gehören und den positiven Kräften der Erlösung. Sie beginnt im Paradies, dem Uterus der Schöpfung, führt zur Geburt, der Kindheit, Jugendzeit, durch die reiferen Jahre bis zum Tod und darüber hinaus in die Ewigkeit zu Himmel und Hölle.

Ein Buch über die Dämonen des Lebens ist auch ein Abstieg in die eigene Seelentiefe und nimmt euch auf diese persönliche Reise in die Unterwelt und zu den Kräften der Befreiung und Heilung mit. Es erzählt von den Kräften des Glaubens und der Erlösung, von Ichverlust und Gotteskrankheit, vom verlorenen und wiedergefundenen Paradies.

*

Mit Wissenschaft ist dem Teufel nicht beizukommen. Das lernte ich als junger Student der Theologie in Münster, als ich mit sehr gutem Erfolg eine Arbeit über die Dämonenaustreibung in der Synagoge von Kafarnaum schrieb, ohne etwas von den Dämonen des Lebens begriffen zu haben. In Münster gab es den Teufel nicht mehr, man glaubte, er sei den Exorzismen der modernen Theologen gewichen, ja, es habe ihn eigentlich nie wirklich gegeben. Daß dieser aufgeklärte Aberglaube einer Tendenz der Zeit entsprach, konnte ich damals noch nicht wahrnehmen. In jenen Februartagen 1977 hatte ich, noch wohnend im Haus meiner Eltern, eine merkwürdige Begegnung. Auf meinem Schreibtisch lagen gleichzeitig die wissenschaftlichen Kommentare zur Dämonenaustreibung von Kafarnaum und die Artikel über den Fall der von den Dämonen des Lebens besessenen Anneliese Michel aus Klingenberg. „Dies alles gibt es also“, und es war rätselhaft und ungeklärt, wie das terroristische Morden, das im Herbst 1977 die Ohnmacht vor dem Bösen zeigte.

In der Liebesreligion meiner Mutter kam der Teufel nicht vor, niemand hatte mir jemals Angst vor dem Schwarzen oder einer anderen dämonischen Instanz gemacht. Auch war ich als Schulkind der späten Sechziger und Siebziger Jahre mit Freud, Feuerbach und anderen „Entlarvern“ frommer Gefühle und dämonischer Bedrängung aufgewachsen. Gibt es den Teufel und die Dämonen des Lebens, oder gibt es sie nicht? War alles nur

Illusion oder Lüge, was die Kirche und mit ihr die großen Weltreligionen seit Jahrtausenden über den gefallenen Engel und seinen Sturz aus dem Himmel gelehrt hatten? Ein junger Theologe sollte in dieser Sache Bescheid wissen. Aber wen hätte er fragen können, ohne sich lächerlich zu machen? Vielleicht hätte ihm der Professor für Neues Testament die Proseminararbeit aberkannt?

In dieser Situation wurde ich einmal mitten in der Nacht plötzlich wach, drehte mich auf die rechte Seite und blickte in die Tiefe meines Zimmers. Dort stand in vier Metern Entfernung eine weiße Lichtgestalt von Menschengröße. An Attribute wie Flügel kann ich mich so wenig erinnern wie an Gesichtszüge. Die Gestalt strahlte jedoch ein Licht auf die unmittelbare Umgebung aus. Ich hatte vorher dergleichen nie erlebt und konnte jetzt nicht damit umgehen. Sicherlich hätte ich aus dem Bett steigen sollen und auf die Getalt zugehen. Sie hätte sich dann plötzlich verflüchtigt und als pure Einbildung erwiesen. Oder auch nicht! Was wäre dann gewesen? Ich hatte keine Angst, dachte nur so etwas wie „Ich will das jetzt nicht sehen", mit einer leichten inneren Abwehr drehte ich mich im Bett auf die linke Seite um, mit dem Gesicht zur Wand, zog die Decke über den Kopf und schlief nach einiger Zeit ein. Merkwürdiger als die Erscheinung selbst war ihre Verankerung in der Erinnerung bis auf den heutigen Tag. Ich habe sie nie vergessen und bin noch heute überzeugt, daß dort jemand leibhaftig anwesend war.

*

Ostern 1994 bot sich mir die Gelegenheit, die Mutter von Anneliese Michel zu treffen. In Klingenberg hatte sich ein merkwürdiger Heiligenkult entwickelt, nachdem Anneliese an der Gotteskrankheit gestorben war. Aus mehreren Ländern Europas pilgern Menschen zu ihrem Grab. Der Vater hat ihr eine Kapelle errichtet. Es heißt, Anneliese Michel sei in der Nachfolge Christi als Sühnebesessene gestorben. Noch nie in meinem Leben war ich mit solchen Frömmigkeitskreisen in Berührung gekommen. Ihre Vorstellungen von den Dämonen des Lebens hätte ich gerne als mittelalterlich abgewehrt, wenn die zahlreichen wissenschaftlichen Deutungen der Psychologen, Mediziner und Juristen eine vernünftige Klärung des Falles ergeben hätten. Die Restbestände an Unausdeutbarkeit führten zu einer dämonischen Beunruhigung. Dann lernte ich Priester kennen, die exorzistisch tätig sind. Die offizielle katholische Kirche will davon nichts wissen.

„Nun ist die Luft von solchem Spuk so voll,
Daß niemand weiß, wie er ihn meiden soll.
Wenn auch ein Tag uns klar vernünftig lacht,
In Traumgespinst verwickelt uns die Nacht.“
Johann Wolfgang von Goethe
(Faust, Verse 11410 ff)

In der Theologie und auf der Kanzel kommt der Teufel kaum noch vor, *hier* aber spricht man von ihm so vertraut wie Luther in seinen Tischgesprächen. Dazu traten Gleichzeitigkeiten auf, die, isoliert von dem Fall, sicherlich keine besondere Bedeutsamkeit erhalten hätten. Bei einem kleinen Verlag in Altötting bestellte ich telephonisch ein Buch über den Fall Michel, das mit Zustimmung der Familie geschrieben wurde, erkundigte mich bei der Verlegerin nach dem Autor und erfuhr, daß er inzwischen verstorben sei. Die Dämonen hätten ihm gesagt, wenn er das Buch geschrieben habe, werde er sterben müssen. So sei es gekommen, und ich solle aufpassen, daß es mir nicht ebenso ergehe. Dergleichen habe ich von anderen Stellen im Laufe des Jahres noch des öfteren gehört.

In einer Augustwoche wohnte ich am Main bei einem Geistlichen, um von hier aus weitere Zeitzeugen zu befragen, darunter den ehemaligen Verlobten, die Mutter, die Geschwister, die Geistlichen und eine Pilgerleiterin. Den Montagabend verbrachten wir im Gespräch. Es war ein sehr schwüler Tag gewesen. Um Mitternacht lag ich in meinem Zimmer, war schnell eingeschlafen, wenngleich mich zu Anfang das Kruzifix mit dem leidenden Christus etwas beunruhigt hatte. Ein Gewitter weckte mich. Eindrucksvoll zuckten die Blitze über dem Main. Doch dann wurde mir das Gewitter unheimlich und führte schließlich zur schrecklichsten Angst, als plötzlich aus dem Heizkörper unter dem Fenster ein etwa dreißig Zentimeter langer Blitz leuchtendweiß herausschoß und in dem Zimmer einen Brandgeruch hinterließ. Ich suchte Zuflucht im Gebet. Dann schoß ein zweiter Blitzstrahl aus dem Heizkörper, wieder von Brandgeruch begleitet.

Ich zitterte und hätte auf der Stelle das Zimmer verlassen, wenn ich dazu eine Möglichkeit gesehen hätte. „Was geht mich diese ganze Spukgeschichte an!“ dachte ich. Aus meiner Arbeit kannte ich Momente der Beunruhigung. Hier aber war mehr. „Dies alles gibt es also.“ Ich traute mich nicht, an der Zimmertür des Geistlichen zu klopfen. Er würde mich nicht nur für verrückt, sondern auch für abergläubisch halten. Wie könne ich von dämonischer Angst an diesem Ort ergriffen werden? Das Schicksal des Heiligen Antonius und anderer Einsiedler hatte ich in dieser Nacht nicht als Trost und Stärkung vor Augen.

Am nächsten Morgen trafen wir uns zum Frühstück. Der Geistliche erzählte, der Blitz habe in der vergangenen Nacht zweimal ins Pfarrhaus eingeschlagen, die Elektronik der Turmuhr und der elektrischen Pforte lahmlegend. Als ich im Laufe des Vormittags mit der Pilgerleiterin telephonierte, sagte sie ohne Umschweife, die Blitze hätten allein mir gegolten und ich solle mich auf einiges gefaßt machen, wenn ich das Buch über den gefallenen Engel und die Dämonen des Lebens wirklich schreiben wolle. Dem Gastgeber hatte ich schriftliche Erinnerungen des Freundes der Anneliese Michel übergeben. Er wollte sie während des Vormittags lesen. Um fünfzehn Uhr waren wir mit Frau Michel zu einem weiteren Gespräch verabredet. So klopfte ich um Viertel vor drei Uhr an die Tür seines Arbeitszimmers. Kreidebleich trat er heraus, druckste und bat mich um Entschuldigung: Er könne mich nicht begleiten.

Den Grund nannte er mir erst am Ende der Woche. Bei der Lektüre der Erinnerungen habe ihn plötzlich eine Herzbeklemmung ergriffen, er habe sich auf das Bett geworfen mit dem Gefühl, eine schwere unsichtbare Last läge über ihm. In seiner Not habe er zum Telephon gegriffen und einen Freund angerufen, mit dem er im spirituellen Austausch stehe. Dieser Freund hätte ihn gewarnt, sich mit dem Fall Michel zu beschäftigen und mich zu begleiten. Jetzt habe er seine Befürchtungen bestätigt gesehen, als ihm der Geistliche von seinen Beklemmungen erzählte. Am Telephon, so berichtete mir mein Gastgeber, habe ihn sein Gesprächspartner mahnend gefragt, ob er nicht die Peitschenschläge der Hölle in der Leitung vernehme?

Er war also nicht bereit mitzukommen. Woher sollte mir der Mut kommen? Gut, daß ich es doch wagte, „ad inferos" hinabzusteigen. Der Nachmittag mit Anna Michel fand statt in dem Zimmer, wo sie aus ihrer Tochter die Dämonen auszutreiben versucht hatten. Umringt von Heiligenstatuen saßen wir allein an dem Tisch, auf dem Anneliese ihre Schulaufgaben gemacht hatte. Am folgenden Sonntag war er für mich und die Pilgerleiterin als Kaffeetafel gedeckt. Beide Frauen erzählten vor laufendem Tonband von Anneliese.

In dieser Woche hatte ich ein weiteres seltsames Erlebnis. Ich fuhr mit dem Wagen die Kirchen der Gegend um Klingenberg ab, um die Darstellungen der Dämonen des Lebens und der Kämpfer gegen das Böse zu studieren, die Anneliese vor Augen gehabt hatte und die ihre dämonische Phantasie beflügelt haben könnten. Als ich in einem Gasthaus einkehren wollte, entschuldigte sich die junge Frau an der Rezeption dafür, daß sie mich vor einer Stunde bei meinem Rundgang durch Klingenberg beinahe überfahren habe. Sie dachte, ich hätte sie verfolgt. Ich hatte nichts von der Gefahr bemerkt. Der Engel war nicht von meiner Seite gewichen. Ich war nicht allein hinabgestiegen, sondern von guten Mächten wunderbar geborgen und an unsichtbarer Hand geführt worden. „Wo zwanzig Teufel sind, da sind auch hundert Engel. Wenn das nicht so wäre, wären wir schon längst zugrunde gegangen" (Martin Luther).

Klein Solschen, 27. Juli 1995 *Uwe Wolff*

GEBURT

DAS VERLORENE PARADIES

„Mein Leben ist das Zögern
vor der Geburt.“

Franz Kafka

Böses Kind, ängstliches Kind

Vor vielen Jahren, als Mütter noch mit ihren Kindern beteten und der Schutzengel am Kopfende des Gitterbettchens die ganze Nacht wachte, vor langer Zeit, als Mütter noch Märchen vorlasen vom bösen Wolf und einem, der auszog, das Fürchten zu lernen, von dem Kind mit der Glückshaut und dem Teufel mit den drei goldenen Haaren, in jenen Jahren, als jederman zu wissen glaubte, das Reich des Bösen läge im Osten, das Reich des Guten im Goldenen Westen jenseits des Ozeans, da betete das Kind jeden Abend in die Hand der Mutter:

„Müde bin ich, geh' zur Ruh',
Schließe beide Äuglein zu.
Vater, laß die Augen Dein,
Über meinem Bettchen sein.
Hab' ich Unrecht heut' getan,
Lieber Gott vergib's:
Ich will wieder artig sein,
Hab' mich wieder lieb."

Es wußte nicht genau, was die Worte „Unrecht" und „Vergebung" bedeuteten, aber es besaß eine Vorstellung von dem, was gemeint war. Unrecht tun war etwas Ähnliches wie „böse sein". „Böse sein" war, wenn es den Vater „alter Ziegenbock" nannte, ein Glas mit Himbeersirup fallenließ oder den Spitz Bambilo ärgerte. Böse war, wenn es der Kindergärtnerin nicht gehorchte. Kam der Kaplan in den Kindergarten, dann mußte das Kind ihm das gute Händchen geben. Ein Riß teilte die Welt. Das rechte Händchen gehörte zur guten Welt, das linke Händchen zur bösen Welt. Rechts neben Christus saßen die guten Menschen, links neben ihm die bösen. Zur Rechten öffneten sich die Tore des Himmels, zur Linken die Pforten der Hölle.

Rechts und Links, beides gehörte zum Kind. Aber die eine Seite war gut, die andere böse. Warum war das so? Was böse war und was gut, sagten dem Kind die Eltern, Großeltern, Nachbarn und der Herr Kaplan. Böse sein machte manchmal Spaß, aber es hatte meist schlimme Folgen. Das Kind mußte dem Vater das gute Händchen geben, ihn in die Augen blicken und sagen: „Ich will wieder lieb sein!" Und der Vater im Himmel reagierte wie der Vater auf Erden. Den einen sah das Kind selten, den anderen hatte es noch nie gesehen. Aber beide Väter blickten auf alles, was das Kind tat oder unterließ. Beide sprachen nicht persönlich mit dem Kind. Sie ließen es über die Mütter sagen.

„Ich will wieder artig sein." Die Worte konnte das Kind nur mit gesenktem Haupt beten. Doch mit den Augen schielte es nach oben zum Gesicht der Mutter: „Hab' mich wieder lieb." Noch konnte das Kind die großen Fragen nicht stellen: Was ist gut, was ist böse? Warum sind Menschen böse? Woher kommt das Böse? Hat Gott auch das Böse geschaffen? Die Erwachsenen wußten, was richtig oder falsch, gut oder böse war. Sie wußten es so selbstverständlich, daß sich das Kind schuldig fühlte, es nicht gewußt zu haben. Es war böse, nicht zu wissen, was als böse oder gut galt. Es war böse, eine innere Stimme bestätigte, was die Erwachsenen sagten.

„Es war das Wort des Onkels, das mir die Augen geöffnet hatte." Ein alter Mann erinnert sich der Streiche aus seiner Kindheit. Im Dorf Bralitz am Rand der Alten Oder wird Hochzeit gefeiert. Der siebenjährigen Knabe soll Blumen auf den Weg des Brautpaares streuen. Es ist die Tante, die heiratet. Schon ist der Knabe mit einem weißen Matrosenanzug fein ausstaffiert, doch noch bleibt Zeit bis zur Trauung. Das Kind vertreibt sie sich in den Stallungen, atmet den Geruch des Ledergeschirrs ein, so intensiv, daß es ihn siebzig Jahre später noch wahrzunehmen glaubt. Doch die Stallwärme hüllt auch eine Erinnerung an frühe Untaten ein und an ein schlechtes Gewissen, das sich in den verflossenen Jahrzehnten nicht beruhigt hat.

Von der anderen Seite des Hofes hatte der Knabe Kinderstimmen vernommen. Dorfjungen spielten in der alten Ziegelei. Das war verboten, das wußten alle, auch der junge Hochzeitsgast. Doch der verbotene Raum ist auch ein Ort für verbotene Spiele. Altes, unbrauchbares Gerät steht dort herum, das niemand mehr zu etwas wert hält. Es setzt die Lust an der Zerstörung frei. Und die greift schnell hinüber von den Glasfenstern des alten Maschinenhauses zu den Lebewesen, die im lehmigen Wasser des Kühlbeckens schwimmen. Inmitten dieser Rückverwandlung der Industrielandschaft in einen Biotop bewegen sich die Dorfjungen. „Sie fingen Frösche aus den Becken, steckten ihnen einen Strohhalm in den After, bliesen sie auf, daß sie ganz rund waren, und warfen sie ins Wasser, daß sie aufklatschten und wie Bälle schwammen, mit den Beinen ruderten, aber zu unserem Gaudium nicht vorwärtskamen. Auch ich ließ mir einen Strohhalm geben und beteiligte mich an dem Spiel."

Am Ende ist der weiße Matrosenanzug so befleckt wie die Seele. Der Knabe hatte nicht gehört, wie er zur Hochzeitsgesellschaft gerufen wurde. Ein Stallknecht brachte ihn ins Haus und berichtete, was er gesehen hatte. Das Kind hatte nicht gemerkt, wie es sich den Matrosenanzug mit Lehmspritzern befleckte, und hatte mit der beschmutzten Kleidung die Blumen für das Hochzeitspaar gestreut, sich nichts dabei gedacht und sich der Frösche nicht erinnert. Mutter und Tanten wiesen auf die beschmutzte Kleidung und Onkel Martin auf die darunterliegende beschmutzte Seele. „Er fragte mich, wie ich mich wohl fühlen würde, wenn jemand mich so aufblasen würde wie die Frösche." Das saß und war schlimmer, als jeder Vorwurf es hätte sein können. Der Knabe schämte sich und verließ das Zimmer.

> „Was du nicht willst, das man dir tu'
> Das füg' auch keinem anderen zu!"

Wurde er von Onkel Martin zurückgeholt? Gab es eine Versöhnung zwischen Mutter und Sohn? Durfte er am Ende doch noch die Hochzeitsblumen über den Teppich seiner Sünden streuen? Erwin Wickert (*1915) berichtet nichts vom weiteren Verlauf jenes Tages. Sicherlich hatte die Familie die böse Tat im Trubel des Tages bald vergessen. Nicht so das Kind, in dessen Seele sie sich als unauslöschliche Gedächtnisspur einbrannte. Ist es böse, Frösche wie Luftballons aufzublasen? Fröscheaufblasen hatte Spaß gemacht, hatte die Dorfkinder erheitert. Die Tat sei kein böses Werk gewesen, erst das Wort des Onkels habe sie zu einem bösen Werk werden lassen. „Erst da, erst in dem Augenblick, als ich die Forderung des Onkels anerkannte, die Tiere nicht als Sachen, sondern als mir verwandte Wesen erkannte und ihre Schmerzen mitfühlen konnte, erst da entstand das Böse."

Was gut oder böse ist, lernt das Kind von den Eltern. Aber die Stimme des Gewissens ist mehr als die Verinnerlichung dessen, was die Eltern einst sagten. Sie ertönt unerwartet und spricht dann gegen die Konventionen der Gesellschaft. Unter der Dorfjugend in Reuden war es jedes Frühjahr üblich, die Nester von Sperlingen und Krähen auszunehmen. Hoch kletterten die Büblein in die Bäume, hüpften von Ast zu Ast und plünderten die Vogelnestchen. Das galt im Dorf als gute Tat, das war nicht böse, wie das Aufblasen der Frösche. Die Bauern ermunterten die Jungen dazu, und schon der Dorfschullehrer hatte sie die heimische Fauna in gute und böse Tiere einzuteilen gelehrt. Gute Tiere waren die nützlichen, böse Tiere die schädlichen. Böse waren Mücken und Fliegen, Krähen und Spatzen, Habichte und Bussarde, Füchse und Marder, gut dagegen alle Haustiere, Schwalben, Regenwürmer, Singvögel.

Onkel Martin hatte den Knaben die Achtsamkeit gegenüber den Fröschen gelehrt. „Quäle nie ein Tier zum Scherz, denn es fühlt wie Du den Schmerz." Nun hätte der Knabe wissen können, was gut und was böse ist. Böse ist die Unachtsamkeit gegenüber dem Brudertier, böse die fehlende Anerkennung des fremden Schmerzes. Doch es bedurfte einer weiteren Erfahrung. Vom Vater hatte der Neunjährige ein Luftgewehr geschenkt bekommen. Schießübungen im Garten zeigten, wie wenig treffsicher der Knabe war. Eine Flasche auf einem Pfahl bildete das Ziel. Doch die Kugeln pfiffen vorbei. Vielleicht war das tote Objekt auch keine genügende Herausforderung für den jungen Schützen, denn als er auf den Vogel im Kirschbaum zielt und abdrückt, flattert dieser herab mit einem schleppenden Flügel. Mit Entsetzen sieht das Kind, daß es kein „böses", sondern ein „gutes" Tier getroffen hat, ein Rotkehlchen.

Was wäre gewesen, wenn der kleine Erwin Wickert einen Spatz getroffen hätte? Hätte er ihn liegengelassen und gespannt von der Ferne auf die nächste Katze gewartet, die im grausamen Spiel dem Leben des Vogels ein langsames Ende bereitet? Hätte er einen Spaten geholt und damit dem Spatz den Kopf abgetrennt, um sein Leiden zu beenden? Das Rotkehlchen wird umhegt, in einen Korb gesetzt. Ein Wassernapf wird geholt, Körner werden vor das Brudertier gelegt. Das Herz klopft. „Ich wollte wiedergutmachen, aber was ich auch tat, es war vergeblich."

Am Abend ist das Rotkehlchen tot. Im Garten wird es begraben. Ein kleines Holzkreuz kennzeichnet die Stelle. Es markiert auch eine Wende im

Wissen des Kindes um Gut und Böse. Die böse Tat wies über den Tag hinaus, ja über den Rand des Lebens in die Ewigkeit. Gut und Böse, Leid und Sterben, Tod und Schuld gehörten auf geheimnisvolle Weise zusammen. Das Gewehr wird in eine Ecke des Speichers gestellt und nie mehr benutzt. Die Erinnerung an den Tod des Rotkehlchens begleitet untergründig den Knaben durch ein langes Leben. Noch siebzig Jahre später denke er nicht gerne an die Tat zurück. Die Urszene im Obstgarten des Elternhauses war eine Wiederholung jener Urerfahrung von Gut und Böse, Schuld und Tod, von der die Genesis, das erste Buch der Bibel, berichtet. Das Kind war wissend geworden, es mußte aber ein hohes Alter erreichen, um darüber hinaus weise zu werden: „Ich bitte die Frösche und die Vögel, die ich mißhandelt oder umgebracht habe, um Verzeihung."

Der Drachentraum

Sein Vater war ein Draufgänger, wie ihn die Jungen lieben. Ein Typ wie Arnold Schwarzenegger, Sylvester Stallone und Dolph Lundgren, Herrscher über drei Reiche, ein Mann von Welt, im Orient ebenso zu Hause wie im Okzident, ein großer Liebhaber, dessen Künste die Frauen schätzen. Im Osten war er verheiratet mit einer schwarzen Königin, im Westen mit einer weißen Königin, und keine wußte von der anderen. Er war ein Held, aber auch ein Betrüger, er war ein edler Ritter, aber auch ein Schuft. Er war schwarz und weiß in seiner Seele, und das gemeinsame Kind mit der schwarzen Königin Belakane trug die Zeichen der Seele offen sichtbar auf seiner Haut. Feirefiz hieß das Kind, dessen Haut schwarzweiß gemustert wie ein Schachbrett war. Die Königin des Westens hieß Herzeloyde. Im neunten Monat war sie schwanger, als sie die Nachricht vom Tod ihres Mannes umwarf. Gahmuret hatte im Kampf vor Bagdad sein Leben gelassen. Natürlich war ein Ritter von diesem Schlage nur durch die List des Feindes, nicht aber im edlen Wettstreit zu besiegen gewesen. Ein böser Feind hatte das Blut eines Bockes in eine lange Flasche gefüllt und diese auf dem Diamanthelm des Ritters Gahmuret zerschlagen. Da wurde der Helm so weich wie ein Schwamm und bot Gahmuret keinen Schutz mehr. Ipomidons Lanze durchstieß den Helm und durchbohrte die Stirn, in der man später die abgebrochene Spitze fand.

Vorahnungen hatten Herzeloyde heimgesucht, ein Alptraum während der Mittagsruhe. Die Hochschwangere wälzte sich unruhig im Schlaf, stöhnte und klagte. „Ihr war, als träge ein Meteor sie hoch durch die Lüfte, wo feurige Blitze sie gewaltig erschütterten. Alle zuckten auf sie nieder, so daß es in ihren langen Zöpfen von Funken nur so knisterte und zischte. Mit fürchterlichem Krachen hallte der Donner und ließ feurige Tränen auf sie niederregnen." Ein apokalyptisches Bild, dem sogleich ein zweites folgte. Ein Greif zerrt an ihrer rechten Hand. Wieder wandelt sich die Szene. Die Schwangere träumt, ein Kind läge an ihrer Brust. Dann wandelte sich die Gestalt, ein widerliches Wesen drang in ihren Leib, ein Drache, der sie aussaugen wollte, hing an ihren Brüsten. Er riß ihr das Herz aus der Brust und verschwand.

Jungfrauen weckten ihre Königin aus dem erotischen Todestraum. Doch da trifft die Nachricht von der Ermordung des Gatten im fernen Bagdad ein, und Herzeloyde sinkt bewußtlos zu Boden. Ohnmächtig wirkt auch die Hofgesellschaft. Man läßt die Hochgravide ohne Hilfe liegen. Die Mutter ringt mit dem Tode. Und das Kind? Der Böse war in das Leben der jungen Familie eingebrochen, der Drache im Traum symbolisierte dies deutlich. Satan griff der Königin ans Herz, wollte ihr Leben. Tausende von Frauen und Müttern haben zu allen Zeiten und in allen Kulturen den Einbruch des Bösen erleben müssen, wie ihn Herzeloyde niederschmetternd erfährt.

Als endlich Hilfe kommt und Herzeloyde erwacht, zeigt sich eine innere Wandlung. Sie hat Mut gefaßt, will den Kampf gegen den Drachen aufnehmen, sie will ihren Mann neu zur Welt bringen, will Gahmuret gebären. Mit Armen und Händen umschließt sie den gewölbten Leib, beschwört ihren Lebens- und Liebeswillen. Gahmuret darf nicht ein zweites Mal in ihrem Leib sterben. Mögen Jungfrauen und Knappen denken, was sie wollen: Herzeloyde reißt sich das Hemd von der Brust, beugt ihr Haupt und berührt mit roten Lippen ihre Brustspitzen, streichelt sie, bis Milch aus ihnen tropft. Dann läßt sie sich das blutbespritzte Hemd bringen, in dem ihr Geliebter starb, und will es über ihren Leib streifen. Doch die Etikette des Hofes läßt dies nicht zu. Wie eine Reliquie wird das Hemd zusammen mit der Lanzenspitze in der Kirche beigesetzt. Vierzehn Tage später kommt das Kind zur Welt, wird Gahmuret wiedergeboren.

Vor bald achthundert Jahren hat Wolfram von Eschenbach die Geschichte von Gahmuret und Herzeloyde niedergeschrieben. Es ist ein Epos vom verlorenen und wiedergefundenen Paradies. Das Kind ist geboren, die Königin stillt es gegen die Sitte der Zeit selbst. Besondere Aufmerksamkeit gilt dem Schniedelwutz, den das Kind zwischen den Beinen trägt. Immer wieder wird er geküßt, und die Königin ruft dabei: „bon fils, cher fils, beau fils!" Noch im Knabenalter wird das Kind seinen wahren Namen nicht kennen, sondern sich mit den Kosenamen aus der Säuglingszeit vorstellen. „Mein gutes Söhnchen, mein teures Söhnchen, mein schönes Söhnchen", so habe ihn die Mutter gerufen.

Die Stillende umfaßt ihr Kind, ihren Geliebten, ihren Mann. Gahmuret liegt zurückgebettet an Herzeloydes Brust. Doch der Säugling wächst, das Kind lernt laufen und die Welt des Hofes kennen. Bald könnte es erfahren, wer sein Vater gewesen ist, bald würde es sich für Ritter- und Kampfspiele interessieren. Die Mutter will dies verhindern, will Gahmuret nicht ein zweites Mal in die Ferne ziehen lassen. Ein künstliches Paradies wird angelegt, der Knabe soll in den Uterus zurückkehren. Durch einen tiefen Wald geht der Weg in die Isolation. Hier wird eine Rodung geschlagen. Die Königin verzichtet auf ein Hofleben in Wohlstand, wird Einsiedlerin mit einer kleinen Schar Bediensteter in der Einöde von Soltane. Ihre Diener sind eingeweiht. Kein Sterbenswörtchen darf über die höfische Welt fallen, niemals soll der Knabe etwas von Rittern hören.

Auch dieses Soltane liegt überall, wo Eltern ihre Kinder vor den negativen Einflüssen schützen wollen. Draußen, außerhalb des familiären Schonraumes ist die böse Welt der Gefährdungen, drinnen die künstlich erhaltene gute Welt. Doch Gutes und Böses lassen sich nicht vollständig und auf Dauer trennen. Innen- und Außenwelt durchdringen sich. Was außen, jenseits der tiefen Wälder von Soltane gebannt schien, ist unverhofft in der Seele des Knaben. Der Drache ist wieder da, der Schwarze, die andere Seite bricht in das Paradies ein.

Niemand hatte damit gerechnet, keiner hatte es ihn gelehrt. Eines Tages schnitzt sich der Knabe Bogen und Pfeile und geht damit auf Vogeljagd.

Doch seine Lust wird zur Quelle seines Leidens. Kaum hatte er einen Vogel erlegt, war die Jagdleidenschaft verflogen. Er fing an, zu weinen und sich in Verzweiflung die Haare zu raufen. Das wiederholte sich. Er wußte nicht, wie ihm geschah. Bald reichte der Gesang der Vögel aus, um süße Bitternis in seinem Herz zu entfachen und eine Sehnsucht nach etwas, das er nicht kannte. Bitterlich weinend lief er zur Mutter und konnte den Grund seiner Traurigkeit nicht nennen. Herzeloyde kannte das Fernweh ihres Mannes, doch was wußte der Knabe von der Ferne? Er lebte abgeschirmt von der Außenwelt. Nur die Vögel und die Sterne waren Boten der anderen Seite. Herzeloyde gab den Befehl zur Tötung aller Vögel. Mit Gewalt versucht sie das künstlich errichtete Paradies vor dem Untergang zu retten. Doch den Knaben drängt es in die Welt. Er weiß es nur noch nicht. Die Mutter erkennt die Vergeblichkeit ihres Versuches, das Kind vor fremden Einflüssen vollkommen schützen zu wollen, und nimmt den Befehl zur Ausrottung der Vögel zurück.

Im Vogelmord war das väterliche Erbe zum Durchbruch gekommen. Was er getan hatte, lag in seinem genetischen Material vorgeprägt, doch hätte sich der Vater niemals über einen toten Vogel gegrämt. Der Knabe war ein leidenschaftlicher Jäger, erlegte mit dem Jagdspeer manchen Hirsch. War so stark, daß er ihn auf seinen Schultern heimtragen konnte. Jagen war das Natürlichste von der Welt, ein gutes Werk, eine nützliche Tat zur Verpflegung der Mutter und des Gesindes. In der Vogeljagd übte sich der Knabe. Doch was plötzlich in die Einöde von Soltane einbrach, war die andere Seite, etwas Dunkles, der Schrecken vor dem eigenen Wesen, Schuldgefühle, Mitleid mit der Kreatur, mit sich selbst. Wer mochte sagen, was es war und woher die Verzweiflung kam?

Ein Riß hatte sich mitten durch die Seele des Knaben gezogen. Sie war jetzt schwarz und weiß wie das Federkleid der Elster, wie Hölle und Himmel. Hatte die Mutter nicht alles getan, um diesen Riß in der Seele ihres Kindes zu verhindern? Sie traf keine Schuld. Der Knabe wird zum zweiten Mal geboren. Die Mutter belehrt ihn über Himmel und Hölle, Gott und Teufel. Der Herr der Hölle sei schwarz und kenne nur die Untreue. Wo der Mensch vom Zweifel gespalten sei, da sei der Schwarze nah, um ihn zu Fall zu bringen.

Der Knabe aus dem künstlichen Uterus trägt einen sprechenden Namen. Er heißt „Mittenhindurch“ – Parzival. Mitten durch das Herz der Mutter war die Todesnachricht aus Bagdad gegangen, mitten durch Parzivals Seele zog sich der Riß der Schöpfung. Der Böse konnte vom Leben des Kindes nicht ferngehalten werden, er brach mitten hindurch das Paradies von Soltane, trieb Parzival hinaus in die Welt und hinein in eine lange Suche nach Erlösung von dem Bösen.

Vorgeburtlicher Streß

Svenja wird zum ersten Mal Mutter. Noch schüchtern zeigt sie das erste Ultraschallfoto von ihrem Kind. Neele soll es heißen. Ein dicker Kiefernholzrahmen von IKEA, darin die kleine Neele. Neele liebt die Natur, Wanderungen durch die Lüneburger Heide, Arbeit im Garten. Aber sie schläft auch gerne auf dem Sofa vor dem Kamin. Bestimmte Lieblingsspeisen hat sie nicht. Ein Gläschen alkoholfreien Sekt trinkt sie gerne. Zur Entspannung hört sie „Return to Innocence“ von Enigma, aber auch Irische Folklore und Gregorianische Gesänge.

Schon lange vor der Geburt kennt Neele die Welt ihrer jungen Mutter. Auch der kleine Parzival hatte ein Leben vor der Geburt. Er spürte die Hand der Mutter, vernahm ihren Gesang, das Rasseln der Kettenhemden und das Klappern der Ritterrüstungen. Schwarz und weiß, hell und dunkel, laut und leise, süß und bitter, warm und kalt, Trauer und Freude, Zärtlichkeit und Gewalt hatte er im Mutterleib erlebt. Herzeloyde war bei der Todesnachricht ohnmächtig zu Boden gesunken. Das war auch ein Schock für den kleinen Parzival. Doch bei der Geburt sollte es noch schlimmer kommen. Mutter und Kind wären beinahe gestorben.

Die Mythen der Menschheit und ihre großen Dichtungen sind die Ultraschallaufnahmen unserer Herkunft. Der Garten Eden ist der Uterus der Menschheit, und der enge Zusammenhang zwischen vorgeburtlichem Leben und unserem Leben nach der Geburt wurde nicht erst durch die moderne Vorsorgeuntersuchung für Schwangere entdeckt. Er ist Menschheitserbe. Das Kind im Mutterleib vernimmt die Stimme seiner Mutter, es reagiert auf die Hand. Herzeloyde und der ungeborene Parzival, Elisabeth und der ungeborene Johannes, Rebekka und die Zwillinge Jaakob und Esau – weit zurück bis zu den ersten schriftlichen Zeugnissen der Menschheit ist die lebendige Einheit von Mutter und Fötus bezeugt. Die Urerlebnisse im Mutterleib haben uns geprägt.

Geburt ist Übergang in einen anderen Lebensraum, ein Biotopwechsel. Wir aber sind, was wir sind, schon vor der Geburt. Wir sind von Anfang an da. Das will zumindest die älteste narrative Ultraschallaufnahme der Menschheit bezeugen. Sie stammt aus einer Zeit noch vor der Seßhaftwerdung der Menschheit. Jäger und Sammler zogen umher, nomadisierende Schafhirten trieben ihre Herden durch den Orient. Ihr Konflikt spiegelt sich in dem Brüderpaar Jaakob und Esau. Der eine wurde ein Hirte, der andere ein Jäger. Auch heute noch kennt fast jedes Kind ihre Geschichte. Jaakob hatte den rothaarigen Zwillingsbruder für ein Linsengericht das Erstgeburtsrecht abgeschwatzt und mit Hilfe der Mutter den blinden Vater betrogen. Felle eines Ziegenböckleins hatte ihm die Mutter um Hals und Arme gelegt, da Esaus Haut rauh und zottelig war. Und der blinde Vater ließ sich betrügen, erkannte zwar Jaakobs Stimme, fühlte jedoch die borstigen Esauzotteln auf Jaakobs Haut und segnete ihn.

Betrug und Hinterlist, Kampf, Haß, Rachegefühle und Flucht bestimmen die Beziehung zwischen dem ungleichen Brüderpaar, bis es am Ende zu einer Versöhnung kommt. Wie aber fing alles an, und woher kam das Böse, das zwischen Jaakob und Esau stand? Wer eine Antwort finden will, muß zu den Müttern gehen. Sie bewahren das Geheimnis unserer Ursprünge. Heinrich Faust wird zu ihnen hinabsteigen. Die biblische Erzählung weist zurück in die Zeit der Schwangerschaft. Rebekka, Tochter Betuels aus Mesopotamien, dem Zweistromland und der Wiege der Menschheit, Schwester des Aramäers Laban, hatte den Nomaden Isaak geheiratet. Der war als Knabe auf dem Berg Moria knapp dem Opferwillen seines Vaters entgangen. Jetzt hatte er zwei Söhne gleichzeitig gezeugt. Doch die waren bereits im Mutterleib voller Unruhe. Sie drehten und wälzten sich, daß es Rebekka dabei übel wurde. Unfruchtbar wie die Schwiegermutter war sie gewesen, und erst als Isaak mit seinem Gott gesprochen hatte, ward sie schwanger. Zuerst hatte sie sich gefreut, doch dann wurde sie ihres Zustandes überdrüssig. Zwei Leibesfrüchte hatte ihr der Herr geschenkt, doch böse Vorahnungen beschlichen sie. „Und die Kinder stießen sich miteinander in ihrem Leib." Noch waren sie nicht geboren und schon stritten sie sich. Wofür dann die Mühe der Schwangerschaft? „Wenn mir's so gehen soll, warum bin ich schwanger geworden?" Gut, daß der Herr nahe war und sich befragen ließ. Rebekka wendet sich an den Herrn des Lebens, den göttlichen Schwangerschaftsberater. Erst hatte er ihr die Fruchtbarkeit verwehrt, dann mit zwei Leibesfrüchten gesegnet, und nun ließ er zu, daß es der jungen Mutter jeden Tag arg und ärger ging. Der Herr der Geborenen und Ungeborenen kann Rebekkas Zustand erklären: „Zwei Völker sind in deinem Leibe, und zweierlei Volk wird sich scheiden aus deinem Leibe; und ein Volk wird dem anderen überlegen sein, und der Ältere wird dem Jüngeren dienen."

Dagegen kann sich Rebekka nicht wehren. Es ist, wie es sein soll. Der Erstgeborene wird sein Erstgeborenenrecht verlieren. Das zeigt sich schon bei der Geburt. Esau, rötlich und ganz rauh wie Ziegenfell, verläßt als erster den Uterus. Doch Jaakob, der später als reifer Mann selbst den Ringkampf mit einem Engel aufnimmt, hält Esau an der Ferse fest, als wollte er ihn zu sich in den Uterus zurückziehen. „Danach kam heraus sein Bruder, der hielt mit seiner Hand die Ferse des Esau" (Genesis 25,26). Isaak liebte besonders den erstgeborenen Esau und aß gerne das Wildbret, das ihm dieser auftischte. Die Mutter aber liebte Jaakob.

Urerfahrungen leben in uns fort. Was Jaakob, Esau, Parzival, Johannes oder Neele im Mutterleib erfahren, prägt sie für ihr Leben. Im Uterus bilden sich Körper, Geist und Seele aus. Hier wird das Fundament für das Haus unseres Lebens gelegt. Was vor oder während der Geburt geschieht, hallt ein langes Leben lang in uns nach. Das gilt für gute und böse Erfahrungen. Liegt die Wurzel des Bösen im prä- und perinatalen Streß? Hätte der Streit zwischen Jaakob und Esau verhindert werden können, wenn die Schwangerschaft anders verlaufen wäre? Hätte die Unruhe Parzival nicht ergriffen, hätten Schuldgefühle ihn nicht heimgesucht und eine namenlose Angst, wenn Herzeloyde während des neunten Monats nicht ohnmächtig geworden und die Geburt nicht so schrecklich für Mutter und Kind gewesen wäre?

Das Interesse an der Beschreibung des Lebens vor der Geburt ist so alt wie die Kunst. Was ist hier Dichtung, was Wahrheit? Wo beginnt das Wunschdenken und die Projektion einer heilen Welt auf die ersten neun Monate des Lebens? In Mythen ist die kollektive Erinnerung an das Leben vor der Geburt bewahrt, in den Erzählungen von Müttern die Erinnerung an die Entfaltung eines einzelnen Schicksals. Ohne Rebekka und Herzeloyde wüßten wir weniger über die Anfänge des Lebens. Aber die Mitteilungen der Mythen und Mütter ersetzen nicht die unmittelbare Erfahrung der Kinder. Wir wissen nicht, was Jaakob, Esau und Parzival sahen, fühlten und empfanden, als sie im Leib ihrer Mütter waren. Ihre Freuden und Ängste haben sie uns nicht mitgeteilt. Wäre dies überhaupt möglich? Gibt es glaubwürdige Erinnerungen an die Zeit vor der Geburt? Und wie weit reichen sie zurück? Bis zum neunten Schwangerschaftsmonat? Darüber hinaus, bis zum Tag der Zeugung?

Keine Wissenschaft kann die Urerfahrungen des Lebens ergründen, und so sind es Künstler, die Worte und Bilder finden für jenen intrauterinen Zustand jenseits der Sprache.

Adalbert Stifter (1805–1868) ist mit seinem bruchstückhaften Versuch „Mein Leben" hinabgestiegen in das Namenlose und hat den Uranfang seines Lebens in wortgewordene Empfindung gebannt. „Weit zurück in dem leeren Nichts ist etwas wie Wonne und Entzücken, das gewaltig fassend, fast vernichtend in mein Wesen drang und dem nichts mehr in meinem künftigen Leben glich. Die Merkmale, die festgehalten wurden, sind: es war Glanz, es war Gewühl, es war unten. Dies muß sehr früh gewesen sein; denn mir ist, als liege eine sehr weite Finsternis des Nichts um das Ding herum." Eine Urerinnerung an ein Erlebnis von so gewaltiger Intensität, daß es im weiteren Leben nicht mehr überboten wurde. „Glanz und Gewühl", höchste Freude und etwas Ungeheures, das auf der Seele lag. Am Anfang war Entzücken und Entsetzen. Welcher Anfang? Die Verschmelzung von Samen- und Eizelle? Die Geburt? „Dann schwamm ich in etwas Fächelndem, ich schwamm hin und wider, es wurde immer weicher und weicher in mir, dann wurde ich wie trunken, dann war nichts mehr."

Kein Protokoll, kein intrauterines Tagebuch legt der Selbstmörder Stifter vor, sondern den Versuch einer Sagbarmachung eines im letzten unsagbaren Zustandes, die Annährung an den Geheimnisstand, den späten Reflex auf früheste Empfindung, eine ins Wort gesetzte Urerfahrung, die sich letztlich jedem rationalen Zugriff entzieht. Wie jede Annäherung an die Ursprünge des Lebens mag sie mehr über denjenigen aussagen, der sich erinnert, als über das, was tatsächlich gewesen sein mag. Der Ursprung der

Seele ist nicht auf einem Ultraschallfoto abzulichten. Wahr ist das, was den größten Anspruch auf Wahrscheinlichkeit hat, was Evidenz erzeugt und ein ernstes Nicken, das bestätigt: Ja, so könnte es bei uns allen gewesen sein.

Wie glaubwürdig sind die intrauterinen Erinnerungen eines Exzentrikers, besonders wenn sie so hochgemut eröffnet werden: „Ich vermute, daß meine Leser sich überhaupt nicht oder doch nur sehr undeutlich an die höchst wichtige Zeit ihres Daseins erinnern können, die vor ihrer Geburt lag und im Leib ihrer Mutter sich abspielte. Aber ich – ja, ich erinnere mich an diese Zeit, als sei es gestern." Das klingt so, als spräche Karlson vom Dach. Die Kunst der pränatalen Erinnerung könne jeder Mensch erlernen, wie die folgende Übung zeige: Jeder Mensch kenne die Lichtwahrnehmungen, die entstehen, wenn man bei geschlossenem Lid auf das Auge drücke. Selbst im dunklen Raum können sie erzeugt werden. Blitzende Bilder entstehen dabei, Farbkreise werden sichtbar. Es seien die himmlischen Aureolen der Engel, die das Kind im Mutterleib sah. „Das intrauterine Paradies hatte die Farben der Hölle, das heißt Rot, Orange, Gelb und Bläulich, die Farbe von Flammen, von Feuer; vor allem war es warm, unbeweglich, weich, symmetrisch, doppelt und klebrig", glaubt sich Salvador Dali zu erinnern.

Seine Autobiographie „Das geheime Leben des Salvador Dali" erschien 1942. Das Leben im Mutterleib war für ihn das Paradies, die Geburt dagegen wie der Sündenfall ein traumatisches Erlebnis. Menschliche Phantasie und künstlerische Hervorbringungen wollte Dali als symbolische Wiederherstellung des Paradieses und Überwindung des Geburtstraumas verstehen. Im Himmel der Phantasie wurde der Sieg über die Hölle der Geburt errungen. Nicht jeder Mensch ist ein Künstler, nicht jeder hat genügend Phantasie, um die Folgen des vorgeburtlichen Stresses in Vers und Flötenlied zu mildern. Mit Hilfe von Hypnotherapie, Urschreitherapie (Arthur Janov), Rebirthing (Leonard Orr) oder Regressionstherapie (Wolfgang Hollweg) versuchen viele Menschen, sich ihres Lebens vor der Geburt zu erinnern, um Antwort zu finden auf die Ursache seelischer und körperlicher Leiden. Sanfte Geburtsmethoden nach Dick Read, Lamazze oder Leboyer dienen der Minderung des Stresses.

Das Kind hatte einen Traum. Wie oft es ihn geträumt hatte, konnte es nicht sagen. Später erinnerte es sich, daß seine beängstigenden Bilder oftmals in den Nächten vor einer Mathematikarbeit wiederkehrten. Es hatte Angst vor dem Lehrer und der Schule. Doch in seinem Traum kam nichts vor, was an die Schule erinnerte. Dem Kind träumte von einem Wasserturm, der war sehr hoch und vom Sockel bis zum Dach mit Wasser gefüllt. Ganz unten im Turm befand sich das Kind: Es war unbekleidet, und es war allein. Aber es wußte, was es zu tun hatte. Es sollte aus der Tiefe des Wasserturmes hinaufschwimmen, bis es oben unter dem Dach anlangte. So lange hatte es den Atem anzuhalten. Eine weite Strecke bis zum Auftauchen, aber sie war zu bewältigen. Da bewegte sich das Kind nach oben, tauchte empor, doch nach kurzer Zeit stieß es auf einen Widerstand. Der Weg hinaus aus dem Wasserrohr war durch eine Zwischendecke versperrt. Das Kind ertastete eine Öffnung und entwich durch sie, stieg weiter empor. Ein erneuter Widerstand. Wieder tastete es nach einem Durchschlupf. Das Herz schlug schneller, die Suche dauerte länger als beim ersten Mal. Dann brach die Angst hervor, keinen Ausweg zu finden, Atemnot setzte ein, Erstickungsanfälle, der Körper zitterte, die Bewegungen wurden schneller. Plötzlich drang Licht aus einer Öffnung, schnell schwamm das Kind hindurch, fand sogleich die nächste Öffnung und noch eine. Aber oben an der Luft war es noch nicht angelangt. Jetzt hatte es das Gefühl zu sterben, die Bewegungen wurden wilder, alles an seinem Körper zitterte – dann erwachte das Kind, ohne an sein Ziel gelangt zu sein, und rang nach Luft.

Irgendwann erzählte das Kind diesen Traum seiner Mutter. Die streichelte es über das Haar, drückte es an sich und sagte, das Kind solle sich nicht beunruhigen lassen, manchmal träume man verrückte Sachen. Worüber sie nicht sprach, auch später nicht, als das Kind längst erwachsen geworden war und viele Prüfungen bestanden hatte, waren die Gedanken, die ihr in Blitzesschnelle durch den Kopf schossen und die Erinnerungen an die schwere Geburt, die aus der Tiefe emporstiegen. Hätte die Mutter das Geheimnis der Träume preisgeben müssen?

Keine Kindheit ohne Ängste. Sie sind auch ohne greifbaren Anlaß da. „Es hatte mir niemand von der kalten Hand erzählt", erinnerte sich Golo Mann, „die innerhalb des Klosettbeckens auf mich lauerte, vielleicht mich gar herunterziehen würde; sie war ein Produkt ausschließlich der eigensten Phantasie des Drei- und Vierjährigen, und schon der würde sich geschämt haben, irgend jemandem seinen Kummer einzugestehen." Hätte Katia Mann, die Mutter, das Rätsel dieser Angst lösen können? Kinder haben Angst vor der Dunkelheit, sie ängstigen sich, wenn ein enges Sweatshirt über den

Kopf gezogen wird, sie haben Angst vor der Eisenbahnfahrt, vor Fahrstühlen und Tunneln. Ist der Grund dieser Ängste immer nur die Wiederholung der Angst, geboren zu werden? Wiederholt sich bei allen neurotischen Atembeschwerden wie Asthma, bei Migräneanfällen, bei Würgegefühlen im Hals, Luftnot, Verspannungen im Nacken und in den Schultern, bei dem Gefühl des Erdrücktwerdens und der Besessenheit ein Leben lang das Trauma der Geburt?

Kristina kam als kräftiges und gesundes Kind zur Welt. Das Neugeborene lehnte die Brust der Mutter ab. Eine Flasche mit Fertigmilch trank es ohne Probleme. Weitere Versuche, das Kind an die Mutterbrust zu legen, blieben erfolglos. Die Anekdote von Peter Fedor-Freybergh, einem bedeutenden Erforscher der vorgeburtlichen Lebenswelt, gibt keine Auskunft darüber, wer auf die Idee kam, Kristina an die Brust einer Amme zu legen und was mit diesem Versuch bezweckt war. Das Neugeborene hatte keine Nahrungsprobleme, es war gesund und trank aus der Flasche. Aus unerfindlichen Gründen lehnte es die Brust der Mutter ab. Damit kann sich ein pränataler Psychologe nicht zufriedengeben, zumal wenn er die Entdeckung macht, daß Kristina mit aller Macht an der Brust einer Amme zu saugen beginnt. Warum lehnt das Kind die Muttermilch ab, die Milch einer anderen Frau dagegen nicht? Der Arzt gibt die Frage an Kristinas Mutter weiter. Wie jede Mutter weiß sie mehr, als sie zu wissen vorgibt. Sie könne das merkwürdige Verhalten ihrer Tochter nicht erklären. Krank sei sie während der Schwangerschaft nicht gewesen. Der Psychologe überlegt. Wenn Kristina so offensichtlich den Hautkontakt zur Mutter verweigert, hat dies vielleicht die Ursache darin, daß sich das Kind im Mutterleib abgelehnt gefühlt hat. Jetzt will er die Beziehungsebene klären und fragt Kristinas Mutter direkt: „Wollten Sie das Kind eigentlich?"

Darf eine Mutter auf Fragen wie diese eine ehrliche Antwort geben? Kristinas Mutter sagt die nackte Wahrheit: „Nein, ich wollte abtreiben, aber mein Mann wollte das Kind. Deshalb habe ich es bekommen." Und jetzt? Wie geht es weiter? Was rät der Spezialist für vorgeburtlichen Streß der jungen Mutter? Wie soll Kristina einst weiterleben, wenn sie erfährt, daß sie ein unerwünschtes Kind war?

Die Frage stellt sich noch dringender im Fall der fünfundzwanzigjährigen Renate. Sie leidet unter Ängsten, Depressionen und Hitzewallungen. Kein

Arzt kann die Ursache ihrer Leiden klären. Renate vermutet einen Zusammenhang mit dem Leben vor der Geburt. Sie besucht einen Therapeuten, der sie mit Hilfe von Hypnose in den Erlebnisraum vor der Geburt zurückführt. Glücks- und Schreckmomente aus den ersten neun Monaten des Lebens steigen aus der Tiefe der Seele empor. Renate erlebt die einzelnen Phasen ihrer körperlichen und seelischen Entwicklung nach. Dann, als sie ihr Therapeut in den sechsten Monat ihres Werdens zurückversetzt, sind plötzlich die Symptome da, unter denen Renate leidet: Herzrasen, Hitzegefühl, Atemnot und der Drache auf ihrer Brust. Sie weint, schreit, glaubt sich an heißes Wasser zu erinnern. Der Hypnotherapeut führt Renate tiefer zurück in eine frühere Entwicklungsphase. Die Ängste verschwinden augenblicklich. Er führt sie über den sechsten Monat hinaus. Wieder ist Renate angstfrei. Nach dieser Umkreisung der traumatischen Erfahrung legt der Therapeut erneut den Finger auf die Wunde. Renate weint und schreit: „Es wird immer heißer, ich kann es nicht mehr ertragen, mein Herz rast immer mehr!"

Zurückgeführt in den normalen Bewußtseinszustand beginnt die Deutungsarbeit zwischen Renate und ihrem Therapeuten. Der Riß in Renates Leben ist entdeckt und damit die vermutliche Ursache ihrer quälenden Ängste. Irgend etwas Schreckliches ist passiert, als Renate noch im Mutterleib gewesen war. Heiß war es, und das Herz raste. Es war die Hölle. Bei Therapieformen dieser Art ist die Zusammenarbeit zwischen Kind und Mutter üblich. Das vom Kind erinnerte Leben vor der Geburt wird von der Mutter kommentiert oder mit ihrem Erlebnisbericht verglichen. In Renate hatte sich ein Erklärungsmuster für das böse Erlebnis gebildet. Sie war ein ungewolltes Kind, die Mutter hatte sie töten wollen! Ein ungeheurer Verdacht, doch der Leidensdruck war so groß, daß er in einem Telefonat mit der Mutter direkt geäußert wurde. Verschärfter stellt sich die alte Frage, ob eine ehrliche Antwort auf Fragen wie diese gegeben werden darf. Die Mutter zögert und gibt schließlich zu, mehrere Abtreibungsversuche unternommen zu haben, heiße Sitzbäder seien darunter gewesen.

Die Wurzeln des Bösen, das Menschen erleiden oder anderen Menschen zufügen, reichen tief hinab in die Geschichte unserer Herkunft. Das gilt für die Entwicklung der Menschheit wie des einzelnen. Anton hatte im Alter von siebzehn Jahren ein sechzehnjähriges Mädchen durch minutenlanges Würgen und mehrfaches Strangulieren ermordet. Die Tat habe er ohne erkennbare Gefühlsregungen begangen. Vor Gericht wurde auch Antons

Mutter nach Schwangerschaftsverlauf und Kindheit ihres Sohnes befragt. Die junge Mutter war im Alter von siebzehn Jahren schwanger geworden, hatte den Vater des Kindes heiraten wollen, was durch ihre Familie verhindert wurde. Sie sei von ihrem Vater immer wieder geschlagen worden. Selbstmordphantasien hatten sie gequält, Heulkrämpfe heimgesucht. Der Geliebte verläßt sie, Anton kommt unehelich zur Welt. Der linke Arm des Neugeborenen ist gelähmt, beim Stillen weint die Mutter ununterbrochen, Anton heult mit. Er wird krank, übernervös, ist schreckhaft und zappelig.

Die Erinnerungen der Mutter deuten die schreckliche Tat als Folge böser Urerfahrungen, als habe sich gleichsam die Sünde vererbt. Dies soll den grausamen Mord nicht nur aus der negativen Lebenserfahrung des Kindes erklären, sondern sogar entschuldigen. „Anton hat ein gutes Gemüt, er wollte keinen Mord begehen, er kann nichts dafür, daß er so ist."

Von Jeremia heißt es, Gott habe ihn vor der Zeugung gekannt und zum Propheten erwählt (Jeremia 1,5), noch vor der Geburt sei sein Schicksal bestimmt gewesen. Gilt diese Vorherbestimmung auch im umgekehrten Fall, daß ein Ungeborenes verflucht wird und darunter ein Leben lang zu leiden hat? Der Erwählte und die Verworfene – gibt es das? Was begriff die vierjährige Anneliese Michel (1952–1976), als ihre ältere Schwester an der Friedhofsmauer beerdigt wurde? Im Alter von acht Jahren war die kleine Martha an einem Nierenleiden gestorben. Böse Gerüchte gingen im Dorf herum. Die Kleine habe doch wie das blühende Leben ausgesehen. Wie sei dann der plötzliche Tod zu erklären? Ja, die Martha soll ein uneheliches Kind gewesen sein, von unten her aus Leiblfingen. Das habe die Mutter nun davon. Gott lasse keinen Fehltritt ungestraft. Einige glaubten zu wissen, die Mutter sei während der Schwangerschaft von einem eifersüchtigen Weib aus dem Sudetenland verflucht worden. Eine Flüchtlingsfamilie sei das gewesen, sie und ihr Mann, der das einzige Kind des wohlhabenden Sägewerksbesitzers geschwängert habe. „Ein Teufelskind und ein Teufelsweib", mögen böse Zungen im Dorf gelästert haben. Nach der Pubertät wird Anneliese überzeugt sein, der Fluch habe ihr gegolten. Vielleicht glaubte sie auch, nach Marthas Tod sei der Fluch auf sie als zweitälteste in der Geschwisterreihe übergegangen. Schon im Mutterleib sei sie verflucht worden und vom Teufel besessen gewesen. Niemand wird sie von dieser Angst, verworfen zu sein, befreien können. Deshalb muß sie Martha in den Tod nachfolgen.

Wer hinabsteigt zu den Wurzeln des Bösen, berührt auch das Problem der Freiheit. Ist der Mensch nur Produkt guter oder böser Urerfahrung? Wo bleibt seine Verantwortlichkeit, seine Freiheit, seine Schuldfähigkeit und die Möglichkeit, Buße zu tun? Vor allen Dingen: Welches Bild vom menschlichen Leben entsteht, wenn die Zufälle unserer Selbstwerdung so katastrophale Folgen für unser Empfinden und Handeln haben sollten? Wäre es dann nicht das Allerbeste, nicht geboren zu sein? Hinter allem Interesse an pränatalen oder vorweltlichen Urzuständen steht unausgesprochen der Verdacht, mit diesem unserem Leben in der Welt nicht am rechten Platze zu sein. Die Vermutung, wir lebten am falschen Ort, zumindest nicht in der Welt, die uns ursprünglich zugedacht war.

Die bösen Folgen eines im Mutterleib erlittenen Traumas und der verzweifelte Versuch einer Selbsterlösung von dem Bösen bilden das Thema einer Erzählung von E. T. A. Hoffmann (1776–1822), die jeder Gymnasiast gelesen hat. Es ist die Geschichte vom Goldschmied René Cardillac, einem Meister seines Faches, der den Verkauf eines seiner Geschmeide nicht ertragen kann und daher alles in Bewegung setzt, um wieder in seinen Besitz zu kommen. Er schreckt, den Einflüsterungen einer teuflischen Stimme folgend, auch vor der Ermordung seiner Kunden nicht zurück. Der satanische Verführer flüstert ihm ins Ohr: „Ho ho, dein Geschmeide trägt ein Toter!" Oder: „Es ist ja dein – es ist ja dein – nimm es doch – was sollen die Diamanten dem Toten!" Die Mordtat ist nur noch die Inszenierung dieser düsteren Visionen. Cardillac leidet unter seinem Trieb, und er sucht Erlösung, indem er einer hochangesehenen und verehrten Dame, dem Fräulein von Scuderi, anonym einen Goldschmuck schenkt. Er hofft, der böse Trieb werde sich in diesem Fall nicht regen.

Woher kommt das Böse in Cardillac? Auch hier liegt der Ursprung des Bösen in der Vorgeschichte des Lebens begründet. Die Mutter geht im ersten Monat mit René schwanger. Als Zuschauerin nimmt sie an einem glänzenden Hoffest teil. Hier begegnet ihr ein Kavalier „mit einer blitzenden Juwelenkette um den Hals, von der sie die Augen gar nicht mehr abwenden konnte. Ihr ganzes Wesen war Begierde nach den funkelnden Steinen, die ihr ein überirdisches Gut dünkten." Der Mann hatte schon einmal vor Jahren Renés Mutter ohne Erfolg nachgestellt. Die gierigen Blicke der Frau deutet er falsch, wittert jetzt seine Chance, lockt sie an einen einsamen Ort und schließt sie mit Leidenschaft in seine Arme. Der Mann greift nach der Unschuld der Frau, die Frau nach der Diamantenkette. Ein doppelter Sündenfall. Der Kavalier spürt die kriminelle Energie, sinkt zu Boden und reißt die Schwangere mit sich. Er ist tot, hält aber die junge Mutter im Todeskrampf umklammert, die hohlen Augen auf sie gerichtet. Ein Augenblick des Grauens, der sie für lange Zeit ans Krankenlager fesselt.

Die Geburt war glücklich, aber „die Schrecken jenes fürchterlichen Augenblicks hatten *mich* getroffen. Mein böser Stern war aufgegangen und hatte den Funken hinabgeschossen, der in mir eine der seltsamsten und verderblichsten Leidenschaften entzündet."

Die Entdeckung des Zusammenhangs zwischen dem bösen Tun und der vorgeburtlichen bösen Tat der Mutter dient dem Goldschmied zur Erklärung, nicht aber zur Entschuldigung seiner Mordgier. Er sucht Erlösung von dem Riß, der sich durch sein Leben zieht. Sein Trauma begann lange vor der Geburt, und niemand konnte die Wunde schließen.

Das Buch von der Schöpfung des Kindes

Zur Welt kommen heißt deformiert werden. Das Trauma der Geburt hat eine seelische und eine körperliche Ursache. Die letztere ist Folge der Evolution. Vor 1,7 Millionen Jahren betrug das Gehirnvolumen des Australopithecus 600 cm^2, vor 100 000 Jahren erreichte es seine volle Größe von 1500 cm^2. Bei der Geburt beträgt der Durchmesser von Kopf und mittlerer Beckenebene zehn Zentimeter. Damit fehlt uns ein Zentimeter Raum im Geburtskanal. Durch Verformung des Schädels wird er gewonnen. Der Wehendruck von zehn Kilogramm kann beim Neugeborenen Durchblutungsstörungen im Gehirn, Absterben von Organgewebe und Blutergüsse zur Folge haben. Bei Erstgebärenden dauert die Gehirnkompression 15–24 Stunden, bei Mehrfachgebärenden 10–12 Stunden. Die ersten Uteruskontraktionen verursachen einen wiederholten Sauerstoffmangel von 20–60 Sekunden Dauer, in der Phase der Preßwehen hält der Sauerstoffmangel 1–2 Minuten an. „Kein Wunder," so der Gynäkologe Philip Schwartz, „daß der Neugeborene sehr häufig im Schockzustand zur Welt kommt, halb tot

ero·altissimo

Ihr alle kennt auch die Dämonen des Lebens, die schwarzen Vögel der Seele und den Drachen an unserer Seite. Wo das Licht leuchtet, wird der Schatten sichtbar. Gut und Böse, Hell und Dunkel, Engel und Teufel umgeben unser Leben - uralte Weisheit der Mythen, Märchen und großen religiösen Urkunden der Menschheit.

Die Trennung von Licht und Finsternis.
Tafelbild vom Petri-Altar des Meister Bertram, 1380-1383.
Hamburg, Kunsthalle.

ist oder so scheint. Könnte er sprechen, wie oft würden wir hören: ‚Es war entsetzlich!' ‚Es wäre besser gewesen, ungeboren zu bleiben!'"

In einem Midrasch von Rabbi Jochanan ist es die Seele, die sich weigert, geboren zu werden. Sie will das Abenteuer des Lebens vermeiden, denn im Gegensatz zu Gehirn und Leib weiß sie von den Folgen des Tuns und der Möglichkeit des Scheiterns. Was gut oder böse ist, erkennt allein die Seele. Sie ist es, die in uns selbstbewußt denkt, empfindet und moralische Urteile fällt, sie begründet unsere Einmaligkeit. Die Seele ist der selbstbewußte Geist, die Kontrollinstanz des Hirns, der innere Kern unseres Wesens, der weder dem genetischen Erbe noch der Interaktion mit der Umwelt entstammt.

Für den Hirnforscher John Eccles ist die Gewißheit des inneren Kerns der Persönlichkeit ein Hinweis auf die Existenz der Seele. Ihr verdankt der Mensch sein Menschsein: „Die einmalige Individualität kommt aus der eingeflößten Seele." In der Entwicklung der Menschheit wie in der Entwicklung des einzelnen Menschen markiert die Einflößung der Seele den entscheidenden Schritt zu dem sich seiner selbst bewußten Lebewesen, das wir sind. In welchem Stadium der Evolution erwarben die Hominiden Seelen? Niemand weiß dies mit Sicherheit zu sagen. Es dürfte aber die Geburtsstunde der Sprache, der Dichtung und Kunst gewesen sein. Auch über den Zeitpunkt der Einflößung der Seele in den Fötus weiß der Hirnforscher nichts Sicheres. Seine Hypothese bleibt notwendigerweise vage in der Terminierung: „irgendwann zwischen Befruchtung und Geburt".

Doch an den Rändern des Nichtwissens hilft uns die Antwort des Rabbi Jochanan weiter. Sie führt uns zurück in die Zeit vor der Zeugung des Menschen. 400 Millionen Spermien ergießen sich bei einem Samenerguß in den Uterus. Gott, der Herr des Lebens, schickt den Engel der Geburt zu dem Ehepaar. Er nimmt den „Tropfen" und bringt ihn vor Gott, der das Geschlecht, die Körpergröße, den sozialen Stand, die Intelligenz und das finanzielle Wohlergehen des Ungeborenen bestimmt. Allein über den gottgefälligen Lebenswandel und damit über gutes oder böses Tun gibt es keine Festlegungen auf himmlischer Seite. Der Mensch kann nicht wählen, ob er als Mann oder Frau zur Welt kommen will. Ob seine Gestalt groß oder klein ist, bestimmen die Gene. Seine Intelligenz ist ebenso vorherbestimmt wie seine Geschicklichkeit in wirtschaftlichen Dingen. All dies sind aus der Sicht des jüdischen Geburtsmythos zweitrangige Merkmale des

Menschseins. Hier ist er unfrei. Frei und damit verantwortlich ist der Mensch in seinem moralischen Tun. Er weiß, was gut und böse ist, und er kann seine Gaben im Guten oder im Bösen nutzen. Die moralische Instanz im Menschen ist die Seele, und Gott befiehlt dem Engel der Ungeborenen, die Seele zu schicken, die zur Einflößung in die befruchtete Eizelle, den „Tropfen", bestimmt ist.

Zur Welt kommen heißt: die angestammte Heimat verlassen. Dagegen wehrt sich die Seele. „Herr der Welt. Ich bin zufrieden mit der Welt, in der ich war seit dem Tage, da ich geschaffen wurde. Wenn es doch nicht dein Wille wäre, mich in diesen übelriechenden Tropfen zu bringen! Denn ich bin heilig und rein."

Gegen ihren Willen wird die Seele mit der befruchteten Eizelle verschmolzen und in den Uterus zurückgebracht. Damit ist das Trauma der Geburt auf den Tag der Befruchtung zurückdatiert. Alles Übel beginnt damit, daß die Seele, der innerste Wesenskern des Menschen, fern der Heimat leben muß. Es ist die Seele in uns, die sich vor dem Geborenwerden ängstigt und vor den Gefährdungen des Lebens. Sie ist der Steuermann, der das Schiff unseres Lebens durch den Ozean der Welt leiten soll. Ihre Aufgabe ist die moralische Orientierung. Sie soll dem Gehirn sagen, was gut und böse ist, sie soll der Hand das rechte und falsche Tun erklären, sie soll die Füße gute und schlechte Wege unterscheiden lehren. Die Seele ängstigt sich vor diesen Aufgaben, weil sie die Möglichkeit des Scheiterns vor Augen hat.

Im Uterus erhält sie durch zwei Engel eine Einweisung in die Folgen allen Tuns. Sie schaut das Paradies als Ort der Frommen, die auf dem rechten Pfad gewandelt sind. Dann sieht sie die Hölle. Hier sind diejenigen versammelt, die Gottes Gesetze mißachtet haben. Neben diesem Einblick in die letzten Dinge, die sich am Ende der Zeit ereignen werden, erhält die Seele einen Weltkundeunterricht. Sie wird über die Erde geführt, sieht den Ort, wo sie wohnen und wo sie sterben wird. Schließlich wird ihr „die Welt des Guten und des Bösen" gezeigt. Dann führt sie der Engel in den Mutterschoß zurück.

Nach neun Monaten kommt das Kind zur Welt. Es ist die zweite Geburt der Seele und das zweite Trauma. Der Engel hatte die Welt gepriesen, sie sei schön. Dann hatte er gedroht: „Wider deinen Willen bist du im Leibe deiner Mutter gebildet worden und wider deinen Willen wirst du geboren, um hinauszugehen in die Welt." Die Seele ist konservativ. Sie will nicht erneut heimatlos werden. Doch die zweite Geburt bleibt ihr nicht erspart. Weinend kommt sie zur Welt. Ist es ein Akt des Erbarmens, daß der Engel dem Kind unmittelbar nach der Geburt unter die Nase schlägt? Damit löscht er die Erinnerung an das Leben vor der Geburt aus. Geboren werden heißt: die Erinnerung an den Ursprung vergessen. Restlos scheint dies niemals zu gelingen.

Am Ende des Lebens steht der Engel wieder vor der Seele, um sie abzuholen. Und wieder weigert sie sich. Ist der Ort der Angst am Ende doch Heimat für die Seele geworden? Aus zwei Welten heraus ist sie auf die Erde geführt worden, und wieder muß sie ins Ungewisse aufbrechen. Der Engel rechtfertigt sein Tun, er habe der Seele niemals ein anderes Los versprochen: „Ich habe dir doch gesagt, daß du gegen deinen Willen gebildet und geboren wurdest und ebenso sterben und einst Rechenschaft geben wirst vor dem König der Könige, vor dem Heiligen, gelobt sei er."

Aber reicht die Antwort, und reicht sie vor allen Dingen als Rechtfertigung einer Schöpfung, die der Seele das Prinzip Verantwortung aufbürdet für das Abenteuer des Lebens? Gott hatte sie dreimal gegen ihren Willen gezwungen, ihre vertraute Lebenswelt zu verlassen. Er hatte sie mit Geist und Körper zu einer Einheit verschmolzen und ihr zudem die Verantwortung für das so entstandene Lebewesen übertragen. Am Ende der Tage sollte sie Rechenschaft über das gelebte Leben ablegen, für gute und böse Taten und Gedanken einstehen. Himmel und Hölle standen für sie auf dem Spiel. Damit war das Leben in der Welt für die Seele ein Risiko mit höchstem Einsatz. Es ging um ewige Seligkeit oder ewige Qual an dem Ort, wo die Bösen „von den bösen Engeln gequält werden und geprügelt und geschlagen werden mit Ruten von Feuer".

Vor dem Risiko des Lebens hatte sich die Seele mit Recht gefürchtet. Zuviel stand auf dem Spiel. Gott aber hatte alles festgelegt, was den Menschen ausmachen sollte. Nur eins nicht, das Wichtigste und Riskanteste – den rechten Gebrauch der Freiheit. Die Seele sollte selbst zwischen Gut und Böse entscheiden. Der jüdische Mythos von der Schöpfung des Kindes stellt nicht die Frage nach dem moralischen Handeln Gottes, denn er kennt über Gott keine Instanz, der er verantwortlich wäre. In späteren Zeiten des Glaubensverlustes aber wird nach der Rechtfertigung Gottes gefragt. Durfte Gott die Seele zur Inkarnation zwingen? Und wäre letztlich nicht er selbst verantwortlich für die Folgen dieses Tuns? Durch die Schöpfung selbstbewußten Lebens, beseelten Lebens, entstand ein Riß in der Welt. Vor dem Erscheinen des Menschen gab es die Unterscheidung zwischen der guten und der bösen Welt nicht, und niemand konnte für die Folgen seines Tuns moralisch zur Rechenschaft gezogen werden. Mit der Einflößung der Seele entstand die Welt der Kultur und der Werte. Mutation und Selektion als Prinzipien der Evolution galten nicht mehr für die Entwicklung der Hominiden. Jetzt war die Zeit, wo Gott einen Garten in Eden errichtete.

Baum der Erkenntnis des Guten und Bösen

Die Erinnerung an den Garten in Eden führt uns zurück in den Uterus der Menschheit. Erzählt wird die Geschichte unseres Ursprunges. Was damals im Morgendämmer der Zeit geschah, gilt noch immer, weil es sich bei jeder Geburt wiederholt. Der Garten in Eden ist die Geburtshöhle, der Baum des Lebens die Plazenta, die Schlange die Nabelschnur. Wie der Uterus bildet der Garten in Eden einen geschützten Bezirk, eine von der Außenwelt getrennte Lebenswelt, deren Eingang von Wächtern geschützt wird. Wer den Garten in Eden verlassen hat, wer geboren worden ist, der kann den Ort seiner Menschwerdung nicht mehr betreten. Mit dem Wort „Paradies" wird ein geschützter Gartenbereich bezeichnet. Hier sollen sich Pflanzen und Tiere ungehindert entfalten können. Das Paradies ist ein Ort des Wachsens, der Entfaltung natürlicher Anlagen, der Selbstwerdung. Im Paradies entfaltet sich das Leben und wird zu dem, das es werden soll.

Das Buch der Genesis beleuchtet die Anfänge des Lebens. Es führt uns eine dreifache Geburt des Menschen vor Augen: den Übergang von der unbelebten zur belebten Materie, die Differenzierung der Geschlechter und die Entstehung der Moral. Der Ort dieser dreifachen Geburt ist genau beschrieben. Wer den Angaben des Textes folgt, könnte eine Landkarte vom Paradies zeichnen. Sie hätte die Struktur eines Mandalas. In der Mitte des Paradieses stehen zwei Bäume, der Baum der Erkenntnis des Guten und des Bösen und der Baum des Lebens. Aus dieser Lebensmitte entspringt eine Quelle lebendigen Wassers. Sie bewässert den gesamten Lebensraum, ohne sie gäbe es keine Fruchtbarkeit, kein Wachsen und Gedeihen, keine Entfaltung der Lebenskräfte. Das Wasser aus der Mitte teilt sich in vier Flüsse. Sie fließen aus dem Paradies hinaus und bewässern die gesamte Welt. Zwei Flüsse fließen in Richtung Osten, zwei in Richtung Westen, zwei zur Rechten und zwei zur Linken. Zwei Flüsse verströmen sich in die geschichtliche Welt, zwei verschwinden ins mythische Überall. Euphrat und Tigris heißen die beiden Flüsse, die noch heute auf jeder Landkarte verzeichnet sind. Sie gaben dem Zweistromland (Mesopotamien) seinen Namen. Hier stand die Wiege der Kultur. Die anderen beiden Flüsse heißen Pischon und Gihon. Ihr Raum ist die mythische Welt, das Land Hawila mit seinen sagenhaften Goldschätzen, dem Bedolachharz und dem Edelstein Schoham.

Wie Mutter und Kind bilden Gott und Mensch eine Einheit. Aber diese Einheit ist von Anfang an Spannungen ausgesetzt, und nur weil das Leben gespannt ist, findet die Schlange ihr Opfer. Einheit und Zweiheit, Zusammenführung und Trennung, Suchen und Finden treiben die Entwicklung des Menschen voran. Geschaffen ist er aus „Erde vom Acker", formgewordene Materie unter den knetenden Händen des Töpfergottes. Der Mensch (Adam) wurde aus Erde (adama) gemacht. Er hatte eine äußere Gestalt, war geformte Materie, aber noch kein lebendiges Wesen. Erst der „Odem des Lebens", der Anhauch Gottes machte den Erdenkloß zu einem Menschen. Der Adam stand zwischen den Welten, zwischen der unbelebten und der belebten Materie, zwischen den Tieren und Gott. Gott setzte ihn zum Herrscher über die Tiere ein und hob ihn damit empor über die Welt des Lebendigen; er setzte ihm aber auch eine deutliche Grenze: Alles gehörte ihm, nur nicht die heilige Lebensmitte, wo die beiden Bäume standen, der Baum des Lebens und der Baum der Erkenntnis des Guten und Bösen.

Adam, der Mensch im Urzustand, wußte nicht, was gut und böse ist, und nach dem Willen Gottes hätte ihm dieses Wissen auch verborgen bleiben sollen. Adam lebte wie die Tiere, er teilte noch nicht die Welt in Rechts und Links, Gut und Böse, Frau und Mann. Er lebte in Einheit mit sich, und doch war in ihm bereits die Zukunft des Menschengeschlechtes angelegt. Manchmal erfüllte Unruhe sein Herz. Nicht begehrte er die Früchte des verbotenen Baumes aus der Mitte des Gartens. Er bebaute und bewahrte das Paradies, gab den Tieren Namen. Er war eins, spürte aber ein Unbehagen an seinem Zustand. So mochte es auch Gott gegangen sein, als er aus seiner Einheit und Einsamkeit hervortrat und das Heer der Engel schuf, ein Gegenüber, das Antwort gab. Mit der Aufhebung der Einheit kam Bewegung in die Schöpfung. Es war die Geburtsstunde der Freiheit. Die Engel waren Wesen mit freiem Willen. Sie konnten sich für das Gute oder das Böse entscheiden. Als freie Wesen waren sie zugleich gefährdet. Auch Adam suchte die Freiheit. Er wollte frei werden von sich selbst, er wußte es nur noch nicht. Er wollte aus sich selbst heraustreten und zum zweiten Mal geboren werden.

Gott hatte die Tiere geschaffen, aber Adam fehlte ein wesensgleiches Gegenüber. So trennte Gott Adam, machte aus der Einheit die Zweiheit, schuf aus der Rippe des Menschen einen neuen Menschen. Es entstanden Mann (isch) und Frau (ischscha) und die Magie der Geschlechter. Jetzt wurde aus Adam, dem Menschen, Adam, der Mann. Eva (hawwa) bedeutet Leben (hajja), und Eva wurde die Mutter aller Menschen.

Erst jetzt wird die Schlange erwähnt. Es heißt von ihr, sie sei listiger als jedes andere Tier gewesen. Sie gilt als Symbol der Weisheit und des Bösen zugleich. Im Gegensatz zu allen anderen Tieren kann sie sprechen, noch mehr, sie kennt sich aus im Garten Eden. Sie lockt Wünsche hervor, bringt Bewegung in das Leben, sie kitzelt die geheimen Sehnsüchte heraus. Sie bringt die Welt des Gartens Eden durcheinander und setzt frei, was im Menschen angelegt ist. Wo kommt die Schlange her? Was sind ihre Absichten? Wer ist ihr Auftraggeber? Sie ist der Störfaktor, sie ist Sand im Getriebe, sie wiegelt auf und treibt die Spaltung des paradiesischen Lebens voran.

Als Adam in der Einheit mit sich lebte, gelüstete es ihn nicht, den Tabubezirk in der Mitte des Gartens zu betreten. Gott hatte ihm verboten, von den Früchten des Baumes der Erkenntnis des Guten und Bösen zu essen, und er hatte begründet, warum er dies Verbot erlassen hatte: Das Wissen um Gut und Böse hätte den Tod zur Folge. Moral, Freiheit und Sterblichkeit gehörten zusammen, hatte Gott gesagt. Dem widersprach die Schlange. Sie ist Gottes Gegenspieler, sie hetzt den Menschen auf. Daß sie mit Eva und nicht mit Adam spricht, mag einen Hintersinn haben.

Eva ist verführbarer, weil sie intelligenter als Adam ist. Adam hatte ihr von Gottes Verbot erzählt, und sie wiederholt es vor der Schlange. Die aber erwidert, der Mensch werde keineswegs sterben, wenn er von den verbotenen Früchten des Baumes esse, „sondern Gott weiß: an dem Tage, da ihr davon esset, werden eure Augen aufgetan, und ihr werdet sein wie Gott und wissen, was gut und böse ist" (Genesis 3,5). Klugheit ist für Eva ein Wert, der die Überschreitung der Gebote rechtfertigt. Eva will wissend werden, will Gebote und Verbote hinterfragen. Das ist ein Zeichen ihrer Intelligenz. Es drängt sie voran. Das nutzt die Schlange aus. Sie sät Mißtrauen zwischen Eva und Gott. Sie erzählt nur die halbe Wahrheit. Mit dem Tabubruch, dem Essen der verbotenen Frucht, vollzieht sich die dritte Geburt des Menschen: Er wird ein selbstbewußtes Wesen mit moralischer Urteilskraft; er wird ein freies Wesen, er tritt ein in den geschichtlichen Raum; das Leben liegt jetzt offen vor ihm, es gibt keine Grenze mehr bis auf eine: die begrenzte Lebenszeit.

Die Sterblichkeit war der Preis der Freiheit. Der Mensch begann zu wachsen, es drängte ihn aus dem Paradies. Er war, wie es die Schlange prophezeit hatte, „geworden wie unsereiner und weiß, was gut und böse ist" (Genesis 3,22). Gott selbst bestätigt es. Doch mit dem selbstbewußten, freien Leben war nicht nur das Wissen um die Sterblichkeit erworben, sondern Schmerz, Streit, Entzweiung, Feindschaft, entfremdete Arbeit, Geburtsschmerzen und Feindschaft zwischen der Schlange und dem Menschen. Die nackte Wahrheit war ans Licht getreten, der Mensch erkannte seinen Zustand. Der größte Preis der Freiheit aber war die Störung des einst ungebrochenen Verhältnisses zu Gott: Der Mensch verbirgt sich vor Gottes Angesicht. Im Paradies waren Eva und Adam wie das Kind im Mutterleib unbekleidet. Die ersten Freigelassenen der Schöpfung werden nach dem Austritt aus dem Uterus der Menschheit wie jedes Neugeborene Kleidung tragen müssen. Gott selbst fertigt für Adam und Eva Röcke von Fellen und schickt sie aus dem Paradies. Die Freiheit zu leben war schwieriger, als Eva erwartet hatte. Doch jetzt gab es keinen Weg mehr zurück. Cheruben mit flammenden Schwertern bewachten den Garten, damit sie nicht den Weg zurück zur Mitte und zum Baum des Lebens gehen würden.

Ohne die Schlange gäbe es kein Leben in der Unterscheidung von Gut und Böse, kein Leben in Freiheit, aber auch kein Leben in Zwiespalt und Schuld. Wer war die Schlange? Die christliche Tradition ist sich einig: Die Schlange war der Teufel, Satan, Lucifer, der gefallene Engel, der gegen Gott rebelliert hatte und darum aus dem höchsten Chor der Himmel verstoßen worden war. Martin Luther entnimmt der Erzählung vom Garten Eden einen Hinweis auf die Erlösung durch Christus, der gekommen ist, um der Schlange den Kopf zu zertreten (Genesis 3,15). Im Katholizismus wird Maria als Schlangenzertreterin dargestellt. Keine Frage, die Schlange ist Ausdruck einer gegengöttlichen Macht, deshalb wird sie von Gott verflucht. Von einem Sieg über die Schlange ist jedoch nicht die Rede. Die Nachkommen Evas werden der Schlange den Kopf zertreten, diese wird den Menschen mit ihrem Giftzahn in die Ferse beißen. Nicht Sieg, sondern andauernde Feindschaft ist prophezeit.

Auch von Sünde oder gar Erbsünde, von verfehlter Sexualität ist in der Erzählung nicht die Rede. Sie entfaltet vielmehr die Grundbedingungen des Lebens in der Welt. Ohne die Schlange lebten wir nicht in der Welt, ohne sie gäbe es die Welt nicht. Ist die Schlange ein Instrument Gottes, das die Entwicklung der Menschheit in Gang bringt? War es Gott selbst, wie Friedrich Nietzsche provozierend behauptet, der sich als Schlange am siebten Tag der Schöpfung unter den Baum der Lebensmitte legte? War es die andere Seite in Gott, die Eva aufforderte, die göttlichen Verbote zu überschreiten? Gott hatte alles geschaffen, auch die Schlange. War er letztlich für das Böse in der Schöpfung verantwortlich? Hätte er es nicht mit Leichtigkeit verhindern können, daß es zum Sturz aus dem Paradies kam, wenn er es gewollt hätte? Die Geschichte läßt zuviele Fragen offen. Deshalb haben alte jüdische und christliche Gottesdenker sie weitererzählt und damit die Lücken zu schließen versucht, die sie gelassen hat: Woher kommt das Böse? Wie konnte das Böse in Gestalt der Schlange inmitten des Paradieses auftauchen, und wer war schuld daran: der Mensch, Satan oder Gott selbst?

Der Dichter und Theologe Johann Gottfried Herder (1744–1803) glaubte eine Antwort gefunden zu haben. Für ihn war die Genesis die „Älteste Urkunde des Menschengeschlechtes"; ältere Texte waren zu Herders Zeit wohl greifbar, aber noch nicht lesbar. Grotefend hatte die Keilschrift (1802) noch nicht entschlüsselt, Champollion noch nicht die Hieroglyphen (1822). Herder, der Theologe unter den Klassikern, spricht Adam direkt an: „Lieber Vater aber, du wurdest betrogen, nicht von der Schlange, nicht vom Weibe, sondern – zittre nicht! – von Gott betrogen, der die Schlange dahin sandte, dich betrügen zu sollen." Eva und Adam waren für Herder die Säuglinge der Schöpfung. Sie lebten in „Vaterschoß und Mutterbrust", und der Garten in Eden war „die heilige Stätte der Menschenerziehung". Der Baum in der Mitte diente wie die Schlange als Hilfsmittel Gottes, um die Evolution des Menschen voranzutreiben. Ohne den Baum der Erkenntnis des Guten und Bösen wären die Hominiden „ein Menschentier im Paradies" geblieben. „Welch ein Gott, welch ein Künstler!" jubelt der Superintendent Herder. „Durch Zwischen- und Mißtöne brach sich das Lied der Schöpfung zum höheren Wohllaut: vom toten Jubel der Morgensterne zum beseelten Jubel aller neubelebten, höher erhabnen, der erretteten Christussöhne. Der Künstler jedes schlechten Werks weiß, daß nur durch Schatten höheres Licht, nur durch Aufopferung höhere Zwecke, nur durch Leiden höhere Wollust werde."

Der eifersüchtige Teufel

Herders Auslegung der Genesis mag als gewagt empfunden werden. Wer an ihr Anstoß nimmt, übersieht, was dem Dichtertheologen wichtig war. An diesem Urtext der Menschheit wollte er den Sinn des Lebens in der Welt, den Sinn unseres Geborenseins ablesen. Der griechische Mythos erzählt von einer Begegnung des Königs Midas mit dem weisen Silen, einem Begleiter des Dionysos. Auf der Suche nach dem höchsten Glück, das Menschen erreichen können, stellt der König die Frage, „was für den Menschen das Allerbeste und Allervorzüglichste" sei. Erst schweigt der Gottessohn, dann bricht Gelächter aus ihm hervor. Besser wäre es für den König gewesen, er hätte nie die Frage nach dem höchsten Gut gestellt, denn die Antwort wird desillusionierend sein: „Das Allerbeste ist für dich gänzlich unerreichbar: nicht geboren zu sein, nicht zu sein, Nichts zu sein." Gegen diese Verneinung des Lebens setzt Herder seine Deutung der Geschichte vom Baum der Erkenntnis des Guten und Bösen. Geboren zu sein – das höchste Glück. Der Austritt aus dem Uterus der Menschheit war von Gott geplant. Er gehört mit zur Evolution des Lebens.

Das Buch der Genesis ist jüdische Literatur. Es weiß nichts von Augustins Erbsündenlehre, es behauptet nicht, der Teufel wäre in Gestalt der Schlange erschienen. Die Urgeschichte legt den Keim für weitere Erzählungen. Diese füllen die Lücken des Textes. Ergänzungen der Geschichte vom Paradies gab es, lange bevor das Christentum entstand. Die frühe Christenheit hatte beschlossen, große Teile des erzählerischen Erbes des Judentums zu übernehmen. Dabei kam es zu Umdeutungen. Der Verstoß gegen Gottes Gebot wurde zum Sündenfall und dieser wiederum zur notwendigen Vorbedingung für die Erlösung von den Sünden. Adam, der Mensch, fand in Christus sein Gegenüber, den neuen Menschen. Am Anfang stand jetzt der Verlust des Paradieses, am Ende, so hatte es Johannes auf Patmos geschaut, werde der Zutritt zum Baum des Lebens möglich sein. Die erste Geburt würde von einer zweiten Geburt überboten werden. In der Schrift „Das Leben Adams und Evas" werden nun die Fragen beantwortet, die den Erzähler der Genesis noch nicht interessierten: Wer war die Schlange? Warum verfolgte der Teufel die Menschen? Wird der Zustand des Menschen ewig dauern?

Adam und Eva lebten jenseits von Eden. Damit beginnt die Erzählung, die ihren Leser noch einmal ins Paradies und zu dem „wahren" Ablauf der Ereignisse zurückführen will. Was wirklich vor und nach der Geburt des Menschen geschah, hier soll es enthüllt werden. Wie die meisten Säuglinge überall auf der Erde kommen auch Adam und Eva weinend zur Welt. Sieben Tage trauern sie, dann meldet sich der Hunger. Sie wurden abgenabelt und mußten jetzt ihre Ernährung umstellen. Im Paradies gab es Engelspeise. So ekeln sie sich vor dem Verzehr anderer Nahrung, besonders vor Fleisch. Mit einem vierzigtägigen Fasten wollen sie Buße tun. Eva steigt in einen der Paradiesesflüsse, den Tigris, Adam in die Wasser des Jordan. Beide stehen bis zum Hals im Wasser. Das Werk der Reue fordert jedoch Gottes Widersacher heraus. In der Gestalt eines Lichtengels verführt er noch einmal die Mutter aller Lebenden. Sie bricht nach achtzehn Tagen ihr Fasten ab. Satan hatte gelogen, als er behauptete, Gott habe die Buße angenommen. Jetzt ist die Verzweiflung doppelt so groß, jetzt wird der Schmerz übermächtig, und Evas Wut und Enttäuschung ballt sich zusammen zu der einen Frage: „Wehe dir, Teufel, warum bekämpfst du uns ohne Grund?"

Was ist die Ursache der Todfeindschaft zwischen Mensch und Teufel? Satan ist um eine Antwort nicht verlegen. Er gibt sie mit bewegter Stimme, er seufzt auf und erklärt, er sei einst ein herrlicher Engel gewesen, einer der ersten Gottessöhne. Wegen des Menschen habe er den Himmel verlassen müssen, sei hinabgestoßen worden auf die Erde. Das sei der Grund seiner Feindschaft. Adam aber ist sich keiner Schuld bewußt. Was soll er getan haben, daß Satan von Gottes Angesicht verbannt wurde?

Der Fall bedarf weiterer Erklärungen. Satan gibt sie. Es ist eine Geschichte, die sich bis auf den heutigen Tag in jeder Familie wiederholt. Sie handelt von der Eifersucht des Erstgeborenen auf die jüngeren Geschwister, ein Urdrama, das auch einst im Himmel die ganze Bosheit hervorbrachte, zu der das Geschöpf fähig ist. Die Geburt Adams setzte im Erzengel Lucifer das Böse frei, denn der Erstgeborene konnte es nicht ertragen, daß er die Liebe Gottes mit einem jüngeren Geschwister teilen sollte. Michael hatte im Namen Gottes die ganze Engelgemeinschaft aufgefordert, den neuen Liebling des Schöpfers anzubeten. Der Herr der Heerscharen hatte den Adam zu seinem Ebenbild erschaffen, Lebensodem in ihn geblasen und verlangt, die Engel sollten ihn anbeten. Michael hatte es den Engeln vorgemacht, wie sie Adam anbeten sollten. Alle hatten sich seinem Willen gebeugt, nur Lucifer nicht. Er reklamiert das Erstgeborenenrecht für sich. Gottes Anordnung schien ihm unlogisch, ja willkürlich, zumindest unbegründet: „Ich werde doch den nicht anbeten, der geringer und jünger ist als ich! Ich bin vor ihm erschaffen worden. Ehe er erschaffen ward, war ich erschaffen. Er sollte mich anbeten." Die anderen Engel warnen ihn. Er solle nicht den Zorn Gottes herausfordern. Der Vater im Himmel habe dieses Kind gewünscht, Engel und Mensch seien Mitglieder einer großen Familie.

Am Anfang der Zeit verfährt Gott im Himmel wie später auf Erden. Er schafft Ordnungen, um sie selbst zu durchbrechen. Der Erwählte ist plötzlich der Verworfene, der Verworfene der Erwählte. Jaakob betrügt seinen Bruder Esau um das Erstgeborenenrecht, und Gott segnet sein böses Tun. Der Teufel will sich auf Gottes Spielregeln nicht einlassen. Er fürchtet auch nicht den göttlichen Zorn und droht mit einer Fundamentalopposition: „Wenn er über mich in Zorn gerät, werde ich meinen Sitz erheben über die Sterne des Himmels und Gott dem Höchsten gleich sein." Zuerst war der Teufel eifersüchtig. Der Neid auf den jüngeren Bruder weckte in ihm den Widerspruchsgeist gegenüber dem Vater. Seine Wut steigerte sich in blinde Anmaßung. Er erkannte keine Rangordnung mehr an. In Verkennung der wirklichen Machtverhältnisse glaubt er, dem Vater gleich sein zu können. Dieser Übermut mußte zum Sturz Lucifers und seiner Anhänger führen. Ein Wesen mit diesem überzogenen Selbstbewußtsein konnte Gott nicht neben sich dulden. Mit Satan gab es keine friedliche Koexistenz, sondern nur eine ewige Opposition. Deshalb mußte er auf die Erde verbannt werden.

Erst in der Verbannung entwickelte sich der gescheiterte Rebell zum blindwütigen Verfolger. Seine Eifersucht auf den Menschen steigert sich zu Haß, jetzt erst wird Satan wirklich böse. Der Böse will die gesamte Schöpfung mit sich in den Abgrund reißen. Wie er seinen himmlischen Stand verloren hat, so soll auch der Mensch zu Fall gebracht werden. Satan wollte sein wie Gott, wollte autonom bestimmen können, was gut oder böse ist, was rechts oder links steht, was das Richtige und was das Falsche ist. Er wußte, daß dieses Begehren sein Verhältnis zum Vater zerrüttet hatte. Seine Bosheit und Tücke bestand darin, daß er in Eva eben jenes Verlangen, Gott gleich sein zu wollen, entfachte, das zu seinem Sturz geführt hatte. Er wußte, was er tat, als er Eva dazu aufforderte, von den Früchten des verbotenen Baumes zu essen. Der Teufel, dies wurde Adam klar, als er den Bericht gehört hatte, der Teufel war eine bedrohliche Kraft im Haus der Welt, weil er es verstand, die andere Seite, die dunkle Hälfte, den Schatten im Menschen anzusprechen. Satan war nicht die Ursache des Bösen, aber er setzte das Böse in der Schöpfung frei. So bittet Adam seinen Schöpfer, er möge den Widersacher, der die menschliche Seele zu verderben suche, entfernen. Eine verständliche Bitte, doch scheint der Nachsatz wenig schicklich, Gott möge dem Menschen die Herrlichkeit geben, die Satan verloren habe. Heißt das nicht Kapital schlagen aus der Niederlage eines anderen?

Die geheime Schrift vom Leben Adams und Evas läßt auch die Betroffenen zu Wort kommen. Sie können sich an die Vorgänge im Paradies noch gut erinnern. Dabei gibt es Abweichungen vom Bericht der Genesis, aber auch Parallelen zu einem verbreiteten Symbol der chinesischen Philosophie. Ying und Yang sind dort die beiden entgegengesetzten Grundprinzipien der Schöpfung. Sie werden dargestellt als Kreis, der durch eine geschlängelte Linie gleichmäßig aufgeteilt ist. Eine Hälfte ist schwarz, die andere weiß. Jede trägt in der Mitte einen Punkt mit der Farbe der anderen Seite als Zeichen der gegenseitigen Abhängigkeit. Ying und Yang ist die Zweiheit, in die die Ureinheit auseinandergebrochen ist. Das Prinzip Ying symbolisiert das Negative, Dunkle, Feuchte, die Erde, das Weibliche, die Passivität, das Prinzip Yang verweist auf das Positive, Helle, den Himmel, das Männliche, das Trockene, die Aktivität.

Schon die Genesis hatte die Entstehung des Menschen als Spaltung der Einheit in eine Zweiheit beschrieben. Aus Adam wurden Mann und Frau, Ying und Yang, aus der Einheit die Polarität. Das Buch vom Leben Adams und Evas erweitert die Zweiteilung des Lebendigen auf die gesamte Ordnung des Paradieses. Der Garten in Eden ist kreisförmig angelegt und von einer Schutzmauer umgeben. Er ist in zwei Hälften geteilt. Über den Norden und Osten herrscht der Mann, über den Süden und Westen die Frau. Zu Adam gehören die Nacht und der Morgen, zu Eva der Tag und der Abend. Bei Adam wohnen die männlichen Tiere, bei Eva die weiblichen. Jeder Hälfte des Paradieses sind Schutzengel beigegeben. Solange sie anwesend sind, hat der Teufel keine Macht über die Menschen. Doch regelmäßig verlassen die Engel zur Anbetungsstunde den Garten Eden. Die Abwesenheit der Engel ist die Stunde des Verführers. Satan dringt in den männlichen Bezirk ein. Hier wohnt die Schlange, die Eva zu Fall bringen wird. Über ihre ursprüngliche Gestalt gibt der Fluch Auskunft, den Gott über sie ergehen läßt: „Auf Brust und Bauch sollst du gehen und deiner Hände und Füße beraubt sein; nicht Ohr noch Flügel noch irgendeines von deinen Gliedern soll dir bleiben, mit denen du sie deiner Bosheit berückt und es dahin gebracht hast, daß sie aus dem Paradies getrieben wurden."

Die ursprüngliche Gestalt der Schlange war also die eines geflügelten Drachen, und als Drache wird der Teufel den gesamten Lebensweg des Menschen begleiten. Gott aber hatte Adam und Eva nicht nur Röcke von Fell gemacht, sondern ihnen paradiesische Düfte mit auf den Weg jenseits von Eden gegeben: Safran, Narde, Kalmus, Zimt und allerlei Sämereien. Sie sollten die Erinnerung an den Uterus der Menschheit wachhalten und Kraft geben beim Kampf gegen den Widersacher. Und noch eins soll der Herr seinen Geschöpfen mit auf den Lebensweg gegeben haben: das Versprechen einer zweiten Geburt. Wer zum zweiten Mal geboren wird, dem sei der Zugang zu den verbotenen Früchten vom Baum des Lebens offen, vorausgesetzt, er sei von dem Drachen an seiner Seite nicht zu Fall gebracht worden. Mit der Geburt begann die Zeit des Kampfes gegen den Drachen. Parzivals Mutter hatte ihn im Traum erschaut, den „Drachen, der ihren Leib zerriß, an ihren Brüsten sog und dann rasch davonflog, so daß sie ihn nicht mehr sah. Er riß ihr das Herz aus der Brust" (Parzival 104, 11 ff).

Der Drache an Adams Seite

Auf hintergründige Weise entsprach der Austritt aus dem Paradies einem geheimen Plan Gottes. Satan durchschaute ihn nicht. Er war nur Gottes Werkzeug, ein Widersacher, ein Neinsager, ein Diabolus, Rebell und Störenfried, dessen negative Aktivitäten letztlich das Gegenteil von dem bewirkten, was ursprünglich bezweckt war. Die alte Schlange wollte den Menschen ins Verderben treiben – und führte ihn auf den Weg der Erlösung. Sie wollte die gesamte Schöpfung in ihren Untergang mit hinabziehen – und wurde selbst von dem zweiten Adam überwunden. Der Drache war „Teil von jener Kraft, die stets das Böse will und stets das Gute schafft" (Faust, 1315 f).

In einer der zahlreichen Geheimschriften (Apokryphen) der ersten Christen, die vielfach gelesen wurden und die die abendländische Kultur, Dichtung und Malerei beeinflußten, wird die Geburt des alten Adam mit der Geburt des neuen Adam verknüpft. Paradies und Golgota verweisen aufeinander. Augenfällig wird dies auf vielen Bildern, wo direkt unter dem Kreuz Christi ein Totenschädel abgebildet ist. Christus stirbt genau an der Stelle, wo Adam von seinen Kindern begraben wurde, in Jerusalem, der neuen Mitte der Welt.

Der erste Adam, so berichtet die Geheimschrift „Die Schatzhöhle", wurde am sechsten Tag der Schöpfung, einem Freitag, zur ersten Stunde geschaffen. Gemeint ist die erste Stunde des Tages. Sie entspricht nach unserer Zeitmessung sechs Uhr morgens. Adam, der Urmensch, wird aus den vier Elementen Wasser, Feuer, Erde und Luft gebildet. Er symbolisiert also die Einheit der Natur. Adam sollte König der Erde sein, so wie Gott König des Himmels war. Durch Verbeugung und Kniefall bezeugen ihm die Engel ihre Anerkennung. Adams Thron stand in Jerusalem an dem Ort, wo später das Kreuz Chrsiti errichtet werden sollte.

Ins Paradies rückt Adam erst auf, als sich der Teufel und seine Engel gegen Gott empört hatten. Dies geschah um sieben Uhr. Eine Stunde später betritt Adam den Garten Eden. „Eden aber ist die heilige Kirche", ein Ort der Barmherzigkeit und der Zuflucht, den Gott errichtet hatte. Weil er „nach seinem Vaterwissen wußte, was der Satan gegen Adam plane, kam er ihm zuvor und nahm ihn in den Schoß seiner Barmherzigkeit auf". Hier im Paradies sah Adam den Baum des Lebens, das Urbild des Kreuzes der Erlösung, des zweiten Lebensbaumes. Drei Stunden lebten Adam und Eva glücklich im Paradies, drei Stunden lang währte ihre Schmach, und in der neunten Stunde, um drei Uhr nachmittags, erfolgte ihr Auszug aus dem Paradies. Dies ist die Todesstunde Jesu.

Es ist kein Abschied im Zorn. Gott gibt Adam und Eva Worte des Trostes und der Hoffnung mit auf den Weg: „Gräme dich nicht, Adam. Ich will ja dein Erbteil wiederherstellen. Siehe, wie groß die Liebe zu dir ist!" Und er verweist auf seinen Sohn, der den Menschen einst erlösen und ins Paradies zurückführen werde. An einem Freitag wurde die Pforte des Paradieses geschlossen, an einem Freitag wird sie wieder geöffnet werden. Geburt, Tod und Auferstehung stehen in einem geheimnisvollen Zusammenhang, der noch einmal durch die Zeitgleichheit der Todesstunde von Adam und Christus zum Ausdruck kommt. Der erste Adam starb am vierzehnten Nisan, an einem Freitag, in der neunten Stunde. „In der gleichen Stunde, wo der Menschensohn am Kreuz seinen Geist dem Vater zurückgab, gab auch unser Vater Adam seine Seele seinem Schöpfer zurück und schied aus dieser Welt."

In der wundervollen Harmonie der Entsprechungen und Verweise zwischen dem Anfang und dem Neuanfang des Lebens steht die Gestalt des Teufels als Störfaktor. Auf der Farbpalette Gottes ist er der Schmierfleck, im Wohlklang der Sphären die Dissonanz, im Licht der Engel der Schatten. Er solle sich nicht grämen, hatte Gott zu Adam gesagt und ihm seine Liebe gestanden. Warum entfernte Gott dann nicht den Teufel und ersparte Adam die Nachstellungen Satans? Wollte er nicht? Konnte er nicht? Gab es auch hier geheime Absprachen und Zusammenhänge, die ein menschlicher Geist nicht ergründen konnte?

In unseren Träumen kehren die Erlebnisse aus frühester Zeit wieder. Manche Urerinnerung reicht zurück bis in die Tage, als wir im Mutterleib gebildet wurden. Gutes und Böses haben sich als unauslöschliche Gedächtnisspur in die Tiefen der Seele eingegraben. Nicht immer ist es gut, hier alles ergründen und wissen zu wollen. Nicht auf jede Frage sollten Mütter Antwort geben. War es in Adams Fall ähnlich? War er im Uterus der Menschheit von der Nabelschnur des Universums versorgt und beinahe vernichtet worden? Hatte sich ihm die Nabelschnur bei der Geburt um den Hals gewunden und dabei die Atmung behindert? Später kehrte in Adams Träumen die Nabelschnur in der Gestalt der Schlange wieder, und in seinen Ängsten sah er die Gestalt des Drachen. Er war zur Welt gekommen, und Gott hatte ihm den Drachen zur Seite gestellt. Warum es den Teufel gab, wußte Adam nicht. Und so mußte Adam lernen, mit dem Drachen an seiner Seite zu leben.

Die Sterblichkeit des Menschen ist der Preis der Freiheit. Er begann zu wachsen, es drängte ihn aus dem Paradies. Er ist „geworden wie unsereiner und weiß, was gut und böse ist" (Genesis 3,22). Doch mit dem selbstbewußten, freien Leben war nicht nur das Wissen um die Sterblichkeit erworben, sondern Schmerz, Streit, Entzweiung, Feindschaft. Der größte Preis der Freiheit aber ist die Störung des einst ungebrochenen Verhältnisses zu Gott: Der Mensch verbirgt sich vor Gottes Angesicht.

Lucas Cranach der Ältere: Gesetz und Gnade, um 1535.
Linke Tafel, Detail (Sündenfall, der Mensch unter dem Gesetz).
Römisch-Germanisches Nationalmuseum, Nürnberg.

KINDHEIT

JENSEITS VON EDEN

„Haben Sie jemals den Ausdruck von Kindern bemerkt,
wenn sie dem Schlachten eines Schweines zusehen? –
Nein? – Nun, so rufen Sie sich
das Medusenhaupt vor die Seele.
Tod, Grausamkeit, Wollust –
hier sind sie zusammen."

Wilhelm Busch

Sieben Dämonen der Menschheit

Die Schüler und Schülerinnen eines katholischen Gymnasiums in Osnabrück haben sich zum Aschermittwochsgottesdienst versammelt. Ihre Blicke richten sich auf den Altarraum. Dort steht eine große eiserne Pfanne, über der ein Ochse gegrillt werden könnte. Glocken haben den Beginn des Gottesdienstes angezeigt, doch kein Priester ist zu sehen. Nach einer Weile vernehmen die Kinder Geräusche und Stimmen aus dem Westchor. Die Schulgemeinde dreht sich um. Aus der Tiefe des Mittelganges tritt der Schulleiter, ein Franziskanerpater. Ihm folgen seltsam verkleidete Kinder. Sie haben sich aus papiernen Einkaufstüten Masken erstellt und über die Köpfe gestülpt. In einer Reihe folgen sie ihrem Lehrer zum Altarraum und stellen sich um die Räucherpfanne. Staunen, Gelächter, spöttische Bemerkungen, Neugier und gespannte Aufmerksamkeit erfüllen die Schulgemeinde. Dann ziehen sich die Kinder nacheinander die Masken vom Kopf und legen sie in die eiserne Pfanne. Jedes kommentiert sein Tun mit zwei kurzen Sätzen:

„Ich bin der Dämon der Süßigkeiten.
Mein Name ist Völlerei."

„Ich bin der Dämon des Kindesmißbrauchs.
Mein Name ist Unzucht."

„Ich bin der Dämon des Spielzeugs.
Mein Name ist Habsucht."

„Ich bin der Dämon der Horrorvideos
und der Kriegsspiele.
Mein Name ist Zorn."

„Ich bin der Dämon des Herumhängens
und der Langeweile.
Mein Name ist Angst.“

„Ich bin der Dämon der Angeberei.
Mein Name ist Ruhmsucht.“

„Ich bin der Dämon der Gotteslästerung
und des Spottes.
Mein Name ist Stolz.“

Sieben Dämonen liegen jetzt in der Räucherpfanne. Der Priester nimmt ein Licht vom Altar und entzündet damit die Masken. Hoch schießen die Flammen empor, der heiße Luftstrom reißt verkohlte Papierfetzen aus der Pfanne und treibt sie durch das Kirchenschiff. Die sieben Dämonen sind zu Asche geworden.

Alle Lebewesen sind äußeren Gefahren ausgesetzt. Beim Menschen jedoch kommen die größten Bedrohungen aus dem Inneren. Seine Lebenskräfte können sich ins Negative wenden. Kein Tier überfrißt sich bis zur Herzverfettung, kein Tier mißbraucht den natürlichen Sexualtrieb im perversen Treiben, kein Tier eignet sich ein größeres Revier an, als es zum Nahrungserwerb seines Rudels braucht, oder tötet absichtlich im Rivalenstreit das Brudertier. Völlerei, Unzucht, Zorn und Habsucht heißen die dunklen Kräfte, die nach dem Menschen greifen. Einer der gefährlichsten Dämonen neben dem Stolz ist die Angst des Herzens. Ihre Schwestern heißen innere Leere, Depression und Langeweile. Die Langeweile ist ein Dämon des Industriezeitalters.

Drei Kinder dürfen mit Erlaubnis ihrer Eltern die Nacht im Zelt verbringen. Um Mitternacht sind sie noch nicht müde, wollen etwas unternehmen, wissen aber nicht was. Die Zeit ist zäh, die Herzen und Köpfe sind leer, keine Idee für ein lustiges Abenteuer. Nichts ist los. Lähmende Langeweile. Da greift der Dämon zu. Ist nicht eine Schrebergartenanlage in der Nähe? Und befinden sich dort nicht Kaninchen- und Hühnerställe? Die Kinder schleichen sich auf das Gelände, brechen die Ställe auf und holen drei Kaninchen und acht Hühner heraus. Sie wissen nicht warum und denken nicht darüber nach. Die Tiere werden hin- und hergeworfen. Dann wird mit ihnen Fußball gespielt. Sie werden getreten und durch die Luft geschossen, bis sie tot sind. Des bösen Spieles ist damit noch kein Ende. Die Kinder werfen die Tierleichen vor fahrende Züge.

Der Dämon der Langeweile hatte sich in ihren Herzen breitgemacht. Aber das entschuldigt das böse Tun nicht. „Böse zu sein ist eine freie Entscheidung", sagt der New Yorker Kinderanwalt Andrew Vachss. Nicht die Eltern, Lehrer, Sozialarbeiter oder irgendwelche sozialen Umstände sind für das böse Tun der Kinder aus dem Landkreis Göttingen verantwortlich, sondern allein das persönliche Versagen vor den Anforderungen der Freiheit. Das Böse ist im Menschen, und nur wenn wir dies zugeben, können wir es bekämpfen.

Die Genesis erzählt anschaulich von den Dämonen, die Adam und Eva seit ihrer Geburt bedrohen. Es gibt keine Zeit der unschuldigen Kindheit. Der Drache, die alte Schlange, blieb dem Menschen auf den Fersen und begleitete sie als Schatten durch das Leben jenseits von Eden. Unter allen Wesen, die Gott geschaffen hatte, waren allein die Engel und der Mensch im Besitz eines selbstbewußten Geistes.

Die Seele kommt aus einer anderen Welt. Sie ist nur Gast auf Erden. Wenn der Mensch gestorben ist, schreit sie zu Gott (Genesis 4,10) nach Rettung aus dem Staub der Erde. Ohne den Himmelsblick erträgt sie nicht die Anfechtungen des Lebens, die Momente, wo Antworten ausbleiben, wo Unrecht erlitten wird und sich der Zweifel breitmacht. Der Himmelsblick ist die unsichtbare Nabelschnur zwischen Mensch und Gott. Kain ist dieser Himmelsblick verleidet worden, als Gott seine Opfergabe nicht annehmen wollte. Jetzt fehlt ihm die Gelassenheit des Frommen. Er hat kein Vertrauen mehr, daß alles mit rechten Dingen zugeht, und bricht in Panik aus, weil er nicht die gleiche Zuwendung wie sein Bruder Abel geschenkt bekommt.

Kein Mensch kann ohne Himmelsblick leben. Wo das Urvertrauen das Haus der Seele verläßt, machen sich die Dämonen breit. Sie quartieren sich ein, beziehen erst den Keller, bewohnen dann das Erdgeschoß und bald das ganze Haus. Kain macht diese Selbsterfahrung, er entdeckt den Schatten an seiner Seite, den Drachen mit den sieben Gesichtern. Schon lange lauert dieser in seiner Nähe, horcht mit spitzen Ohren an der Tür seiner Seele und wartet auf die Stunde der Anfechtung, den Moment des Zweifels, auf den Riß im Urvertrauen, ohne den kein Kind erwachsen wird.

Kains Erfahrung wiederholt sich täglich hunderttausendfach auf der Welt. Stand ein höherer Sinn hinter der Ablehnung von Kains Opfer? Sollte er durch die frustrierende Erfahrung reifen, eine dramatische Selbsterfahrung machen, sich der Gefährdungen der menschlichen Natur bewußt werden, das Kellergewölbe seiner Seele kennenlernen und den Drachen an seiner Seite? „Bist du aber nicht fromm, so lauert die Sünde vor der Tür, und nach dir hat sie Verlangen; du aber herrsche über sie" (Genesis 4,7). Der Himmelsblick ist verdunkelt. Nacht herrscht, die Stunde des Drachen und seiner Dämonen. Eine geheimnisvolle, finstere Macht wird beschworen. Kein Prinzip Böses, keine soziologisch, psychologisch oder pädagogisch zu erklärende Dimension unseres Menschseins, sondern ein lebendiges Gegenüber, eine dunkle Person. List und Begehrlichkeit zeichnen sie aus.

Keine Frage, von wem die Rede ist. Doch fällt aus gutem Grund der Name des Teufels weder hier noch an einer anderen Stelle der Urgeschichte. Nichts soll uns Menschen von dem Blick auf unsere Seele und ihre Gefährdungen ablenken. Die Urgeschichte ist ein Buch der Selbsterfahrung des Menschen. Hier kommen Grundmuster der Seele von zeitloser Gültigkeit zur Sprache. Hier wird das Haus der Seele vom Dachstuhl bis in den tiefsten Keller begangen. Hier findet eine Fahrt in die Tiefe des Geheimnisses unseres Wesens statt. Dieser Selbsterfahrungsprozeß entdeckt und benennt die Abgründe des Menschen, damit wir die Chance und Aufgabe der Freiheit erkennen. Herrsche über sie, Kain! Herrsche über die dunklen Mächte! Du bist frei, deshalb lebst du in Anfechtung! Überwinde sie, wachse durch sie!

Kain versagt vor der Aufgabe der Freiheit. Er läßt dem Dämon der Habgier und des Neides Zutritt zu seinem Herzen und tötet seinen Bruder. Eifersucht, am Ende auch Selbstmitleid mögen ihn und seine Tat bestimmt haben. Die Folgen des Brudermords sind verheerend. Durch die Habgier hat sich der Dämon Zugang zu Kains Seele verschafft. Jetzt macht er sich in ihr breit, wuchert wie ein Karzinom in der Lunge und nimmt Kain die Luft zum Atmen. Er verleugnet den Mord, wird heimatlos, flieht vor den Folgen seiner Tat, vor den Menschen, vor sich selbst. Der Dämon nimmt das ganze Haus seiner Seele in Besitz. Er zerstört den Lebensraum, vernichtet die berufliche Existenz, zertrennt Freundschaftsbande. Jetzt breitet sich die Angst in seiner Seele aus. Die Brust schnürt sich zusammen. Kain ist entwurzelt. Aus dem seßhaften Bauern ist ein heimatloser Wanderer geworden. Erst als er ganz unten ist, hebt er wieder den Kopf. Wie soll er weiterleben können, unstet und flüchtig als Zigeuner unter den Seßhaften, als Gesetzesloser unter den Nomaden? Soll er sich für den Rest des Lebens vor den Menschen verbergen, die ihn totschlagen werden wie die Schlange?

Endlich erhält Kain die Zustimmung des Vaters. „Und der Herr machte ein Zeichen an Kain, daß ihn niemand erschlüge, der ihn fände" (Genesis 4,15). Jeder sollte Kain als einen von Gott geschützten Menschen erkennen. Kain war von Gott anerkannt. Das Siegel zeigte es allen, die ihm Böses wollten. Als in späteren Zeiten Jerusalem belagert wurde, da wurden Männer und Frauen wie Kain versiegelt. Sie standen unter dem persönlichen Schutz des Vaters (Ezechiel 9,6). Sie gehörten zu den Erwählten, wie am Ende der Zeiten die „hundertvierundvierzigtausend, die versiegelt waren aus allen Stämmen Israels" (Offenbarung 7,4). So wurde aus Kain, dem Mörder, Kain, der Erwählte. Er war schuldig und doch geliebt.

Inmitten des bösen Tuns hatte Kain sich selbst entdeckt. Und auch der Vater lernte seinen Sohn besser kennen. Adam, Eva und Lucifer hatten sich gegen Gott empört. Der Dämon des Stolzes lauerte vor den Türen ihres Herzens und flüsterte der Seele zu: „Was Gott kann, das kannst du auch! – Wozu brauchst du Gott?" Dann ahmte die Seele die Stimme des Dämonen nach: „Was geht mich Gott an!" Kain wurde durch die Dämonen des Zornes und der Angst zu Fall gebracht. Mußte die Kindheit des Menschengeschlechtes so dramatisch verlaufen? „Meine Strafe ist zu schwer, als daß ich sie tragen könnte" (Genesis 4,13). War nicht alles zu schwer, was der Vater seinen Kindern aufgebürdet hatte? Und schlimmer noch: Hatte er sich selbst nicht überfordert? Eltern und Kinder erziehen sich gegenseitig, und jeder Vater muß erst in seine neue Rolle hineinwachsen. Doch der Schatten über dieser Kindheit ist gewaltig. Kains Gott macht mit seinen Erstgeborenen einen Lernprozeß durch. Dabei wird auch seine eigene Anfälligkeit für die Einflüsterungen der Dämonen sichtbar. Er straft, er mordet, er resigniert. Der Zorn seines Sohnes Kain wütet auch in ihm, als er mit einer gigantischen Überschwemmungskatastrophe die erste Schöpfung vernichtet.

In Lucifers Seele nagte der Neid auf den Menschen, sein jüngeres Geschwisterteil. Kains Eifersucht steigerte sich bis zum Mord. So breitete sich das Böse über die junge Familie aus. Die Kinder und Kindeskinder Kains werden es nicht besser machen als ihre Väter. Es ist Urzeit, die Zeit der Gründungen, der Stammväter und -mütter des Menschengeschlechtes. Kains Sohn Henoch gründet eine der ersten Städte, sein Ururenkel Lamech zeugt mit seiner ersten Frau Ada den Jabal, Stammvater aller, die in Zelten wohnen und Vieh halten, und den Jubal, Stammvater der Zither- und Flötenspieler. Mit seiner zweiten Frau Zilla zeugt Lamech den

Stammvater der Erz- und Eisenschmiede, Tubal-Kain mit Namen, und die schönste Frau der Urzeit, Naama.

Lamech aber war ein Angeber; der Dämon der Ruhmsucht (Genesis 4,23) nagte an seiner Seele. Seine Tochter Naama brachte noch einmal Unruhe unter die himmlischen Chöre der Engel. Wieder kam es zu einem Sturz aus den oberen Rängen. Im Falle Lucifers und seiner Engel war es der Dämon des Stolzes und der Eifersucht, jetzt setzte der Dämon der Unzucht den Gottessöhnen zu: „Als aber die Menschen sich zu mehren begannen auf Erden und ihnen Töchter geboren wurden, da sahen die Gottessöhne, wie schön die Töchter der Menschen waren, und nahmen sich zu Frauen, welche sie wollten" (Genesis 6,1–2).

Es kommt zu einer geschlechtlichen Vermischung zwischen Menschen und Engeln. Die Frucht dieser Affären mit himmlischen Liebhabern sind Kinder von monströser Größe. Der Vater ist verzweifelt über die dunklen Leidenschaften seiner Kinder. Was soll er tun? Adam und Eva hatte er aus dem Paradies entlassen, damit sie nicht von den Früchten des Lebensbaumes äßen und ewig lebten. Die Lebenszeit des Menschen war begrenzt worden. Adam starb mit 930 Jahren, Seth mit 912 Jahren. Metuschelach hatte es auf 969 Jahre gebracht. Älter konnte ein Mensch in jenen Frühlingstagen der Menschheit, wo noch ein Duft vom Paradies hinüberwehte, nicht werden. Dann mußte er sich zu seinen Stammvätern in die Erde legen, es sei denn, er wurde wie Henoch, ohne den Tod geschmeckt zu haben, direkt von Gott hinweggehoben. Dieser Fall war aber erst einmal bekannt geworden. Als Folge der Unzucht zwischen Naamas Schwestern und den Engeln wurde die Lebenszeit auf 125 Jahre begrenzt. Doch verfehlte die Strafe ihre Wirkung, denn „auch später noch, als die Gottessöhne zu den Töchtern der Menschen eingingen und sie ihnen Kinder gebaren, wurden daraus die Riesen auf Erden. Das sind die Helden der Vorzeit, die hochberühmten" (Genesis 6,4).

Unzucht und Stolz, Leidenschaft und Ungehorsam nahmen kein Ende. Die Menschheit wollte wie Riesen sein, und bald würde ihr die Welt zu klein werden, und sie würde sich anschicken, den Himmel zu erobern. Die Welt des Schattens und der Dämonen war der Preis der Freiheit. Daß er aber so hoch sein würde und die Ordnung der Schöpfung bedrohte, damit hatte wohl auch der Vater nicht gerechnet. Das Haus der Schöpfung war aus den Fugen geraten und drohte einzustürzen. Da entschied sich der Vater, das Welthaus selbst einzureißen und ein neues zu errichten. Schlimmer konnte es nicht mehr kommen. Der Tiefpunkt war erreicht. Nach allem Jubelschall am Anfang der Schöpfung nun dies: Der Vater erkannte, „daß der Menschen Bosheit groß war auf Erden und alles Dichten und Trachten ihres Herzens nur böse war immerdar" (Genesis 6,5). Das Böse im Menschen schien unausrottbar. Ihm war mit keiner Erziehungsmaßnahme, weder mit liebender Zuwendung noch drakonischer Strafe, beizukommen. Es war im Wesen des Menschen verankert. Wessen Schuld war es?

Auch der vierjährige Hermann Hesse wird durch sein bibelfestes Elternhaus mit der bösen Natur des Menschen konfrontiert. Eifersüchtig schlägt und beißt er seine Schwester Adele. Die Mutter, Marie Hesse, stellt ihn zur Rede. Das Herz des Kindes, eben noch böse, ist von Reue erfüllt. Hermann betet mit seiner Mutter, der Heiland möge ihn doch „arg lieb" machen. Lange hält der gute Vorsatz nicht an. Wieder schlägt und beißt er die Schwester, erneut stellt ihn die Mutter zur Rede. Wie viele Mütter von begabten Kindern kommt auch Marie Hesse an ihre pädagogischen Grenzen. „Wo will's hinaus?" fragt sie sich und ihren Mann in einem Brief (2. 8. 1881). Das Kind zehre an ihrem Leben, es habe eine „Riesenstärke", einen „mächtigen Willen" und einen „hohen Tyrannengeist." Wenn Gott nicht diesen „stolzen Sinn" forme, dann könne er eine schauderhafte Entwicklung nehmen.

Die Urgeschichte der Menschheit wiederholt sich hier im kleinen Kreis der Missionarsfamilie. Hermann wirft mit Steinen. Er könnte die Scheiben im Nachbarhaus oder das neugeborene Geschwisterchen treffen. Gelassen hört er den Ermahnungen seiner Mutter zu und kontert: „Aber gelt, Mama, der David ist doch lieb gewesen, wo er den Stein geworfen hat?!" (gegen den Riesen Goliath). Was ist gut, was ist böse? Das Urteil der Eltern scheint ihm nicht immer einleuchtend, und auch die Geschichten aus der Bibel, mit denen er aufwächst, sind nicht immer eindeutig. Mal ist Steinewerfen gut, mal böse. Längst ist in ihm der Widerspruchsgeist erwacht. Er singt lauthals im Bett eine eigene Melodie nach selbstgedichteten Versen. Der Vater betritt das Kinderzimmer. Hermann: „Gelt, ich singe so schön wie die Sirenen und bin auch so bös wie sie?!"

Wie oft haben Adam, Eva, Kain und Naama von ihrem Vater zu hören bekommen, daß sie Böses getan haben? Irgendwann stumpfen die Sinne ab. Das Kind hört nicht mehr zu, die Ohren sind verstopft oder auf Durchzug gestellt. Dutzendfach ist ihm gesagt worden, sein Herz sei böse: „Mußt

Du denn immer böse sein?" – „Wie oft habe ich Dir schon gesagt ...?" Der vierjährige Hermann Hesse will sich nicht mehr schuldig fühlen. Er widerspricht der Mutter: „Ha, so soll mi doch der Gott arg lieb mache! Mir kommt's halt net!" Hätte die Sintflut verhindert werden können, wenn Naama und die anderen Frauen Gottes Zorn entgegnet hätten: „Was legst Du auch in unseren Schoß eine Leidenschaft, die keine Grenzen kennt?"

Die Enttäuschung und Hilflosigkeit des Vaters macht jetzt nicht mehr vor dem Äußersten halt. Kummer wohnt in seinem Herzen, und es reut ihn, daß er die Menschen geschaffen hat. Auch diese Stimmung ist Urgeschehen, wiederholt sich in Müttern und Vätern zu allen Zeiten. „Hätte ich doch nie Kinder gezeugt!" – „Wäre ich doch nie Mutter geworden!" Das sind schreckliche Augenblicke des Zweifelns an sich selbst und am Sinn des Lebens. Hier aber bremst kein Widerspruch den Zorn des Vaters. Er steigert sich immer tiefer in seine Enttäuschung über das Verhalten der Kinder hinein. Schließlich schreckt er vor dem Mord nicht mehr zurück: „Ich will die Menschen, die ich geschaffen habe, vertilgen von der Erde, vom Menschen an bis hin zum Vieh und bis zum Gewürm und bis zu den Vögeln unter dem Himmel; denn es reut mich, daß ich sie gemacht habe" (Genesis 6,7).

Darf ein Vater diesen Gedanken denken? Darf er ihn vor seinen Kindern äußern? Darf er ihn in die Tat umsetzen? Nichts ist sinnloser als die böse Tat, die aus dieser Verzweiflung entspringt. Der Vater hatte gehofft, eine neue Schöpfung ins Leben rufen zu können. Noah und seine Sippe sollten zu Stammeltern eines besseren Menschengeschlechtes werden. Die Arche Noah war als zweiter Uterus der Menschheit, als ein neues Paradies gedacht. Doch auch in dem frommen Mann Noah war das böse Herz verborgen, ohne das eine freie Menschheit nicht denkbar scheint. Gott hatte den Menschen noch einmal in den Uterus der Schöpfung zurückgeschickt. Aber der Arche entstieg kein neuer Mensch, sondern der alte Adam. Welchen Sinn hatte da das tausendfache Sterben von Mensch und Tier? Nur den einen, daß der Vater endlich erkannte und anerkannte, was nicht zu ändern war: „Das Dichten und Trachten des menschlichen Herzens ist böse von Jugend auf" (Genesis 8,21).

So setzte der Vater den Regenbogen als Zeichen der Versöhnung zwischen sich und seine Kindern an den Himmel. Nie mehr solle sich die Katastrophe der Urzeit wiederholen, nie wieder wolle er in grenzenloser

Enttäuschung seine Kinder verleugnen. Sem, Ham, Jafet, Söhne Noahs, blieben Kinder Kains, und auch die Dämonen waren nach der Sintflut wieder zur Stelle. Der Dämon der Völlerei griff nach Noah, so daß sich dieser sinnlos mit Wein betrank und nackt in seinem Zelt lag. Nimrod wurde vom Dämon der Habsucht gepackt und entwickelte sich zum ersten Diktator auf Erden. Habsucht, Ruhmsucht und Stolz trieben die Menschen zur Errichtung des Turmes der unbegrenzten Möglichkeiten in Babel. Der Mensch war Mensch geblieben.

Kindesmißbrauch

Im Donnerwetter der großen Wasserflut waren neben Mensch, Tier und Pflanzen auch die unrealistischen Erwartungen des himmlischen Vaters untergegangen. Ein Haus, eine Familie: oben der Alte, unten die Jungen, so hatte es sich der Vater erträumt. Oben im himmlischen Stockwerk wollte er über die Engel herrschen, unten im Erdgeschoß sollte der Mensch leben und den Garten versorgen. Die meisten Väter wünschen sich im zunehmenden Alter eine Wohngemeinschaft mit ihren Kindern. Der himmlische Vater hatte sich Kinder zu seinem Ebenbild geformt. Jetzt platzte der Traum vom Welthaus wie eine Seifenblase. Es schien dem Menschen nicht möglich, unter den Bedingungen der irdischen Lebenswelt ein Ebenbild Gottes zu sein. Das war zuviel verlangt, das war eine glatte Überforderung für alle Beteiligten.

Der Vater lernte, seine Kinder so anzunehmen, wie sie geschaffen waren und sich entwickelt hatten. Denn kaum waren die Wasser der Sintflut abgeflossen, da geriet das Welthaus wieder aus allen Fugen. Nicht nur im Detail, sondern in der ganzen Konstruktion des Welthauses schien der Teufel zu stecken. Diesmal suchte der Vater nach einer gewaltfreien Lösung der Familienkonflikte und setzte das spätere Symbol von Greenpeace, den Regenbogen, als Friedenszeichen an den Himmel. Am Ende des Familienromans wird er alle Schuld seiner Kinder auf sich nehmen und werden wie sie, Mensch unter Menschen. Er wird ihnen zeigen, daß es zumindest für ihn möglich ist, Ebenbild Gottes unter irdischen Verhältnissen zu sein.

Kinder wollen niemals wie Kinder sein. Kinder wollen sein wie Erwachsene. Die Erwachsenen wollen sein wie Gott. Das ist ein Gesetz der Entwicklung des Lebens. Es macht unsere Größe aus und ist Ursache unserer Leiden. Mit dem Menschen ist das Leben aus der unbewußten Natur in die Kultur getreten. So entfaltete sich die offene Gesellschaft. Was in Adam und Eva angelegt war, der Roman der Menschheitsgeschichte, wurde lesbar. Das Wort „Evolution" haben die Biologen aus der biblischen Zeit entlehnt. Damals wurden die Geschichten, Erzählungen, Psalmen und Gleichnisse auf große Schriftrollen geschrieben. Wer sie lesen wollte, mußte sie aufrollen. „Evolutio" bezeichnet das Aufrollen der Schriftrolle. Adam und Eva im Paradies waren die große Schriftrolle der Menschheit. Diese enthielt die Geschichte des menschlichen Wesens, den Roman unseres Lebens. Mit dem Austritt aus dem Uterus der Menschheit wurde die Schriftrolle der Menschheit langsam aufgerollt, die Evolution begann. Es wurde sichtbar und lesbar, was wir sind und was im Mutterleib verborgen lag.

Die Kindheit des Menschengeschlechtes ist voller Erfindungsreichtum: Ackerbau und Viehzucht, Pfeile, Schwerter und Pflugscharen, Häuser, Mauern und Städte, Pflanzenzüchtungen oder -veredelungen wie die Weinrebe. Vor allen Dingen die Welt der Phantasie: Musik, Kunst und Dichtung. In jeder Kindheit wiederholt sich die Menschheitsentwicklung vom Naturkind zum Kulturkind; mit jedem Kind wird die Schriftrolle der Menschheit neu entrollt. Es spielt mit Tieren aus Holz, errichtet Landschaften, erbaut Legowelten, schnitzt aus Haselnußgerten Pfeile und spannt den Bogen. Es lernt Klavierspielen, kann Bilder malen, lange bevor es in der Schule das Lesen oder Schreiben erlernt. Und – sämtliche Kulturtechniken können zum Guten oder Bösen genutzt werden. Im Zorn greift das Kind zum Holzpferdchen oder Duplostein und will damit seinem Bruder auf die Fontanelle schlagen. „Der Teufel ist wohl in dich gefahren!" – „Er wurde vom Teufel geritten!" sagen dann die Eltern. Aus Wut zielt es mit dem Haselnußpfeil auf das Auge des Freundes. Hoffentlich überspannt es den Bogen nicht. Durch langes Cassettenhören ist es so überreizt, daß es unvorsichtig mit den Wertgegenständen der Mutter umgeht und eine Holmegaardvase umwirft. Aus purer Lust an der Provokation malt es seine Lehrerin im Evakostüm und schreibt mit falscher Unterschrift einen

Liebesbrief an eine Mitschülerin. Aus Neugierde hängt es einen Mitschüler am Kartenständer auf, und alle Mitschüler schauen interessiert zu.

Sämtliche Kulturtechniken, die das Kind während seines langen Entwicklungsganges zum Erwachsenen erlernt, sind ambivalent. Alle guten Gaben und Fähigkeiten können böse Folgen für den Menschen und seine Umwelt haben. Von den Möglichkeiten des Menschen und seinen Gefährdungen erzählt die Urgeschichte. Sie benennt das Böse, damit wir klug werden. Stärker noch als sie beleuchtet die Geheimschrift mit dem Titel „Schatzhöhle" die besonderen Gefahren der kulturellen Entwicklung. Was sie erzählt, ist eine Geburt der menschlichen Tragödie aus dem Geist der Musik, eine Urgeschichte der Medienwelt und ihrer Gefahren. Das Paradies, so erinnert sie sich, habe auf der Spitze eines Berges gelegen. Hier lebten Adam und Eva in unmittelbarer Nähe des Himmels. Mit der Entwicklung der Menschheit erfolgt ein schrittweiser Abstieg vom Paradiesberg ins Tal. Jetzt reitet der Teufel vier Attacken gegen die Menschenkinder. Nach dem ersten Angriff tötet Kain seinen Bruder Abel. Nicht nur, weil Gott Abels Opfer angenommen hatte. Für die „Schatzhöhle" ist der Neid nur ein zweitrangiges Motiv für den Brudermord. An erster Stelle stand ein allzu menschlicher Grund: die Eifersucht auf Abels Verlobte, Kains Schwester. Eros und Thanatos, Lebens- und Todestrieb, sind die entscheidenden Kräfte im Menschen. Zwei Jahrtausende später wird Sigmund Freud diese uralte Weisheit wiederentdecken und aus ihr das Geheimnis unserer Kultur und ihrer Gefährdungen erschließen.

Kain und Abel waren mit Zwillingsschwestern zur Welt gekommen. Sie hießen Lebuda und Kelimat. Kain sollte nach Evas Willen Abels Zwillingsschwester Kelimat heiraten und mit ihr Kinder zeugen, Abel dagegen Kains Zwillingsschwester Lebuda. Da „fuhr der Satan in Kain, er solle seinen Bruder Abel wegen Lebuda töten". Kain wird vom Teufel geritten, aber er ist nicht der einzige. Die sexuelle Neigung zum Inzest ist nicht die Perversion eines einzelnen, sondern sie ist tief in der Natur vieler Menschen verankert. Hier schlummert sie wie ein Drache unentdeckt und bleibt ein Leben lang verborgen, wenn sie nicht hervorgelockt wird. Dann zeigt sich der Dämon der Unzucht. Er gehört als Triebkraft zu den hartnäckigsten Verfolgern des Menschen. Mütter verführen ihre Söhne, Väter mißbrauchen ihre Töchter, Gruppensex und offen ausgelebte Bisexualität, was heute die Seiten der Zeitschriften füllt und zur Titelstory der Nachrichtenmagazine erhoben wird, was zu grausamen Taten und schrecklichen Verstümmelungen an Leib und Seele führt, – auch das ist Teil des Urgeschehens vom Anfang der Menschheit mit einer traurigen Gültigkeit für jede Zeit. Urgeschehen wiederholt sich Jederzeit. Die „Schatzhöhle" kennt keine Horrorvideos, keine Kinderpornos und sadistischen Filme als Auslöser für sexuelle Enthemmung. Das Kino der Perversionen findet hier im Kopf statt, der Dämon der Unzucht projiziert Bilder vom großen Fressen und Huren auf die Leinwand der Seele. „Die Väter und Söhne besudeln ihre Mütter und Schwestern; die Söhne kannten ihre Väter nicht, und die Väter unterschieden nicht ihre Söhne. Der Satan war der Leiter dieses Lagers geworden."

Wie konnte es zu diesem urzeitlichen Kindesmißbrauch kommen? Die Welt der elektronischen und optischen Medien gab es noch nicht, doch auch ohne Videokamera wurden Kinderpornos inszeniert. Mit Hilfe der Musik entfesselten Tubalkain und Jubal die Dämonen der Unzucht. Tubalkain baute Zymbeln, Klappern und Trommeln. Jubal machte Flöten, Zithern und Pfeifen. „Da fuhren die Dämonen in diese und wohnten darin. Blies man hinein, dann sangen die Dämonen aus den Flöten heraus, und spielte man auf den Zithern, dann sangen die Dämonen daraus hervor." Verteufelt wird nicht die Musik und die Welt der Medien. Schließlich singen auch die Engel im Himmel und lieben die Musik. David wird mit seinem Harfenspiel den depressiven König Saul zu therapieren versuchen. Nicht Musik, Video, Camcorder und andere elektronische Medien sind vom Teufel, sondern das, was Menschen aus ihnen machen. Die Frage nach dem rechten Gebrauch der Kulturgüter und technischen Erfindungen ist älter als die Entdeckung der Kernspaltung. Sie wird dem Menschen seit der Urzeit gestellt.

Durch die Musik wird das Lager der Kainiten in ein Tollhaus verwandelt. Ödipus und Dionysos, Priapos und Baubo trollen sich hier. Fressen, Saufen, Tanzen, Singen und teuflisches Gelächter zeigen die Enthemmung an. Männer wiehern Frauen hinterher, Frauen laufen den Männern nach. Je oller, desto toller. Orgien und Inzest, vor keiner Schranke der Sittlichkeit macht der Zug der Enthemmten halt – zur großen Freude der Teufel und Dämonen. Im großen Reinigungsbad der Sintflut werden die sexuellen Exzesse ihr tödliches Ende finden. Von einer geschlechtlichen Vermischung zwischen Engeln und Menschen will der Berichterstatter der „Schatzhöhle" nichts wissen. Der Himmel soll rein bleiben. Auch er kennt die Zeit der Riesen als monströse Folge der Libertinage, aber die Recken der Urzeit hätten bei früheren Schriftstellern zu dem Irrtum geführt, „die Engel seien vom Himmel gestiegen und hätten sich mit den Menschen begattet." Das sei schlichtweg eine Fehlinformation gewesen, denn die geschlechtliche Vermehrung liege nicht im Wesen der Geister. Teufel liebten zwar den Ehebruch, seien aber selbst geschlechtslos. Ein heikler Punkt, über den während zweitausend Jahren Gottesgelehrsamkeit gestritten wird. Immerhin ist das Argument gegen die himmlischen Liebhaber der Frauen bedenkenswert: „Könnten sich die Dämonen mit den Weibern begatten, dann hätten sie keine einzige Jungfrau im ganzen Menschengeschlecht unverderbt gelassen."

Wie alle Gaben des Himmels kann auch die Musik vom Teufel benutzt werden. Dies alte Menschheitswissen findet in griechischen und deutschen Sagen einen Ausdruck. Der Gesang der Loreley betört die Seefahrer auf dem Rhein, Odysseus ist den Liedern der Sirenen ausgesetzt. Wer nicht aufpaßt und Vorsorge trifft, geht in den Fluten des Unbewußten unter. In Hameln benutzt der Rattenfänger seine musikalische Begabung zum Guten und Bösen. Zuerst befreit er mit seiner Flötenweise die Stadt von einer Rattenplage, dann, als ihm kein Dank für die gute Tat gezollt wird, lockt sein Flötenspiel die Kinder aus der Stadt. Musik entfesselt die dunklen Triebe, und ein Musiker, der durch Auftreten und Virtuosität eine dämonische Aura erworben hatte, war der „Teufelsgeiger" Niccolo Paganini. Von Giuseppe Tartinis „Teufelstriller-Sonate" kursiert die Legende, der dreißigjährige Meister habe im Traum einen Pakt mit dem Teufel geschlossen: die Seele des Musikers für seine genialische Begabung. Da kommt Tartini der Gedanke, dem Teufel eine Geige zu überreichen, damit dieser seine Künste zeige. Mit höchster Meisterschaft spielte der Teufel eine Sonate, deren außergewöhnliche Schönheit die kühnsten Höhenflüge der Phantasie Tartinis übertroffen haben soll: „Ich fühlte mich entzückt, entrückt, verzaubert, mein Atem stockte – und ich erwachte." Sogleich griff der Meister nach seiner Geige, versuchte, die Klänge des Teufels erneut hervorzubringen. So entstand die „Teufelstriller-Sonate." Obgleich das Beste, was er als Komponist hervorgebracht habe, sei sie doch nur ein schwacher Nachhall der teuflischen Virtuosität gewesen.

Die Musik setzt tief in der Seele verankerte Sehnsüchte frei. Adam, der Urmensch, wurde aus dem Zustand der Einheit gerissen. Fortan bestand Adam aus zwei Hälften, und jede suchte voller Erwartung ihre Ergänzung.

In den Extasen der Musik machten sich die Kinder Adams auf, ihre verlorenen Hälften wiederzufinden. Ein Paradies konnte sich der Autor der Geheimschrift „Schatzhöhle" nur bei konsequent durchgehaltener Geschlechtertrennung vorstellen. Deshalb spiegelt sein Bericht von der Sintflut die Wohn- und Lebensverhältnisse im Garten Eden wider. Im Osten der Arche lebte Noah mit seinen Söhnen und allen männlichen Tieren, im Westen seine Frau, seine Töchter und die weiblichen Tiere. In der Mitte der Arche lag Adams Leichnam unter einem Altar aufgebahrt, oben an Deck stand ein Engel als Steuermann. So herrschten in diesem zweiten Mutterleib der Schöpfung paradiesische Zustände: Bär ruhte neben Lamm, Löwenjunges kuschelte mit Kälbchen, Schlange ringelte sich liebkosend um Taubenhals, Habicht hüpfte mit Sperling, Wolf schlummerte mit Lamm – es sah aus wie im Kuscheltierzoo eines Jungmädchenzimmers.

In der Arche wurde nicht musiziert. Cassettenrecorder, Walkman, Tapedeck hatte der Vater aus der Kinderstube verbannt. Wie oft nach solchem Großreinemachen wurde es auch nach der Sintflut schlimmer als je zuvor. Noahs Sohn Cham fertigte Zithern und Flöten an, und die Dämonen trieben erneut ihr Spiel. Satan setzt zu einer vierten Attacke an. Ihren Höhepunkt bildet der erste Teufelspakt der Weltgeschichte: Der Vater eines reichen Mannes aus Ur in Chaldäa war gestorben. Zu seinem Gedenken ließ der Sohn ein Portrait des Vaters aus purem Gold herstellen. Dies errichtete er über dem Grab und bestellte einen Jüngling als Wächter, denn das Goldbild war kostbar. Der Jüngling wohnte auf dem Friedhof und achtete bei Tag und Nacht auf das Portrait. Bald wurde der höhere und geheime Sinn des Goldbildes sichtbar. Mit seiner Hilfe konnte der Sohn Kontakt zu dem verstorbenen Vater aufnehmen. Bald täglich übt er diese frühe Form des Channelings. Im Bild verborgen liegen telepathische Kräfte. Kein Wunder, daß sich der Teufel ihrer bedient. Er wird zum Dämon der beweglichen Bilder, zum Ahnherrn des Fernsehens und spricht anstelle des Vaters zum Sohn. Die okkulte Fernsehtechnik offenbart ihren dämonischen Grund. Längst ist der Sohn von diesem Medium abhängig geworden und wird die Geister, die er rief, nicht mehr los. Satan läßt das goldene Bildergerät stehlen, der Sohn ist verzweifelt, genau da, wo ihn der Teufel haben wollte. Er kann ohne bewegte Bilder nicht mehr leben, er braucht die Fernsehkiste und ist bereit, ihr alles zu opfern. Satan bietet dem Bildersüchtigen die Wiederbeschaffung des Gerätes an. Der Mann, selbst Vater eines Kindes, freut sich.

Doch ohne Preis ist mit dem Teufel kein Geschäft zu machen. Er verlangt, man solle ihm den kleinen Sohn, das Enkelkind des Verstorbenen, opfern. Der Mann zögert keinen Augenblick und tötet seinen Sohn für die Wiederherstellung einer funktionierenden Medienwelt: „Er tat sogleich, wie ihm der Satan gesagt hatte; er schlachtete seinen Sohn und wusch sich in seinem Blut." Dafür schenkt ihm der Teufel die Kenntnis weiterer okkulter Techniken: Giftmischerei, Zauberei, Wahrsagerei, Chaldäerkunst und andere Orakeltechniken.

Heile die Erde!

Erinnerungen an die Kindheit des Menschengeschlechtes sind vielfach überliefert. Wie zuverlässig aber sind sie? Wird nicht im Rückblick manches Ereignis verklärt oder dramatisiert? War wirklich alles so schlimm, wie es die ersten Chronisten auf Papyrosblättern oder glattgeschabtem Ziegenleder notierten? Wer zwang sie dazu, die unrühmliche Geschichte unserer Kindheit zu erinnern und an kommende Generationen weiterzugeben, statt sie dem Vergessenwerden zu überlassen? Geschah die Aufzeichnung böser Kinderjahre uns Nachgeborenen zum Trost, als ein früher Spiegel unserer Tage, damit wir nicht meinen, den Altvordern und ihren Kindern sei es besser als uns ergangen? Wie haben die alten Schriftsteller es ausgehalten, immer nur Böses auf Böses zu notieren? Wie ertragen wir uns selbst?

Wer über das Böse schreibt, schreibt sich den Teufel vom Leib. Die biblische Urgeschichte, die „Schatzhöhle" und viele weitere Geheimschriften aus der Kinderschreibstube der Menschheit sind Schreibtherapien gegen das Böse. Sie alle haben unser Bild von den Anfängen der bewußten menschlichen Geschichte geprägt. Keiner der Autoren war Augenzeuge der Ermordung Abels, des Engelsturzes, der Sintflut oder des Turmbaus zu Babel, niemand gibt einen fotographisch genauen Bericht. Ihr Anspruch begnügt sich nicht mit objektiver Berichterstattung. Sie wollen einen Blick ins

Die Seele kommt aus einer anderen Welt. Sie ist nur Gast auf Erden. Wenn der Mensch geboren ist, schreit sie zu Gott (vgl. Genesis 4,10) nach Rettung aus dem Staub der Erde. Ohne den Himmelsblick erträgt sie nicht die Anfechtungen des Lebens, die Momente, wo Antworten ausbleiben, wo Unrecht erlitten wird und sich der Zweifel breitmacht. Der Himmelsblick ist die unsichtbare Nabelschnur zwischen Mensch und Gott. Kein Mensch kann ohne Himmelsblick leben. Wo das Urvertrauen das Haus der Seele verläßt, machen sich die Dämonen breit und die Gotteskrankheit, die Gottferne..

Lucas Cranach der Ältere: Melancholie, um 1532.
Museum Unterlinden, Colmar.

Herz der Schöpfung werfen und freilegen, was die Welt im Innersten zusammenhält. Urgeschehen, Archetypisches soll sichtbar werden, das, was immer und überall gilt, was unsere menschliche Natur ausmacht. Urzeit ist Jederzeit, und so gilt als Autor einer weiteren Erinnerung an die Kindheit des Menschengeschlechtes der Mann, den Gott einst aus der Weltzeit zu sich in die Zeitlosigkeit der Ewigkeit erhoben hatte, Henoch.

Henoch, der Entrückte, der Himmel und Hölle durchreiste, gibt einen späten Einblick in die bösen Kindertage, und weil vor ihm schon viele Autoren über die Urgeschichte geschrieben haben, muß er neue Geheimnisse enthüllen, um seinen Gebrauch von Papyros und Ziegenleder zu rechtfertigen. Hielt sich der Bericht der Bibel mit Namensnennungen und Zahlenangaben noch diskret zurück, so weiß Henoch von exakt zweihundert männlichen Engeln, die mit irdischen Frauen Verkehr gehabt haben. Der Anführer hieß Semjasa, die Oberscharführer trugen das Unaussprechliche streifende Zungenbrecher als Namen:

Urakib
Arameel
Sammael
Akibeel
Tamiel
Ramuel
Danael
Erzeqeel
Saraqujal
Asael
Armers
Batraal
Anani
Zaqebe
Samsaveel
Sartael
Tumael
Turel
Jomjael
Arasjal

Sie schwängerten die Frauen und lehrten sie dämonische Künste wie Abtreibung, Erstellung von Zaubermitteln und Beschwörungsformeln, das Schneiden von heilkräftigen Wurzeln und Pflanzen, Astrologie und Wolkenkunde, Zeichendeutung an Erde, Sonne und Mond, Herstellung von militärischem Gerät, Schlachtmesser, Waffen, Schilde, Brustpanzer, Gebrauch von Augenschminke und Verschönerung der Augenlider, Färbetechniken und Goldschmiedekunst. Die noch kindliche Welt wurde farbiger, wissender, sie stellte ihre Reize deutlicher heraus, verbarg die ersten Falten und Augenränder und gewann an Attraktivität. Die gesteigerte Schönheit lockte die im Menschenkind schlafenden dämonischen Kräfte hervor. Mit dem Geschlechtsverkehr zwischen reifen Gottessöhnen aus dem Himmel und unerfahrenen jungen Frauen geschah ein Tabubruch, der schreckliche Folgen hatte. Jetzt wurde deutlich, wozu der Mensch im Bösen fähig ist. Frauen, noch in frischer Mädchenblüte, gebaren monströse Kinder, dann machte niemand mehr vor dem Letzten halt. Es kam zu Sodomie, Kannibalismus und Vampyrismus, „und die Menschen begannen, sich an den Vögeln, Tieren, Reptilien und Fischen zu versündigen, das Fleisch voneinander aufzufressen, und sie tranken das Blut. Da klagte die Erde über die Ungerechten" (Henochbuch, ca. 2. Jh. v. Chr.).

Jetzt wird der urzeitliche Kampf zwischen Michael und dem Teufel wieder aufgenommen. Nach dem Vorspiel im Himmel folgt die dramatische Fortsetzung auf der Erde. Dem Erzengel Michael – mit dem programmatischen Kampfruf „Wer ist gleich Gott!" im Namen – stehen Uriel, Raphael und Gabriel assistierend zur Seite. „Heile die Erde, welche die Engel verdorben haben!" lautet ihr Auftrag. Bis auf den heutigen Tag harrt er der Vollendung. Michaels Kampf gilt auch einem Teufelswerk, das die Schriftsteller vor Henoch noch gar nicht erkannt hatten. Erst die anwachsende Masse des Geschriebenen, die anschwellende Flut der Schriftrollen und Codices, die Bibliothekserweiterungen in Alexandria und anderswo ließen erkennen, daß die Kunst des Schreibens nicht nur Kulturtechnik, sondern auch Teufelswerk war. Henochs Erinnerungen sind uns in Form einer christlichen Überarbeitung aus dem siebten Jahrhundert überliefert. Ganze Häuser voll überflüssiger Bücher waren da bereits zusammengeschrieben worden. Die schwarze Kunst des Druckerhandwerks mit ihrer Möglichkeit beinahe endloser Vervielfältigung himmlischer oder teuflischer Botschaften war zwar noch lange nicht erfunden worden, doch hatten sich bereits zu Henochs Zeiten viele Schriftsteller um ihr ewiges Seelenheil geschrieben. Henoch führte die teuflische Seite seines Gewerbes auf den Dämon Penemue zurück: „Er hat die Menschen das Schreiben mit Tinte und auf Papier gelehrt, und dadurch haben sich viele seit Ewigkeit bis in Ewigkeit und bis auf diesen Tag versündigt" (Henochbuch). Natürlich zeigte Henochs Dämonisierung der Schreibkunst keine Wirkung. Des vielen Büchermachens war kein Ende abzusehen.

Die Kockschies

Jedes Neugeborene geht in den Spuren seiner Geschwister aus der Urzeit, trägt das Menschheitserbe in Seele und Genen. Die Menschheit war nach der Sintflut richtig eingeteufelt. Noahs Erben und alle, die nach ihnen geboren wurden, betraten keine heile Welt. Der Riß, der Adam teilte, lebt in uns allen fort, der Schatten, der nach Kain greift, steht hinter jedem Kind. Schon die kleinen Kinder spüren die dunklen Mächte, die um sie herum sind. Sie nennen sie nicht Dämonen, Teufel oder Schatten, sie heißen „Mämä" oder „Kockschies." Aus allen Winkeln können die Schatten hervorspringen.

Das Kind ist mit seinen Eltern zu Besuch bei einem Fleischermeister in Oldenburg. Die Erwachsenen verbringen den Sonntagnachmittag in Erinnerungen schwelgend bei einer Kanne Ostfriesentee und Gebäck. Jedes alte Haus birgt seine Geheimnisse und dieses in besonderem Maße. Hier lebte die Mutter, bevor das Kind geboren wurde. Das Kind durchstöbert die Zimmer, gelangt auf den Dachboden, vollgestellt mit altem, unbrauchbarem Gerät, Kisten und Kartons. Es findet Spielsachen, Bauklötze und Soldaten. Vergessen ist die Zeit, aufgehoben der Raum. Das Kind spielt im Nirgendwo. Plötzlich blickt hinter dem Schornstein ein Frauengesicht hervor. Namenloses Entsetzen greift nach der Seele. Dann ein zweiter und dritter Blick. Alles geschieht in Sekundenschnelle. Das Gesicht gehört zu einer Schaufensterpuppe. Der Hausherr hat sie hier oben abgestellt, wird das

Kind später erfahren. In jungen Jahren liebte es der Metzgermeister, seine Scherze mit der Puppe zu treiben. Des öfteren stand er sehr früh auf und legte die Puppe neben seine schlafende Frau ins Ehebett. Aber das war nicht das Geheimnis der Puppe auf dem Speicher. In ihr verborgen lag etwas Namenloses, eine Magie der Anziehung und des Grauens. Das Kind betrat den Speicher nie mehr.

Kinder sind Spezialisten des Unsichtbaren. Dämonische Mächte springen ihnen überall entgegen. Eine Vorabendserie im Fernsehprogramm mit Juliette Greco. „Belphegor" heißt das Medium, gespielt von der Greco, mit dem eine Verbrecherbande Kunstschätze aus dem Louvre stehlen möchte. Belphegor trägt eine Maske. Zwei Jahre lang wird sie das Kind in seinen Träumen verfolgen, und es kann nicht sagen, wovor es sich ängstigt. Um das Elternhaus herum wohnen Hausgeister. Niemand kann sie sehen, und nur die Kinder wissen von ihrer Existenz. Sind es Dämonen, Kobolde oder Zwerge? Sie wohnen nicht im Haus, aber doch ganz in der Nähe. Im Garten hinter der Garage des Freundes, da, wo das kleine Motorboot abgestellt ist, oben auf dem Dach der Gartenlaube, im Keller des neuerbauten Kindergartens. Kockschies heißen sie. Keiner der Freunde weiß, woher der Zaubername stammt und was er bedeutet. Kockschies sind Hausgeister, irgendwie miteinander verwandt, aber sie pflegen untereinander keinen Kontakt. Auch scheinen sie örtlich gebunden zu sein. Die Kockschies auf dem Dach der Gartenlaube laufen nicht die hundert Meter zum Nachbarhaus des Freundes, wo hinter dem Bootsschuppen ihre Verwandten hausen. Sie sind weder gut noch böse. Ihre Gestalt muß winzig sein, ihr Einfluß groß. Die Kockschies wohnen an den Rändern des familiären Universums, dort, wo der Einfluß der Eltern aufhört. Es ist der Grenzbereich von Paradies und Welt, eine Zone des Übergangs. Außer den Freunden weiß niemand von ihrer Existenz. Die Kockschies weben im Geheimnis. Sie sind keine guten Geister wie die Engel, eher launisch wie Zwerge und Trolle. Zuweilen greifen sie mit dämonischer Macht nach der Seele des Kindes und bringen es in Todesgefahr.

Wie jeden Nachmittag spielte das Kind mit seinem Freund zusammen. Sie bauten große Sandburgen mit labyrinthischen Gängen und Höhlen, auf denen man Glasmurmeln laufenlassen konnte. Direkt vor der Gartenlaube, auf deren Dach die Geister wohnten, lag der Sandkasten. Wer war es, der den Freund verleitete, auf das Dach der Laube zu klettern, dort, wo die fremden Geister sich verborgen hielten? Der Freund wohnte im Nachbarhaus. Seinem Vater gehörte die Garage mit dem Bootsschuppen. Hier war er befugt, mit den geheimnisvollen Wesen in Kontakt zu treten. Jetzt kletterte er auf das Laubendach. Das war nicht ausdrücklich verboten, doch gewagt. Was geschah dort oben? Was hatte der Freund gesehen? Hatten die Kockschies mit ihm gesprochen, hatten sie ihm eingeredet, er könne fliegen wie ein Engel? Der Freund sprang vom Laubendach, stürzte mit dem Kopf zuerst in den Sand und rang lange nach Luft. Eine Warnung, sonst war nichts Ernsthaftes passiert. Das Kind aber schenkte seinem Freund ein Fünfzigpfennigstück, seinen ganzen Besitz, damit er Schweigen wahre über den Vorfall. Warum hatte es Schuldgefühle, sogar Angst vor Strafe? War es verantwortlich für das, was auf dem Dach geschehen sein mochte? Später hieß es, nicht die Geister auf dem Dach, sondern das Kind selbst hätte dem Freund eingeredet, er könne unbeschadet aus zwei Metern Höhe in den Sand einen Kopfsprung wagen, so als springe er in ein Schwimmbecken. Beide Kinder waren sieben Jahre alt und gleich klug. Sollte das Kind plötzlich und ohne erkennbaren Grund Lust verspürt haben, seinen Einfluß auf den Freund auszuspielen? Sollte es ihn mit Absicht in Todesgefahr gebracht haben? War es bereit, den Freund zu opfern, um die Reichweite seiner Macht über ihn zu erkennen?

Dafür hätte es keinen Anlaß gegeben. Nach dem Sprung wich die Neugierde der Angst vor Strafe und der Fürsorge. Bloß nicht darüber reden, lieber alles im Geheimnis des Ortes und der Seele belassen. Aber das Kind wußte hinfort, daß die Geister nicht nur auf der Gartenlaube hocken, sondern irgendwo in den Kellergewölben seiner Seele. Es ahnte die Maskenhaftigkeit der menschlichen Existenz.

Wo lag der Ursprung des Sturzes aus lichter Höhe? Hatte sich auch der Freund erheben wollen über die Ordnung der Dinge, um gleich zu sein mit jenen erahnten Wesen oder um ihr Geheimnis zu lüften? Irgendwann verdunkelt der schwarze Flügelschlag des Dämons jede Kindheit. Hier huschte er nur einen Augenblick vorbei. Wie ein gefallener Engel stürzte der Freund aus dem Reich der Geister, die seinesgleichen nicht unter sich dulden wollten. Kockschies gibt es überall. Sie tragen nur andere Namen. Im leuchtenden München des Jahres 1911 heißen sie „Die Mämä." Der zweijährige Angelus Gottfried Thomas sieht in allem Unheimlichen das Wirken der Mämä. Unbekannte Geräusche im Haus, Hämmern in der oberen Etage, ein unvorhersehbares Geschehnis – immer ist es die Mämä, die ihm Angst in die Seele jagt, so daß sich das Kind verkrampft und fortbegehrt. Ein seltsam abgründiger Charakter scheint dem Kind gegeben. Mutter und Vater werden sich ein Leben lang mit dem Gefühl der Befremdung ihrem dritten Kind nähern. Es ist sprachbegabt, doch die ersten Worte, die es spricht, heißen nicht „Mama" oder „Papa", sondern „Wust" und „Bod." Still beschäftigt sich das Kind und springt unvermittelt auf, läuft getrieben wie ein Alp hundertmal ums Zimmer, gebärdet sich wie toll, beißt die Zähne zusammen, schüttelt den Kopf hin und her und trommelt mit den Fäustchen seinem Vater auf den Rücken. Ein Gnom, der von Gnomen träumt. „Heut nacht hab ich einen Zweerg geträumt, daß er bees war", notiert die Mutter des Dreieinhalbjährigen ins ledergebundene Tagebuch. Sie verlangt nach genauerer Auskunft, doch Angelus Gottfried Thomas, der sich selbst den Namen Golo gibt, entgegnet vieldeutig verschmitzt: „Beese, beese Sachen."

Auch der Vater wird später vor allen Dingen „beese Sachen" über seinen zweiten Sohn dem Tagebuch und damit der Nachwelt anvertrauen. Selbst geplagt von dem Dämon des Geschlechtes, Erzeuger von fünf Kindern, doch ohne Geschlechtslust für die Ehefrau, wird er an Golo und dem erstgeborenen Sohn Klaus (Eissi) mit Schrecken und Entzücken beobachten, was untergründig auch aus den tiefen Kammern seiner Seele drängt. „Ich hörte Lärm im Zimmer der Jungen und überraschte Eissi völlig nackt vor Golo's Bett Unsinn machend. Starker Eindruck von seinem vormännlichen, glänzenden Körper, Erschütterung" (17.10.1920). Elf Jahre alt war jetzt der Knabe, dem das richtige Wort für Nahrungsmittel, für Wurst und Brot, leichter von den Lippen kam, als die Namen von Vater und Mutter. „Mämä" hieß die Nacht, „Mämä" war der Mutterschoß, „Mämä" war der schreibende Vater am Schreibtisch, der stumpfsinnig vor Zorn aus seinem Zimmer hervorbrechen konnte, Kinder und Dienstmädchen anschrie und dann wieder hinter der Tür verschwand wie der Teufel in der Kiste.

Gut, wenn dem Kind Namen für das Unaussprechliche gegeben sind. Das Gesicht des Drachen in der Nacht, die Horde der wilden Kerle, der Bubumann im Zimmerwinkel, sie lassen sich nicht verscheuchen oder dem Kind ausreden. Ein vertrauter Lichtschimmer durchs Schlüsselloch oder besser noch durch den Türspalt erhellt die Schattenwelt der Dämonen, treibt sie aber nicht gänzlich aus dem Kinderzimmer. „Schalf schön", „Gute Nacht",

„Gut's Nächtle", „Mach' schön heia" – und schon ist es da, das „Heia". Es ist weder Mann noch Frau, ein angstmachendes Neutrum. Die Eltern haben niemals von dem Heia gesprochen, es sprang unerwartet aus den Gutenachtworten wie ein Dämon hervor und verbreitet seitdem Schrecken in der Kinderseele. In der Welt sein bedeutet, Angst zu haben. Niemand redet den Kindern die Angst vor den dunklen Kräften ein. Sie brechen auch in die behütetste Kindheit ein, wie die Schlange ins Paradies. Gegen das Heia hilft keine sanfte Pädagogik, nur der Gesang und die Zeit vertreiben es für Augenblicke.

Das Kind gibt die Furcht vor den Dämonen der Nacht zu. Es kommt zu den Eltern ins Schlafzimmer, weint, wird getröstet und darf vielleicht neben der Mutter einschlafen, so als wäre ihm für eine Nacht die Rückkehr in die Geburtshöhle verstattet. Doch wenn es neun oder zwölf Jahre alt ist, wird die Mutter es zurückweisen. Wer singt dann gegen die Angst, wer kuschelt sie weg? Die Furcht vor den Dämonen der Nacht gilt jetzt als kindisch und unbegründet. Ungeduldig betritt der Vater das Kinderzimmer, schaltet das Licht an der Decke ein. „Warum kannst Du nicht schlafen?" – „Das Heia!" – „Wo siehst Du schon wieder das Heia!?" Im Lichtkegel der väterlichen Aufklärung liegt der Schreibtisch mit den unvollendeten Rechenaufgaben, Game-Boy und einem Mikrochip in Plexiglas. Das Heia hat sich hinter die Fußleisten verzogen.

Immer wenn die Mutter zum Abendgebet kommt und noch eine Weile still auf dem Bettrand sitzt, schläft das Heia. Sobald die Mutter aufsteht, erwacht das Heia. Der Vater ist gereizt. Im Wohnzimmer läuft der „Tatort" weiter, doch dieser Schauplatz strapaziert seine Nerven mehr. Er fragt, ob er einen Schraubendreher holen, die Fußleisten abschrauben solle, um dem Knaben zu beweisen, daß es kein Heia im Zimmer gebe. Der gereizte Ton sagt alles. Das Kind ist still und liegt im Dunkeln lange wach.

Die Angst vor den Dämonen der Nacht gilt als kindisch und unvernünftig. Was tun, wenn man zehn Jahre alt geworden ist? Golo, über dessen Ängste die Mutter zu spotten pflegte, gibt später den dunklen Mächten einen anderen Namen. Was ihn ängstigt, heißt nicht mehr „Mämä", sondern „Mörder" oder „Einbrecher". Das klingt rationaler und zählt in der Welt der Erwachsenen als realistische Bedrohung. Golos Zimmer lag im zweiten Stock. Wenn er nachts die Toilette aufsuchte, pflegte er niemals die Kettenspülung zu ziehen. Seine Mutter befremdet die unzureichende Hygienemaßnahme und fragt nach dem Grund des wieder einmal seltsamen Verhaltens. Golo erklärt, er habe es vermeiden wollen, durch laute Geräusche Einbrecher anzulocken. Das war eine Notlüge. „Der wahre Grund war ein anderer: die Angst, durch das Rauschen des Wassers die Stille der Nacht zu durchschneiden und Kräfte zu wecken, die besser ungeweckt blieben." Welche Kräfte und Energien sind gemeint? Nicht die naheliegenden, nicht die Ungeduld des Vaters oder der Mutter, überhaupt nichts Sagbares, eher das Unheimliche, das sich zeigte, als das Leben aus der unbelebten Materie hervorging, Urlaute aus der Urzeit des Werdens.

Überall hockt die „Mämä", neben der Haustür im Portrait der längst verstorbenen Urgroßmutter Hedwig Dohm, auf dem Speicher in einem Bild von Alfred Kubin. Im Zimmer des Bruders Klaus tickt sie aus dem Pendelschlag der Wanduhr. Sie huscht durch das Haus und verfolgt den zubettgehenden Knaben. Licht an auf der Treppe, Licht an im Korridor und Licht aus auf der Treppe, Licht an im Durchgangszimmer des Bruders, Licht aus auf dem Korridor, Licht an im eigenen Zimmer und Licht aus im Zimmer des Bruders. Dem lichtfressenden Schatten der „Mämä" werden Golo und seine vier Geschwister ein Leben lang nicht entkommen. Die „Mämä" macht einige von ihnen depressiv und treibt einen in den Freitod, zurück in die anorganische Ruhe vor dem Werden. Die „Mämä" setzt Ängste frei und literarische Produktivität. Sie ist weder zeit- noch ortsgebunden.

Längst berühmt geworden durch eigene Arbeiten, weilt Golo Mann als Gast der Prinzessin Margret von Hessen auf einem Jagdschlößchen. Für den Historiker ist es eine Freude, im Zarenzimmer schlafen zu dürfen. Doch in der Nacht holt ihn die „Mämä" ein. Namenloser Schauder erfaßt ihn am Waschtisch, es läuft dem Historiker eiskalt über den Rücken. Die Haare sträuben sich, das Blut in den Adern gerinnt. Was greift nach ihm? Der Dämon der Geschichte, die „Mämä"? Dem wortgewandten Mann fehlen die Worte, er rettet sich in Redewendungen, weil sich nicht anderes sagen läßt, was die Nacht in diesem geschichtsträchtigen Gemäuer durchdringt und nach ihm greift. Wer kennt den Dämon der Angst und des hilflosen Ausgesetztseins, wer kennt seinen Namen? Er steht im Zarenzimmer, er sitzt dem Historiker im Nacken: „Zweimal erfuhr ich es in Augenblicken höchster Erregung oder tiefster Erschütterung: ein mit nichts Anderem zu verwechselndes heißes ‚Kribbeln' im ganzen Körper." Er könnte den Ort der Dämonen verlassen, durch die Flure des Schlosses eilen, an die Zimmertür der Prinzessin klopfen. Doch was sollte er ihr sagen?

Der Teufel im Kleiderschrank

Selten geschieht es im Leben des Kindes, daß der dunkle Schatten Gestalt gewinnt und leibhaftig erscheint. Auch Kain sah seinen Schatten, den Drachen an seiner Seite, nicht mit den leiblichen Augen. Golo Mann spürte die Anwesenheit des Dämons an Leib und Seele, die „Mämä" hauste aber weiter im Unsichtbaren. Wie hätten er und seine Familie reagiert, wenn sich die „Mämä" einmal leibhaftig gezeigt hätte, wenn sie hervorgetreten wäre aus dem Bild der Urgroßmutter oder stolzen Schrittes die Treppe vom Dachboden hinabgestiegen wäre?

Ein Kind, das im Alter von sieben Jahren die Chance gehabt hätte, dem Teufel ins Angesicht zu schauen, ist der Schriftsteller Julien Green (* 1900). Er wuchs im evangelischen Glauben der Mutter auf. Bibellektüre und Gebet gehörten zu den selbstverständlichen abendlichen Ritualen. Als Teil der christlichen Überlieferung war in der Familie auch die Gestalt des Teufels bekannt, sie spielte aber in der Liebesreligion der Mutter keine hervorragende Rolle. Wichtiger war ihr die Ausbildung der inneren Augen, mit denen die Kinder einen Blick hinter die Welt der sichtbaren Dinge werfen konnten, eine Achtsamkeit für das Unsichtbare. Unbeabsichtigt entstand so auch eine Empfänglichkeit für die dämonische Seite.

Das Kind schläft in einem Bettchen direkt neben der Zimmertür. Es erwacht mitten in der Nacht. Jemand hatte den Türknauf bewegt. Julien ist noch nicht einmal fünf Jahre alt. Viel Unbekanntes und Unverstandenes geschieht im Elternhaus. Er schläft sofort wieder ein und macht sich erst Gedanken über das Ereignis in der Nacht, als er am nächsten Morgen seine Schwestern Eleonore und Lucy über den Vorfall reden hört. Eltern und Schwestern hatten die Geräusche vernommen, obwohl sie in Nachbarzimmern schliefen. Während Julien sogleich wieder in den Schlaf gesunken war, hatten sie lange wachgelegen. Am Morgen wird das Unbekannte und Unbeachtete bedeutsam durch das Gespräch der Eltern und Schwestern. Kein Name fällt, nur eine Bemerkung, die signalisiert, daß alle Bescheid wissen. „Heute nacht haben sie es ganz schrecklich getrieben." Ein Satz, mehr nicht. Keine Erklärungen, keine Angst vor den Dämonen der Nacht.

Die dunklen Mächte, die Julien bedrängen, sind anderer Art. Kaum fünf

Jahre alt, steht er in seinem Zimmer und weist mit dem Finger auf eine Ecke. Er glaubt sich unbeobachtet, spricht mit einer unsichtbaren Person in lautmalerischer Sprache. Wieder ist es nicht der Knabe, der mit Angst reagiert. Die Schwestern waren unbemerkte Zeugen des Gespräches, hörten ihm eine Weile zu und verließen fluchtartig das Zimmer. Vom Teufel war noch nicht die Rede, und bevor Julien auf die Idee kam, seinen Namen ins namenlose Dunkel zu rufen, mußte etwas anderes geschehen.

Wie üblich lag der Fünfjährige um sieben Uhr abends im Bett. Durch die geöffnete Tür drang schwaches Kerzenlicht ins Kinderzimmer, murmelnde Stimmen und zuweilen das Lachen der Mutter. In dieser Dämmerstunde ertasten die kleinen Hände den Körper, haben stilles Vergnügen an der Erforschung der unbekannten Region. Wieder stand ein unbemerkter Beobachter im Zimmer. Die Schwester Mary greift nach dem Bettuch, schlägt es bis zu den Füßen auf und ruft nach der Mutter. Diese erscheint mit dem Kerzenleuchter in der Hand, blickt auf ihren Sohn, der wie gebannt noch immer sein Glied umklammert hält. Das Kind versteht nichts, ist sich keiner Schuld bewußt. Schnell wird der Leuchter abgestellt, die geliebte Mutter rennt aus dem Raum und kommt mit einem langen Brotschneidemesser aus der Küche zurück. Inzwischen hat sich auch die Köchin eingefunden. Sie kann ein Lachen kaum unterdrücken, die Schwestern murmeln, der Knabe bricht in Tränen aus, die Mutter schwingt das Messer und schreit: „I'll cut it off!" Dann beruhigen sich alle. Der unsichtbare Schnitt in der Seele des Fünfjährigen sitzt tief.

Viele Jahre später, bald ein halbes Jahrhundert nach dem Tod der Mutter, will es dem Dichter scheinen, als sei sie durch hellseherische Gabe zu dem übertriebenen Verhalten verleitet worden. Nicht das Spiel mit dem eigenen Leib habe sie empört und das Messer aus der Küche holen lassen, sondern der Blick auf die im Unsichtbaren verborgene Zukunft. Die Kastrationsdrohung galt den erotischen Leidenschaften des Kindes, das erst fünfzehn Jahre später die homosexuelle Neigung an sich entdecken sollte, die in jener Nacht vor den inneren Augen der Mutter gestanden haben mußte. Die Nacht des langen Messers ist die Geburtsstunde eines Lebensthemas. In ihr entdeckt Julien Green die Dämonie der Geschlechtlichkeit, die sein Werk in vielen Gestalten beschwört und die er mit seiner Konversion zum Katholizismus vergeblich zu bannen suchte. Das Unsichtbare, das Verbotene, das Geschlechtliche und die starke Mutterliebe verschmolzen zu einer dunklen Macht. Sie hatte noch keinen Namen, wohl aber einen Wohnort. Das süße Grauen verbarg sich im großen Wandschrank der Mutter.

Kinder lieben geräumige Kleiderschränke, die so weit sind, daß man in sie wie in einen zweiten Mutterleib hineinkriechen kann. Julien, nun sieben Jahre alt, steht vor dem geöffneten Kleiderschrank der Mutter. Schwarz und tief ist er. Unwiderstehliche Neugierde zieht den Knaben an. Er wagt nicht, einzutreten und die dichtgedrängten Kleidungsstücke zur Seite zu schieben, um das verborgene Geheimnis zu schauen. Mit klopfendem Herzen ruft er den Teufel an. Wie kam er auf die Idee, der Teufel wohne im Kleiderschrank der Mutter? Er wußte es nicht. Die Angst vor der Kastration saß noch in seiner Seele, der Zwang, immer wieder den Kleiderschrank der Mutter zu öffnen, mochte Ausdruck einer erotischen Neigung sein. Die Beschwörung des Teufels steht in einem untergründigen Zusammenhang mit der verbotenen Mutterliebe. Damals aber geschah mehr, als die Weisheit der Psychoanalyse zu ergründen vermag.

Dreimal hatte der Siebenjährige mit klopfendem Herzen den Teufel angerufen, „und daraufhin trat das Unvergeßliche ein. Die Kleider bewegten sich. Sie schoben sich sacht auseinander, um jemandem Durchgang zu gewähren." Wie Schamlippen öffneten sich die Kleider. Er trat hervor. Wer war es? Der Teufel? Julian selbst, der seine Geburt noch einmal erlebte? „Heute bedauere ich, daß ich niemals den Mut fand, abzuwarten, anstatt laut schreiend davonzustürzen." Julien flüchtete sich in die Arme der Mutter. Seine Schwestern kommentierten, der Bruder habe sicherlich wieder Gesichte gehabt. Es waren aber keine visuellen Eindrücke. Die Kleider hatten sich geteilt, dann war Julien geflohen, weil er glaubte, den Anblick nicht ertragen zu können. Jahrzehnte später, als sich der Dichter dieser Urszene erinnert, greift unaussprechliches Grauen wieder nach ihm. Kein Zweifel, daß da etwas im Kleiderschrank der Mutter war und ans Licht treten wollte.

Sieben Jahre später zieht der Teufel aus dem Kleiderschrank der Mutter aus und wohnt im Zimmer des pubertierenden Knaben. Der Dämon des Geschlechtes tyrannisiert ihn. Unter der Bettdecke wiederholen sich die frühen Spiele der Kindheit. Jetzt droht keine Mutter mit dem wellengeschliffenen Brotmesser, jetzt blickt ein sittenstrenger Christus vom Kreuz auf den Jüngling hinab. Täglich spricht Julien noch immer das Abendgebet und liest ein Kapitel aus der Bibel. Alle Liebe gilt Christus, doch unten in seinem Körper hat der Dämon sein lüsternes Streitlager errichtet. Julien haßt die Macht des Geschlechtes, beugt sich ihr aber und nimmt in der Stunde des Dämons das Kruzifix von der Wand. „Wenn ich jedoch, wie ein

Ermordeter auf mein Bett hingestreckt, das Böse tat, so unterlag ich einer Art von Zauber, der von dem schwarzen Engel ausging." Der schwarze Engel der Onanie hatte bald das gesamte Zimmer erobert.

Mit dem Geschlecht regt sich in dem jungen Mann der literarische Trieb. Er beginnt, eine Geschichte Frankreichs zu schreiben, allerdings nicht an seinem eigenen Schreibtisch, denn „dieser Raum war für mich zu sehr vom Bösen heimgesucht". Das literarische Werk entsteht im sonnendurchfluteten Zimmer der Mutter. Hier fühlt sich Julien sicher vor sich selbst.

Taufe und Teufelsaustreibung

Da war er wieder, der Riß in Adam, der die Welt des Kindes in zwei Hälften geteilt hatte. Der schwarze Engel der Onanie und der Schmerzensmann am Kreuz standen sich unversöhnlich gegenüber. Zwischen beiden mußte das Kind leben, zwischen beiden drohte es sich zu verlieren. Es glaubte zu wissen, was das Gute und Böse sei, aber es konnte sich für keine Seite entscheiden. Die Macht des schwarzen Engels war gewaltig. Wenn seine Stimme rief, gehorchte die Hand des Knaben und legte das Kruzifix zur Seite. Die Liebe des Herzens und das nach Liebe drängende Geschlecht schienen unvereinbar. Der Riß in Adam teilte auch Seele und Körper des Kindes. So zerrissen, hielt das Schuldgefühl Einzug ins Haus der Seele und machte sich dort breit.

Nicht Erfindung der Kirchen, sondern Empfindung und Erfahrung des Kindes ist die Gestalt des Teufels. Schon längst hätte sie sich überlebt, wäre sie nur ein Trick der Priester oder Erzieher, um die verängstigte Herde zusammenzuhalten. Der Teufel lebt. Er ist älter als das Judentum. Dies bezeugt die Menschheitserfahrung, wie sie in den ältesten Keilschrifttexten und Höhlenbildern erinnert wird. Name und Gestalt des Teufels sind wie Schall und Rauch. Sie unterliegen dem kulturellen Wandel. Wie hätte die Gestalt des Teufels im Jahr der Erscheinung 1907 ausgesehen? Julien Green fehlte der Mut, nur einen weiteren Moment die innere Anspannung zu ertragen und zu warten, was sich zeigen würde.

Sicherlich wäre kein bockshäuptiger Geselle aus dem Kleiderschrank gestiegen. Pferdefuß, Schwefelgestank und schwarze Flügel hatte Satan bereits in Goethes „Faust“ an der Garderobe des Welttheaters abgegeben. Diese Gestalt ist anachronistisch, dieser Teufel agiert in dem Kasperletheater und seine Dummheit erheitert die Kinder. Er ist als grüner Halsteufel von der Werbebranche engagiert worden und setzt sich für den Vertrieb von Lutschtabletten ein. Als Kind der Unterwelt hat er einen Höllendurst und schmückt daher das Etikett der belgischen Biermarke „Lucifer.“ Auf Teufel komm' raus fährt er mit einem Engel um die Wette und testet so die Belastbarkeit eines Kleinwagens der Firma „Ford.“ Anschließend spielt er den italienischen Verführer an der Expressomaschine „Diavolo.“ Natürlich endet sein Tag im Schlafzimmer, denn Teufel wollen seit altersher immer nur das eine. Er ist teuflisch gut im Bett, doch im Zeitalter von Aids vögelt auch der Teufel nicht mehr ohne Gummi. Sein Präservativ wider die Fruchtbarkeit ist schwarz mit gelbroten Flammen, und es verspricht eine höllische Nummer.

Julien Greens Vorstellung von der Gestalt des Teufels wurde durch die Bibelillustratoren des 19. Jahrhunderts geprägt. Schnorr von Carolsfeld im deutschen Sprachraum, Gustave Doré bei den Franzosen erinnerten mit ihren Radierungen noch einmal an den diabolischen Phänotyp der Vergangenheit. Im Jahre 1995 heißen die echten Teufel nicht mehr Teufel. Alles, was sich Teufel nennt, muß unter einem anderen Namen gesucht werden. Ein Hauch von der Aura des Namens „Teufel“ weht jedoch aus alter Zeit herüber. So hielt ein Japaner über Monate Behörden und Gerichte in Tokio mit der Namensgebung für seinen Sohn in Atem. Das im Juli 1993 geborene Kind sollte den Vornamen „Teufel“ („Akuma“) tragen. Die Familienrichter erhoben Einspruch, der Name werde dem Kind ein Leben lang Nachteile in Schule und Beruf bringen. Der Vater war anderer Meinung. In einer Zeit wirtschaftlicher Hochleistungen und in einem Land, wo der einzelne Mensch in der namenlosen Masse unterzugehen drohe, sei „Teufel“ ein Vorname, der sich schnell einpräge und den niemand vergesse. Er werde seinen Sohn später mit vielen interessanten und einflußreichen Menschen zusammenbringen. Die Richter blieben skeptisch, das Kind wurde älter. Schließlich lenkte der Vater ein und verzichtete im Februar 1994 auf den Vornamen „Teufel.“

Wie hätte das Familiengericht reagiert, wenn er seinen Sohn nicht „Teufel", sondern „Terminator" genannt hätte? Heute heißen die Teufel „Terminator", apokalyptische Kampfmaschinen im High-Tech-Kostüm. Sie sind absolut böse. Ihr Zerstörungswille ist durch nichts zu bremsen. Die modernen Teufel erscheinen auf der Leinwand. Sie nennen sich Randall Flagg, Hannibal the Cannibal oder Damien Thorn. Sie wohnen in den Kinderzimmern, erscheinen mit Drachen, Schlangen und Monstern auf dem Bildschirm. Jeden Tag nach Schulschluß ist im Kinderzimmer Teufelsaustreibung. Nicht mehr aus dem Kleiderschrank der Mutter, sondern aus der Festplatte tritt der Teufel hervor; nicht mehr Priester, sondern Kids betätigen sich als Exorzisten. Da erscheint der Teufel Hitler mit zwei Miniaturgewehren auf dem Bildschirm („Wolfenstein 3 D"), blutbefleckte Monster mit zerfetzter Kleidung („Doom"), überdimensional große Fledermäuse und Ungeheuer in der Gestalt von Ufos („Phylox"), Mischwesen mit Roboterköpfen („X-Wing"). Sie sind die Nachfahren der Riesen aus der Urgeschichte, jener Zwitterwesen aus Mensch und gefallenem Engel, die Schrecken und Terror in der Urzeit verbreiteten. Als Roboter, Frankensteins Enkel, Golem, Homunculi, Androiden und Aliens haben sie die phantastische Literatur erobert. Auch die modernen Teufel haben viele Leben und sind kaum endgültig zu besiegen. Diese Zähigkeit teilen sie mit ihrem biblischen Ahnherrn. Daß ein Gegner von solchem Format mit einem einmaligen Exorzismus nicht zu bannen ist, wußte auch Martin Luther. Wer gegen den Teufel zu Felde ziehen will, der muß sich früh rüsten. Am besten gleich nach der Geburt des Kindes. In der Taufe wird die Schlacht gegen den Teufel eröffnet.

Mit der Sintflut hatte Gott die Schöpfung reinigen wollen. Das Unmaß der Sünden sollte in den Wasserfluten untergehen, der alte Mensch ertrinken, damit eine neue Menschheit geboren werden konnte. Die große Sintflut der Urgeschichte war die erste Teufelsaustreibung. Die Schatten sollten weichen, der Drache an der Seite des Menschen sollte getötet werden. In christlicher Zeit wurde die Sintflut zum Vorbild für die Taufe. Was damals in der Kindheit der Menschheit geschah, sollte sich in Zukunft bei jedem getauften Kind wiederholen: eine Befreiung von den dämonischen Mächten. Aber sind Kinder nicht rein und unschuldig? Was hat das Neugeborene Böses getan, was hat es verbrochen, daß ihm in der Taufe der Teufel ausgetrieben werden müßte? So dachten auch zu Martin Luthers Zeit viele Pfarrer und Eltern und verkannten damit den Ernst der Lage, versäumten den Gebetsbeistand und gaben das hohe Sakrament dem Spott des Teufels preis. Kein Kind wird in eine heile Welt geboren, kein Neugeborenes ist frei von dem Menschheitserbe. Seit Paradiesestagen begleitet uns der Drache und will uns Schaden zufügen. Herzeloyde, Parzivals Mutter, hatte während der Schwangerschaft von ihm geträumt. Manche Kinder hat er bereits im Mutterleib gequält. Die Taufe ist ein Zeichen des Kampfes gegen den Drachen und eine Bitte, daß Gott nicht nur jetzt das Neugeborene von dem Teufel befreie, sondern ihm ein Leben lang Kraft schenke, damit ihm der Schatten an seiner Seite nicht den Himmelsblick verdunkle.

Wer zu lässig mit dem Sakrament der Taufe umgeht und ohne Ernst betet, der verweigert dem Kind die notwendige Unterstützung beim Kampf gegen das Böse. In seinem „Taufbüchlein" hat Martin Luther einen möglichen Ablauf der Taufe vorgeschlagen, dessen Kernstück die Teufelsaustreibung bildet. Dabei wird der Drache direkt angesprochen: „Fahr aus, Du unreiner Geist, und gib Raum dem Heiligen Geist!" Den Exorzismus begleiten Kreuzzeichen, Gebet, Erinnerung an die Sintflut als Urbild der Taufe und ein zweiter Exorzismus: „Ich beschwöre Dich, Du unreiner Geist, bei dem Namen des Vaters und des Sohnes und des Heiligen Geistes, daß du ausfahrest und weichest von diesem Diener Jesu Christi. Amen." Bei einer Erwachsenentaufe folgt der feierliche Eid des Täuflings, hinfort den gegengöttlichen Mächten abzusagen. In der Kindertaufe übernimmt der Pate dieses Bekenntnis. Der Frage des Priesters „Entsagst Du dem Teufel?" antwortet der Pate mit deutlich hörbarem „Ja!". Anschließend erfolgt das dreimalige Untertauchen des Täuflings im Wasser (Immersionstaufe) oder die dreifache Benetzung der Stirn des Täuflings mit Wasser (Infusionstaufe seit dem 14. Jahrhundert).

Wer allerdings glaubt, der Drache sei jetzt endgültig besiegt, der verkennt die realen Machtverhältnisse. Kaum waren die Wasser der Sintflut wieder abgelaufen, da ging das böse Treiben von neuem los. So ist auch die Taufe nur ein rituelles Vorspiel für den lebenslangen Kampf mit dem Drachen an der Seite des Menschen. „Darum hat jeder Christ lang genug an der Taufe zu lernen und zu üben. Er hat ja immerfort zu schaffen, daß er fest glaube, was sie zusagt und bringt: Überwindung des Teufels und Todes, Vergebung der Sünden, Gottes Gnade, den ganzen Christus und den Heiligen Geist mit seinen Gaben" (Martin Luther).

Man muß kritische Fragen an diese Sicht der Taufe stellen dürfen. Malt sie nicht den Teufel an die Wand? Trägt sie nicht dazu bei, daß Menschen in unnötigen Ängsten großwerden? Ist ihr Weltbild nicht allzu düster? Die Kirchen haben sich diese Bedenken nicht zueigen gemacht und den Teufel nicht aus dem Taufritus gebannt. Die Frage des Priesters „Entsagst Du dem Satan?" nennt nach wie vor den Teufel beim Namen. Schatten weichen nicht von der Seite des Kindes, wenn Eltern und Gemeinde ihre Existenz einfach verdrängen oder schönreden. Auch die Kinderängste sind nicht geringer geworden, seit in der Kirche nicht mehr von der Existenz des Teufels gepredigt wird. Im Gegenteil! Die Häupter des Drachen haben sich vermehrt, die Welt der Schatten ist größer geworden. Seit der Böse nicht mehr beim Namen genannt wird, hocken namenlosen Ungeheuer vor den Türen der Seele.

In einer anonymen Masse taucht der Böse leichter unter als in einem Dorf, wo jeder seinen Nachbarn beim Namen zu rufen weiß. Wer als Lehrer bei Schuljahresbeginn die Namen seiner Schüler nicht kennt, ist Zwischenrufen und Provokationen hilfloser ausgesetzt. Im Märchen hat Rumpelstilzchen Macht über die Königin, solange sie den Namen des bösen Wichtes nicht kennt. Namen sind beim Kampf gegen das Böse alles andere als Schall und Rauch. Name ist Macht. Mit der Namensnennung wird der Schatten zerrissen, das Rumpelstilzchen tötet sich selbst. So märchenhaft geht es in der Welt nicht immer zu. Aber auch hier hilft die Kenntnis des Namens beim Kampf gegen das Böse. Wer den Teufel beim Namen nennen kann, hat ihn noch nicht besiegt, kennt aber seinen Gegner. Die Taufe will dem Kind Lebensfreude und Zuversicht mit auf den Weg geben. Später soll es sich erinnern: Ich bin getauft, ich gehöre Gott, der Drache kann mich nicht fressen. „Auf diese Wahrheit und dieses Bündnis Gottes muß man sich fröhlich verlassen. Dann kommt die Taufe wieder zu ihrer Wirkung und Kraft, dann wird das Herz wieder zufrieden und fröhlich" (Martin Luther).

Für Rumi (1207-1273), den Gründer des Ordens der tanzenden Derwische, war Satan das Sinnbild eines Menschen, der auf den Augen der Seele blind ist und folglich nur einen Teil der göttlichen Wirklichkeit sieht. Satan wird bei Rumi und anderen Mystikern gleichgesetzt mit der niederen Seele. Ihr müssen die inneren Augen durch die verwandelnde Kraft der Liebe geöffnet werden. Vor ihr muß die Macht der Hölle dahinschmelzen.

Carl Gustav Jung. Aus dem Roten Buch. Begegnung mit dem Schatten. In: C.G. Jung - Bild und Wort, hrsg. v. Aniela Jaffé, Walter-Verlag AG, Olten 1977, S. 54.

Georg und der Drache

Georg ist ein ritterlicher Held, wie ihn die Kinder lieben. Deshalb trugen in Zeiten, da Väter und Mütter noch Legenden zu erzählen wußten, viele katholische Knaben seinen Namen, und noch heute ist Georg Namenspatron der katholischen Pfadfinder. Papst Paul VI. und mit ihm die Reformer des Zweiten Vatikanischen Konzils haben Georgs Namen aus dem offiziellen Heiligenkalendar gestrichen, weil sich die Geschichtlichkeit seiner Taten nicht beweisen läßt. Doch die Volksfrömmigkeit läßt sich ihre Heiligen und Vorbilder nicht nehmen. Sie spürt, daß die Bedeutung des Drachenkämpfers nicht im Historischen, sondern Symbolischen zum Ausdruck kommt. Georg, der ritterliche Held, wurde in Deutschland seit dem 9. Jahrhundert verehrt. Bischof Hatto von Mainz brachte im Jahre 896 die vermutete Schädelreliquie auf die Insel Reichenau. Im größten Volksbuch aller Zeiten, der „Legenda Aurea" des Jacobus de Voragine (1230–1298), wird die Erinnerung an den Drachenkampf bewahrt.

Georg, ein Christ aus Cappadocischem Geschlecht, kam einst in die Nähe der Stadt Silena. Hier hatte sich ein heidnisches Volk aus Angst vor einem gefährlichen Drachen hinter Stadtmauern verschanzt. Draußen in der Wildnis wohnte der Unhold in einem tiefen Wasser. Die helle Welt der Städter und die dunkle Welt des tiefen, unergründlichen Sees stehen sich gegenüber wie Natur und Kultur, wie Unbewußtes und Bewußtes. Tief unten im Wasser ist die böse, todesbringende Macht verborgen. Vergeblich war man mit Waffengewalt gegen sie zu Felde gezogen. Der Drachen hatte die Städter mit seinem Gifthauch in die Flucht geschlagen. Vielleicht hätte er für Jahrhunderte tief unten im Wasser des Unbewußten geschlummert, wenn man den Kampf nicht herausgefordert hätte. Doch einmal geweckt, zeigte sich die zerstörerische Macht des absolut Bösen. Sie zielt nicht auf einzelne böse Taten, sondern will alles Leben auslöschen. Der Feueratem des Drachen verpestet alles, will allem, was lebt, den Tod bringen.

Langsam steigert sich die Tyrannei. Die Städter verkennen das Wesen des Bösen. Sie meinen, mit ihm paktieren zu können, und bieten dem Drachen ein tägliches Opfer an. Jeden Tag, wenn er vor die Stadt gekrochen kommt, wirft man ihm zwei Schafe zum Fraß vor. So nimmt die Zahl der Schafe rapide ab, und die Städter kommen überein, dem Drachen jeden Tag abwechselnd ein Schaf und einen Menschen zu opfern. Schon längst haben sich alle mit dieser Diktatur abgefunden. Niemand denkt an Widerstand. Täglich bestimmt das Los ein neues Menschenopfer, bis der Höhepunkt erreicht ist: Die einzige Tochter des Königs soll dem Drachen zum Fraß vorgeworfen werden.

Die Vernichtungsmaschinerie läuft; es herrscht ein unfaßbares, ohnmächtiges Einverständnis zwischen Henker und Opfer. Der Todesschlund des Drachen ist unersättlich. Niemand glaubt mehr an ein Ende. Das Königsopfer markiert den Höhepunkt. Schlimmer kann es nicht mehr kommen. Jetzt steht alles auf dem Spiel, das Höchste, die Seele der Stadt, die Königstochter. Aus Angst vor dem Drachen haben sich die Städter mit Leib und Seele verkauft. Vergeblich bittet der König um Schonung seiner Tochter. Das Volk duldet keine Ausnahme.

Auch diese Legende erzählt von einem Kind, dessen Entwicklung zum Erwachsenen bedroht ist. Der Vater des Königskindes klagt voller Ohnmacht: „O weh, liebe Tochter, ich gedachte königliche Kinder von deinem Schoße zu erziehen; nun wirst du von dem Drachen verschlungen. Ich dachte, zu deiner Hochzeit edle Fürsten zu laden, das Schloß mit Perlen zu schmücken, Pauken und Trompeten zu hören; nun gehst du hin, daß dich der Drache essen soll." Die Stunde des Abschieds kommt. Das Volk drängt den Herrscher, auch sein persönliches Opfer zu bringen. Noch einmal küßt der Vater seine Tochter. Er muß sie freigeben. Sie fällt ihm zu Füßen und bittet um seinen Segen. Eine letzte Umarmung. Geschmückt mit königlichen Kleidern wie eine Braut schreitet das Königskind aus der Stadt und geht auf den See zu. Die jugendliche Braut wird am Ende dieses langen Tages ihren Bräutigam gefunden haben, doch weder sie noch ihr Vater ahnen, welches Geheimnis hinter der Todesmacht des Drachen lauert. Zuerst geht der Weg durch Tiefe, Tod und Taufe.

Die Königstochter kennt keine Angst. Sie ist bereit, ihr junges Leben zu opfern. Mit einer Rettung rechnet sie nicht. Aus der heidnischen Welt der Städter steigt kein Stern der Hoffnung auf. Der Erlöser kommt von außen. Nur einer, der sich nicht von dem Drachen beeindrucken läßt, kann die Seele befreien.

„Da kam Sankt Georg von ungefähr dahergeritten, und da er sie weinen sah, fragte er, was ihr wäre." Viele Tränen, lange Reden, das kennzeichnet die Welt der Städter. Ganz anders tritt der Retter auf. Zufällig kommt er des Weges. Er ist voll geistiger Präsenz und Tatendrang, erkundigt sich nach dem Grund der Tränen. Mit sicherem Blick erkennt er die Lage. Im Rücken die starren Blicke der Städter, vor sich den Erlöser, fordert ihn die reine Seele zur sofortigen Flucht auf, andernfalls werde er mit ihr sterben müssen. Georg bleibt beharrlich und erfährt die Vorgeschichte des Opferganges. Seine Anrede wird väterlich. „Liebe Tochter, sei ohne Furcht", antwortet er und verweist auf die Kraft des Glaubens, die ihm Unerschrockenheit und Siegesgewißheit schenkt. „Ich will dir helfen in dem Namen Christi."

Die königliche Seele spürt sofort, ihr Retter handelt selbstlos. Kein Abenteurer steht vor ihr. Georg ist nicht auf Brautschau, er sucht nicht ein halbes Königreich und eine schöne Prinzessin dazu. Seine uneigennützige Hilfe ist reine Barmherzigkeit im Namen Christi. Von diesem Gottessohn, der Tod und Teufel besiegt, hatte die Seele noch nichts vernommen, der Name Christi sagte ihr nichts, und so wehrt die Prinzessin das Angebot ab. Georg solle fliehen, es reiche, wenn sie heute sterben müsse. Damit ist auch der edle Charakter der Prinzessin genügend deutlich geworden, daß endlich der altböse Feind aus dem See des Unbewußten auftauchen kann. Schon zittert die Jungfrau vor Schrecken, vergeblich mahnt sie den Ritter zur Flucht. Der weiß, wer vor dem Teufel flieht, ist bald verloren, springt auf sein Roß, bekreuzigt sich, legt die Lanze an, befiehlt sich Gott und stößt den Drachen mit einem Stoß zu Boden.

Undramatischer kann ein Drachenkampf nicht verlaufen, souveräner ein Held des Glaubens kaum in Szene gesetzt werden. Die Bestie ist niedergestreckt, doch nicht getötet. Wird Georg vom Pferd springen und ihr das grausliche Haupt mit einem Schwertstreich vom Rumpf trennen? Wird er den Drachen zur Sinnesänderung ermahnen, wie es Franz von Assisi getan hätte? Beinahe sieht es so aus. Georg fordert die Königstochter auf, ihren Gürtel zu lösen, dem Drachen um den Hals zu legen und keine Furcht zu haben (vgl. Umschlagbild). Die gute Seele bindet den Unhold an ihren Gürtel, das Symbol ihrer Keuschheit. Der Drache scheint gewandelt. Zahm wie ein Hund läßt er sich führen und folgt der Königstochter in die Stadt. Das Volk erschrickt, flieht auf Berge und in Höhlen. Was hat der fremde Ritter vor? Will er mit dem Drachen die Herrschaft über das Reich übernehmen?

Georg hat ein pädagogisches Meisterstück inszeniert. Ihm wäre es ein leichtes gewesen, den Teufel mit einem Streich zur Strecke zu bringen. Das Volk hätte gejubelt, der König seine Tochter in die Arme geschlossen und dem fremden Ritter zur Ehefrau angeboten. Königliche Hochzeitsgewänder trug sie ja bereits. Auch Georg hatte ein Hochzeitsfest im Sinn, an der das ganze Volk aktiv teilnehmen sollte. Jetzt gibt er sich zu erkennen, nennt seinen Auftraggeber und das Ziel seines Einsatzes. Gott der Herr habe ihn gesandt, daß er sie von der Tyrannei des Bösen befreie. „Fürchtet euch nicht, denn Gott der Herr hat mich zu euch gesandt, daß ich euch erlöse von diesem Drachen."

Nun gut, mögen die Städter gedacht haben, warum macht er dem bösen Treiben kein Ende? Georg will nicht den Drachen bekehren. Er glaubt nicht daran, daß die Macht der Liebe die Diktatur des Teufels brechen kann. Der alte Drache ist abgrundtief böse, das hatte er durch seine Opfergier unzählige Male bewiesen. Nicht der Teufel soll bekehrt werden, sondern die ungläubigen Städter. Was hülfe es ihnen, wenn Georg den Drachen erschlüge und sie nicht zu neuem Glauben kämen? In einer anderen Gestalt würde sie der Teufel kurz über lang wieder in Angst und Schrecken versetzen. Nein, sie mußten neue Menschen werden ohne Furcht vor diesem und allen anderen Drachen, die aus der Tiefe des Sees in Zukunft erscheinen mochten. Deshalb ließ Georg den Unhold am Gürtel der Keuschheit in die Stadt führen. Das Herz der Königstochter hatte er bereits gewonnen, jetzt galt es, die Herzen aller Stadtbewohner zu dem Gott zu bekehren, der Georg Urvertrauen, Kraft und Mut geschenkt hatte. „Darum glaubet an Christum und empfanget die Taufe allesamt, so will ich diesen Drachen erschlagen."

Gesagt – getan. Der König läßt sich taufen, 20000 Männer und ungezählte Frauen werden ihm im Laufe des Tages folgen. Georg erschlägt den Drachen, vier Paar Ochsen ziehen ihn aus der Stadt auf ein großes Feld. Zu Ehren des Ritters und der Muttergottes läßt der König eine Kirche bauen. Georg aber reitet weiter zu neuen Taten. Er hatte die wahren Quellen der Fruchtbarkeit erschlossen, die Prinzessin und das ganze Volk zur Hochzeit mit dem himmlischen Bräutigam geführt, dem sie sich in der Taufe vermählten. Mit der Taufe wurde der alte Drache besiegt, ein neues Leben begann aus dem Quell des Glaubens.

Wie jede Legende, so erzählt auch diese von den Vorzügen und Folgen des Glaubens. Ihr Bildervorrat ist so tief, daß ihn Jahrhunderte nicht ausschöpfen konnten. Deshalb gehört die Legende vom Ritter Georg zu den beliebtesten ihrer Art. Georg ist der Schutzpatron vieler Städte und Bistümer, seit der Synode von Oxfort (1222) ist er der Patron Englands, er gab dem Land Georgien seinen Namen und wird als einer der vierzehn Nothelfer verehrt.

Als weibliches Gegenstück steht ihm eine andere Nothelferin zur Seite. Auf dem Gnadenaltar der Basilika Vierzehnheiligen wird sie mit Kreuzstab und angekettetem Drachen abgebildet. Ihr Name Margarete leitet sich von dem griechischen Margarita („Perle") ab. Wasser, Tiefe, Taufe und Geburt schwingen in ihm mit. Margarete war bereits getauft, als sich zur Zeit der diokletianischen Christenverfolgung der heidnische Statthalter Olybrius in sie verliebt. Die Fünfzehnjährige verweigert sich ihm, wird schrecklich gefoltert und ins Gefängnis geworfen. Nachts erscheint im Kerker ein feuriger Drache und will sie verschlingen. Der Drachenkampf findet hier auf dem Schauplatz der Seele statt. Die Jungfrau hatte sich in der Taufe mit Christus vermählt. Jetzt wollte sie der weltliche Freier zur Untreue verführen. Ihr Glaube wurde durch die Folter schwersten Prüfungen ausgesetzt, und in der einsamen Stunde der Nacht greift sie der Glaubensfeind mit aller Macht an. Margarete kämpft um ihre Seele, ihre Identität, ihren Glauben. Sie richtet das Schwert des Glaubens gegen den Schatten an ihrer Seite, macht mit den Fingern ein Kreuzzeichen, das den Drachen vertreibt. In dieser Nacht vor ihrer Hinrichtung hat sie den Teufel besiegt. Als der Morgen dämmert, stirbt sie, um neu geboren zu werden und an die Seite ihres himmlischen Bräutigams zu treten.

Die berühmteste Nacherzählung dieser Legende findet sich in der Kerkerszene von Goethes „Faust." Hier kämpft Margarete kurz vor ihrer Hinrichtung gegen den Drachen an Fausts Seite und seinen verheerenden Einfluß. Am Ende hat sie Mephistopheles besiegt und tritt aus dem Dunkel der Welt ins reine Licht des Himmels.

Mit Barbara und Katharina wird Margarete zu den drei „Virgines Capitales" (Den Drei Heiligen Jungfrauen) gezählt. Im volkstümlichen Sprüchlein werden ihre Namen mit den drei Kennzeichen der Jungfrauen erinnert:

„Barbara mit dem Turm
Margareta mit dem Wurm,
Katharina mit dem Radl,
das sind die heiligen drei Madl."

Georg und Margarete verkörpern überlebenswichtige Tugenden und sind deshalb für die Erziehung der Kinder von unschätzbarem Wert. Sie leben in keiner heilen Welt. Vorbildlich können sie nur sein, weil sie uns nichts vormachen. Ihre Kämpfe gegen das Böse zeigen, wie der Mensch leben, auf welchem Fundament er sich bewegen soll. Standhaftigkeit, Beharrlichkeit,

Entschiedenheit, Uneigennützigkeit, Opferbereitschaft und Fürsorglichkeit heißen die Tugenden, die Georg und Margarete verkörpern. Wer möchte sie nicht seinen Kindern mit auf den Lebensweg geben? Viele Drachen werden den Lebensweg des Kindes kreuzen. Wird es Mut haben und nicht vor ihnen weichen? Wird es sich seiner Taufe erinnern und Kraft aus dem Glauben schöpfen wie Georg und Margarete?

Tod eines Teufels

Der Teufel versteckt sich hinter vielen Masken. Wird ihm eine vom frechen Haupt gerissen, so ist er noch lange nicht entlarvt. Sieben Häupter trägt der Drache. Mit einem Streich ist ihnen nicht beizukommen. Der Drache wird nicht von der Seite des Kindes weichen, mag sich auch seine Gestalt im Laufe des Lebens mehrfach wandeln.

Ein Kind, das noch selbstverständlich in die katholische Welt und ihre Legenden hineinwuchs, war der spätere Arzt und Dichter Hans Carossa (1878–1956). In seinen Kindheitserinnerungen markiert die Gestalt des Teufels entscheidende Stufen der geistigen und seelischen Entwicklung bis zur Jugendzeit. Geboren in Bad Tölz, verbrachte der Sohn eines Landarztes die prägenden Jahre seines Lebens im niederbayerischen Kading. Im Alter von neun Jahren entstand die Idee eines Krippenbaus. Stall und Krippe waren schnell gezimmert, ein Schäfchen aus Holz schenkte ihm einer der Patienten seines Vaters. Nun hatte der kleine Hans aus einer Legende von der Wut des Teufels gehört: Bei der Geburt Christi habe sich der alte Drache in die hintersten Winkel der Hölle verkrochen, ahnend, daß seine Tage von nun an gezählt seien. So fand er es einleuchtend, der Krippe das Reich der Hölle zur Seite zu stellen. Aus einem alten hölzernen Kasperl fertigt Hans den Teufel, näht ihm Fledermausflügel an und versteckt ihn unter dem Fensterbrett in einem Regenschacht. Dann erst formt er aus Bienenwachs die Heilige Familie.

Was als kindliches Spiel begann, wird für die seelische Entwicklung des Knaben bedeutsam, als dieser mit einer fiebrigen Krankheit für mehrere Tage im Bett weilt. Er hat die inzwischen fertiggestellte Krippenlandschaft mit Palmen und einer Pyramide vor Augen, doch seine Gedanken schweifen hinüber zu dem Teufel im Regenrohr. Geht es ihm nicht wie dem kranken Kind? Sind nicht beide vom pulsierenden Leben und der Freude ausgeschlossen? Es ist eine Stunde des Mitleids und Selbstmitleids. Ein armer Teufel steckt im Regenrohr, ein zweiter im Krankenbett. Zwischen All und Nichts, Himmel und Hölle fühlt sich die junge Seele des Kindes hin- und hergerissen, und zum ersten Mal dämmert ihr die Erkenntnis, ohne die kein Mensch erwachsen wird, „daß uns im Allerletzten, Allertiefsten niemand helfen kann". Niemand bewegt sich lange in diesem Abgrund der Einsamkeit, ohne von ihm verschlungen zu werden oder den Blick nach einem Erlöser emporzurichten. Ob Führer oder Verführer, der Knabe ist bereit, ihm zu folgen. Da befreit er den grausam Verbannten aus seinem Versteck und setzt ihn oben auf die Granitpyramide. Teufel und Gottessohn, so will es der jungen Seele scheinen, bilden eine geheimnisvolle Einheit. Dann steht der Schulwechsel auf das humanistische Gymnasium in Landshut an. Hans wird seine Eltern verlassen müssen. Die Krippe tauscht er gegen einen Säbel, nur den Teufel schließt er von dem Handel aus. Versteckt in der Tasche, reist der Teufel mit.

Die Stunden des Mitleids und Selbstmitleids häufen sich im Internatsgymnasium. In diesen „Teufelsbeweinungen" findet der junge Schüler Trost in der Klage über sein Exil. Wie der Teufel aus dem Himmel, so war Hans aus seinem Elternhaus verbannt. Die Welt in Kading lief ohne ihn weiter. Durch die häufigen sentimentalen Rückblicke wird die Gegenwart schnell vergessen. Darunter leiden die schulischen Leistungen, besonders in Latein und Rechnen. Der Lehrer hält eine kleine Strafarbeit für angebracht. Mit dem Nachmittagsbrot in der Hand betritt Hans um vier Uhr das Lehrzimmer der Oberklasse, um hier fünfundzwanzigmal den Spruch niederzuschreiben, der ihm hinfort mahnend als Stimme des Gewissens in der Seele klingen soll: „In müßiger Weile schafft der böse Geist!"

Müßiggang war nicht nur aller Laster Anfang, es war die Stunde der inneren Leere, die der Teufel zum Angriff auf die Seele nutzte. Im Lehrzimmer der Oberklasse hängt eine große Wandkarte mit dem nördlichen und südlichen Sternenhimmel. Unter ihm sitzend, beginnt Hans mit der Strafarbeit. Aber die Gedanken schweifen ab ins Unendliche. Der Knabe weiß nicht, wie ihm geschieht. Wer gibt ihm die Umkehrung des Spruches ein? Wer spricht aus ihm die Worte: „In müßiger Weile schafft der liebe Gott." Das ist mehr als Protest gegen die Bestrafung. Da wird etwas im Diktat empfangen, was gleichsam in der Luft liegt. Es ist das Jahr 1888. Friedrich Nietzsche (1844–1900) schreibt seine Werkschau „Ecce homo." Wie der zehnjährige Schüler in Landshut meditiert er über den Müßiggang und die Macht des Bösen. Das Ergebnis ist eine jener Umwertungen christlicher Werte, die das kommende 20. Jahrhundert bis auf den heutigen Tag erschüttern werden. Es war, so Friedrich Nietzsche, „Gott selber, der sich als Schlange am Ende seines Tagewerks unter den Baum der Erkenntnis legte: er erholte sich so davon, Gott zu sein ... Er hatte Alles zu schön gemacht ... Der Teufel ist bloß der Müßiggang Gottes an jedem siebenten Tage."

Die Strafarbeit ist erledigt, der Schulalltag nimmt seinen Lauf. Dann kommt der nächste Zwischenfall. Die Stunden der Hausaufgaben wurden von einem Priester beaufsichtigt. Während die Knaben sich über ihre Hefte beugten, las der Geistliche sein Brevier. Samstags hatte der Priester die Schubladen zu kontrollieren. Bei der Gelegenheit fiel ihm der Teufel in die Hände. Während Hans noch darüber nachdenkt, wie er die Herkunft des Teufels möglichst einleuchtend erklären könne, wirft ihn der Geistliche zur Verbrennung in den Ofen. Sein Kommentar ist schnöde: „Man ist kein kleines Kind mehr." Tatsächlich, das Ende der Kindheit ist gekommen. Die Jugendzeit mit ihrer Umwertung der Werte dämmert am Horizont. Aus braven Kindern werden Teufelskerle. Hans weiß selbst nicht, wie ihm geschieht. Trotz des Fleischverbotes verzehrt er vor den Augen des Geistlichen am Freitag ein Stück Schinken, wird dafür geprügelt, bereut seine böse Tat und schreitet im nächsten Augenblick zu neuen Streichen. Verbrauchte Stahlfedern waren bei den Schülern als Geschosse beliebt. Hans zielt mit einer Stahlfeder auf das Brevierbüchlein des Pfarrers, das Geschoß verfehlt sein Ziel und bleibt hinter dem Beter im Holz des Kruzifixes stecken. Die Strafe wird hart. Der Priester kann sich das Verhalten des Knaben nicht erklären, Hans selbst könnte es auch nicht. Aber er wird auch nicht gefragt. „Schade nur, daß ein solcher Satan in dich gefahren ist", sagt der Geistliche und zückt den Rohrstock. „Jetzt aber wollen wir Teufel austreiben!"

JUGEND

TEUFELSKERLE

„Hier endlich sind wir frei; hier baute der Allmächtige nicht;
Hier wird sein Neid uns nicht verjagen.
Es herrscht sich unbedrängt, und mir will scheinen,
Zu herrschen ist ein wertes Ziel, sei's in der Hölle:
Lieber Herrscher doch im Schwefelpfuhl
als auf den Knien im Himmel."

John Milton

Das Kainszeichen

Wie soll ein Kind erwachsen werden, wenn es nicht eine Lebensphase durchwandert, in der es die Werte und Normen seines Kulturkreises kritisch befragt? Die Jugend ist eine Zeit der Umwertung der Werte. Aus Engeln werden böse Drachen, aus Teufeln Helden des Widerstandes gegen die väterliche Welt. Auf der Suche nach neuen Vorbildern stehen die Antihelden bereit. Prometheus und Lucifer, Kain und Eva heißen sie. Auch sie wohnen draußen vor der Tür, sind Entwurzelte und Ausgesperrte. Die Teufel der Jugend sind Rebellen gegen überholte Traditionen, Provokateure, Erneuerer und Befreier. Ihr Urbild ist jener strahlende Engel, der als erster gegen den Willen des göttlichen Vaters protestierte und dafür aus dem himmlischen Familienkreis verbannt wurde. Jugendzeiten sind in vielen Autobiographien beschrieben worden, bei Hermann Hesse (1877–1962) jedoch wird jener schmerzhafte Prozeß der Selbstwerdung zum Lebensthema.

Das Missionarskind wuchs in einer pietistischen Welt auf, die ein äußerst pessimistisches Bild von der sündigen Natur der Menschen lehrte. Erst wenn der böse Wille des Kindes gebrochen sei, werde es offen für die Liebe Gottes. Schon der vierjährige Hermann hatte gegen das Elternhaus protestiert. Der Schüler des Eliteinternates Maulbronn erwies sich als so sperrig, daß ihn die Eltern von der Schule nehmen und ins Zentrum der Erweckungsbewegung der Herrnhuter Brüdergemeinde nach Bad Boll bringen mußten. Hier lebte und lehrte Pfarrer Christoph Blumhardt (1842–1919), Sohn des legendären Exorzisten Johann Christoph Blumhardt (1805–1880). Der Geistliche war jedoch unfähig, dem pubertierenden Jüngling inneren Halt zu geben. Kaum vierzehn Tage nach seiner Ankunft in Bad Boll unternimmt Hermann Hesse einen Selbstmordversuch (20.6.1892). Blumhardt tobt, donnert von Bosheit und Teufelei, beschuldigt die Eltern einer schlechten Erziehung und verweist Hermann des Hauses. Die Familie solle ihren gefallenen Sohn in die Nervenheilanstalt Stetten einweisen. Hier lebt der Vierzehnjährige für einige Zeit unter Geisteskranken. Jahrzehnte später gestaltet er seinen Bruch mit den Werten des Elternhauses in dem Roman „Demian."

Emil Sinclair, Hesses anderes Ich, fühlt sich als schwarzes Schaf im reinlichen Stall seines pietistischen Elternhauses. Wie Lucifer ist er ein Verstoßener, bis ihm eines Tages Max Demian begegnet, ein neuer Mitschüler. Der ältere Demian entwickelt sich während der Pubertät zu einem Seelenführer des unglücklichen Sinclair. Nach dem Religionsunterricht führen beide ein Gespräch über die Geschichte vom ersten Brudermord. Demian deutet Kains Tat als Protest gegen die fromme Ordnung des Vaters und kommt so zu einer Umwertung der christlichen Werte. Kain ist der Antiheld, er ist emanzipiert, kein Herdentier und Kuscher wie die anderen Menschen. Er ist gezeichnet wie Kain, er gehört zu den Erwählten.

Der Böse ist der Gute: Sinclair hilft diese Umwertung bei seiner Befreiung aus dem Elternhaus, zumal weitere Demontagen des christlichen Wertgebäudes folgen. Aus dem Religionsunterricht kennt er die Geschichte von der Kreuzigung Jesu neben zwei Verbrechern, von denen der eine in der Todesstunde seine Untaten bereut und dafür ins Paradies eintritt, der andere aber in Verstockung sein böses Herz vor der Gnade verschließt. Wieder weiß Demian der Geschichte eine andere Deutung zu geben. Der reumütige Verbrecher ist für ihn ein Feigling, der standhafte dagegen ein Mann von Charakter, ein Nachfahre Kains, der zu seiner Tat steht und nicht zu Kreuze kriecht. Sinclair lernt eine neue Moral kennen und ein neues Gottesbild. Der Gott, den Max Demian verkündigt, umschließt beide Hälften der Welt und der Seele. In seinem Namen soll alles verehrt und heilig gehalten werden. „Also müssen wir dann neben dem Gottesdient auch einen Teufelsdienst haben. Das fände ich richtig. Oder aber, man müßte sich einen Gott schaffen, der auch den Teufel in sich einschließt." Dieser neue Gott eines ganzheitlichen Menschen- und Weltbildes trägt den namen Abraxas. „Und nun war also Abraxas der Gott, der sowohl Gott wie Teufel war."

In einem Gespräch mit seinem Vater erfährt Sinclair etwas über eine christliche Sekte, die Kainiten. Diese hätte behauptet, der Gott der Bibel sei in Wahrheit nicht der echte Gott, sondern ein stümperhafter Dämon. Allerdings sei die Ketzerei der Kainiten schon lange aus der Menschheit verschwunden. Welch ein Irrtum! „Uralte Geschichten sind immer wahr", hatte Demian erklärt. Der Gott Abraxas, das Symbol der Einheit von Gut und Böse, Gott und Teufel, stammt aus der gnostischen Lehre des Basilides.

Die Gnostiker verstanden sich selbst als Wissende, wo andere nur blind Gläubige waren. Christliche Gnostiker unterschieden zwischen dem Gott des Alten Testamentes und dem Gott des Neuen Testamentes. Ein Blick auf den Zustand der Welt zeigte ihnen, daß der Schöpfergott nur ein Dilettant gewesen sein konnte. Die Welt war unvollkommen, Mensch und Tier litten unter den Lebensumständen, überall wütete das Böse. Zu billig erschien den Gnostikern die christliche Antwort auf die Frage nach dem Ursprung des Bösen. Für sie war es nicht der sündhafte Mensch, sondern der unvollkommene Gott selbst, der für alles Übel und Leid die Schuld trug. Wer dies erkannt hatte, der kam zu einer Umwertung der negativen Helden der jüdisch-christlichen Tradition. Kain, Eva und der Schächer am Kreuz wurden zu positiven Helden, zu Vorbildern des Protestes, weil sie sich nicht unter die Ordnung des Schöpfergottes gebeugt hatten. Eva hatte mit der Schlange paktiert, weil sie den Riß in der Schöpfung erkannt hatte. Die Gnostiker trugen die Namen ihrer Helden. Sie nannten sich Kainiten oder Ophiten, nach dem griechischen Wort für Schlange („ophis"). Zu allen Zeiten wurden sie von der offiziellen Kirche bekämpft. Natürlich ohne Erfolg.

Es gab Gnostiker, die ein ruhiges, asketisches Leben führten. Aus der Annahme, ein unvollkommenes, teuflisches Wesen habe diese Welt geschaffen, leiteten sie ihr Lebensgefühl der Fremdheit ab. Sie fühlten sich nicht heimisch in dieser Welt; ihre Seele, der göttliche Funke, befand sich hier in Gefangenschaft. „Gnosis" hieß für sie, jeden Kontakt mit Irdisch-Körperlichem soweit wie möglich zu vermeiden und sich ausschließlich auf das Geistige zu konzentrieren. Besser wäre es, niemals in diese Welt geboren worden zu sein, noch besser, sie möglichst schnell zu verlassen. Jenseits der mißratenen Schöpfung wußten sie eine reine Lichtwelt des Geistes. Aus ihr stammten ihre Seelen, in sie sollten sie möglichst rein zurückkehren. Deshalb lebten diese Gnostiker ruhig, rein und kinderlos. Andere zogen aus dem gleichen Weltbild gegenteilige Schlüsse. Man müsse das Böse in der bösen Welt noch steigern, damit endlich die alte Schöpfung zugrunde gehe: Die libertinistischen Gnostiker sind die Ahnherrn des Marquis de Sade. Der

Kirchenvater Epiphanius (* um 315) berichtet von gnostischen Spermakulten, Urformen der schwarzen Messen des Satanismus, in denen das christliche Abendmahl verspottet wird. Hier im zweiten nachchristlichen Jahrhundert liegen die Wurzeln des modernen Satanismus.

Wie die großen Satanisten des 19. und 20. Jahrhunderts berufen sich die Gnostiker auf neue Offenbarungen. Epiphanius berichtet von schwarzen Messen, wo die libertinistischen Gnostiker zu Freß- und Saufgelagen zusammenkommen, dann wild kopulierend übereinandersteigen. Weil sie die Zeugung von Kindern aus religiösen Gründen ablehnen, verhüten sie durch einen Coitus interruptus. Der Mann ejakuliert in die Hände der Frau. Anschließend erheben sie den Blick zum Himmel, strecken die geöffneten Arme aus und sprechen: „Wir bringen dir diese Gabe, den Leib des Christus." Dann lecken sie das Sperma auf und sagen: „Dies ist der Leib Christi und dies ist das Passa, um deswillen unsere Leiber leiden und gezwungen werden, das Leiden Christi zu bekennen." Mit dem Monatsblut der Frauen gehen sie auch kultisch um, bezeichnen es als „Blut Christi." Ungewollt Schwangeren wird der Fötus aus dem Leib gerissen. Dann, so Epiphanius, „stoßen sie ihn in dem Mörser mit einer Keule, mischen Honig und Pfeffer und einige andere Gewürze und Myrrhen darein, um sich nicht zu erbrechen, kommen alle zusammen, und dann nehmen alle Mitglieder der Herde von Schweinen und Hunden, jeder mit dem Finger, von dem zerstoßenen Kind."

Sinclairs Weg der Selbstfindung steht unter dem Zeichen des gnostischen Gottes Abraxas. Langsam wächst er in eine Gruppe hinein, in deren Mitte Demians Mutter steht. Bezeichnenderweise trägt sie den Namen der Urmutter und ersten Antiheldin Eva. Allen steht das Kainszeichen unsichtbar auf der Stirn. Sie fühlen sich als Erwählte, Erwachte in einer Welt der Schlafenden, als wahrhaft Wissende und neue, höhere Menschen. Am Ende der Jugendzeit hat sich der ängstliche, von Schuldgefühlen gebeugte Sinclair zu einem stolzen jungen Mann mit elitärem Bewußtsein gemausert. Die gespaltene Welt des Elternhauses mit ihrer Polarität von Gut und Böse war in einer neuen Einheit überwunden worden. Gott und Teufel bildeten keine unversöhnlichen Gegensätze, sondern eine Ganzheit. Ohne die Kräfte des Bösen gäbe es keine Erneuerung, keine Umgestaltung der Welt, keinen Fortschritt. So begrüßt Sinclair wie viele seiner Zeitgenossen den Ausbruch des Ersten Weltkrieges.

Hermann Hesses Roman von dem Gott-Teufel Abraxas erschien im Jahre 1919. Während der Kriegszeit befand sich Hesse über mehrere Monate in psychoanalytischer Behandlung bei Josef Bernhard Lang im Privatsanatorium Sonnenmatt bei Luzern. Über seinen Psychoanalytiker war Hesse mit der Lehre von Carl Gustav Jung (1875–1961) in Berührung gekommen. Lang, so schrieb Jung (24. 3. 1950) später in einem Brief, habe durch ihn „ein reiches Wissen über Gnosis erworben, das er ebenfalls an Hesse weitergab. Aus diesem Stoff schrieb er seinen *Demian.*"

Carl Gustav Jung, ein Pastorensohn wie Hesse und Nietzsche, hatte den Gott-Teufel Abraxas als geheimen Herrn der Welt („dominus mundi") in seinem persönlichen Seelenbild (Mandala) „Systema mundi totius" („Weltsystem") gezeichnet. Hesse ließ sich davon und von Friedrich Nietzsches (1844–1900) Umwertung der Werte anregen. Nietzsches Vision eines neuen Menschen erklang aus dem Mund des altiranischen Religionsstifters Zarathustra (6. Jh. v. Chr.). In Persien lehrte Zarathustra einen Dualismus der Götter. Nietzsches Schrift „Also sprach Zarathustra" war ein Lobpreis auf die produktive Kraft des Bösen. Wer ein neuer Mensch werden will, wer sich von alten christlichen Traditionen und Gesetzen befreien will, der muß auch das Böse in sich annehmen, die dunkle Seite, den Drachen mit den sieben Häuptern. „Einsamer, du gehst den Weg des Schaffenden: einen Gott willst du dir schaffen aus deinen sieben Teufeln!"

Kehren wir zurück zu der Königstochter und dem gefräßigen Drachen im tiefen See des Unbewußten! Wie wäre das Seelendrama verlaufen, wenn Emil Sinclair oder Zarathustra statt des christlichen Ritters Georg auf der Bühne erschienen wären? Hesse und Nietzsche, der Dichter und der Philosoph der Jugend: Die Königstochter hätte ihre Werke heimlich verschlungen. Dann hätte es endlose Diskussionen mit dem Vater über die seltsamen Opferkulte gegeben. Die Tochter hätte ihm vorgeworfen, er denke in den Gegensätzen von Gut und Böse. Draußen, außerhalb der Stadtmauern, sei angeblich die gefährliche böse Welt, drinnen die vertraute heile Welt. Damit idealisiere er das eigene Leben auf Kosten des Drachen. Auch die Welt außerhalb der Königsstadt gehöre zum Leben; es sei falsch, sie auszugrenzen. Das führe zu sinnloser Gewalt, zur Verdrängung der dunklen Seite des Lebens, ja, zu einer Lebenslüge, denn Stadt und Drache gehörten zusammen wie Burg und Kellergewölbe. Dann wäre die Königstochter ausgezogen. Natürlich nicht in schicken Designerklamotten, sondern in schwarzer

Ledercombi, im Ohrläppchen einen Clip mit roter Drachenkralle. So wäre sie zu dem See gegangen, der Drache hätte seinen feuchten Wohnort verlassen, sich ein schwarzes Hundehalsband mit silbernen Nieten umlegen und sich in die nächste Großstadt führen lassen. In der Anonymität der Häusermeere wären die Prinzessin und ihr wunderlicher Begleiter kaum aufgefallen. Sie hätten ein leerstehendes Haus in der Hafenstraße instandbesetzt und friedlich mit anderen Ausgestoßenen gelebt. Die Prinzessin hätte die Schönheit des Drachens entdeckt, seine schwermütigen Augen, seinen männlichen Hals, sein gesundes Gebiß. Schließlich hätte sie erkannt, daß sich hinter der Gestalt des Bösen ein Bankierssohn aus Bad Homburg verbarg, den sein Vater aus der Taunusvilla verbannt hatte.

Von einer christlichen Taufe wäre in dieser Geschichte nicht die Rede, aber von umgedrehten Kreuzen und schwarzen Kerzen aus Altötting, von dunkler Musik und schwarzer Romantik, vom Kainszeichen und Pentagramm. Stellen wir uns weiter vor, die Prinzessin und ihr Drache gehörten zu der raren Spezies der Leser und führten eine Art schwarzes Poesiealbum. Hier fänden wir zitiert John Milton (1608–1674), der in seiner Revisitation des Paradieses die herrliche Gestalt des himmlischen Rebellen Satan preist. Auch nach dem Sturz bleibt er der unbeugsame Rebell ohne Reue, der geschlagen, aber nicht gebrochen zurückblickt:

„Unser Kampf mit ihm
War ruhmlos nicht,
wie schrecklich auch der Ausgang."

Ihm zur Seite gestellt wäre ein Held aus der Geniezeit des jungen Friedrich Schiller, der Räuber Karl Moor. Ein verlorener Sohn, der sich mit Miltons Satan identifiziert, „jener, der es nicht dulden konnte, daß einer über ihm war, und sich anmaßte, den Allmächtigen vor seine Klinge zu fordern, war er nicht ein außerordentliches Genie?"

Im satanischen Album läsen wir Verse von Lord Byron (1788–1824), Marquis de Sade, Zitate aus den berühmten Teufelshymnen von Charles Baudelaire (1821–1867), Giosé Carducci (1835–1907) und Aleister Crowley (1875–1947). Sind aus der Prinzessin und ihrem Drachen folglich Teufelsanbeter geworden? Nicht jeder Autor, der Satanslitaneien dichtet, glaubt automatisch an die leibhaftige Existenz Satans. Der moderne Satanismus hat seine Wurzeln im antibürgerlichen Protest. Er will Provokation und

Erneuerung, Umwertung der Werte, Zerstörung alter Dogmen. Seine schwarze Magie ist die der Buchstaben. Als ästhetisches Phänomen der Dichtung und Malerei ist er eine Sache der Gebildeten geblieben. Neben diesem Protest-Satanismus gibt es den okkulten Satanismus mit blutigen Ritualen. Hier werden aus den Theoretikern Täter.

Schwarze Messen

Weihnachten 1988 erschreckte folgende Meldung die Weltöffentlichkeit: In Minneapolis sei ein Sonderdezernat zur Aufklärung seltsamer Straftaten eingerichtet worden. Man hatte auf den Kopf gestellte Kreuze, Überbleibsel ritueller Tierschlachtungen, Ziegenköpfe, enthäutete Hunde, abgeschnittene Ohren und Brüste gefunden, die möglicherweise im Zusammenhang mit satanischen Ritualen standen. Bekannt wurde auch eine deutsche Sekte mit dem Namen „Kinder Satans", die sich in zwanzig Gruppen über Deutschland ausgebreitet haben soll. Sie verführe besonders Jugendliche im Alter zwischen 16 und 25 Jahren zu kriminellen Taten. Zu ihren Ritualen, so berichteten ehemalige Mitglieder im Dritten Fersehprogramm der Nordkette (26. 3. 1992), gehörten Tieropfer, Trinken von Urin und Essen von Kot, Einbrüche in Gotteshäuser, Leichenschändungen und Orgien. Berichte von Aussteigern sind immer mit Vorsicht zu genießen. Der Haß mag zu Überzeichnungen führen, eine sensationslüsterne Öffentlichkeit steigert zudem das Grauen. Dennoch wird hier die perverse Kehrseite der Philosophie des Protest-Satanismus angedeutet. Aus den Gedankenspielen der Dichter und Künstler ist eine satanische Wirklichkeit geworden. Von ihr wendet sich auch der Schriftsteller Durtal angeekelt ab.

Als Kind des positivistischen 19. Jahrhunderts wuchs Durtal in einer entzauberten Welt auf. Auf der Suche nach neuen Mysterien beginnt er sich für den ästhetischen Satanismus seiner Zeit zu interessieren. Gegen Ende des 19. Jahrhunderts drohte die katholische Kirche im Dogmatismus der Unfehlbarkeit zu erstarren, der Protestantismus machte sich auf die Suche nach dem geschichtlichen Jesus und verlor dabei zuweilen das Geheimnis der Inkarnation aus dem Blick. Das Motto für die entzauberte moderne Welt hatte der Jesuit Gustave-Xavier de Ravignan (1795–1858) aufgestellt: Die größte Leistung des Teufels bestehe darin, erreicht zu haben, daß man ihn leugne.

Durtal bekommt durch eine Frau mit dem Namen Hyacinthe Chantelouve die Möglichkeit zur Teilnahme an einer Satansmesse. Die Darstellung der Schwarzen Messe bildet das Zentrum des berühmten Romans „Là-Bas" („Tief unten") von Joris-Karl Huysmans (1848–1907), der 1891 zu einem Skandalerfolg wurde. Es ist anzunehmen, daß Huysmans Darstellung der Teufelsmesse auf authentischem Quellenmaterial beruht.

Durtal und Hyacinthe Chantelouve fahren in eine schäbige Gegend von Paris, wo im Keller eines ehemaligen Ursulinenklosters die Schwarze Messe zelebriert werden soll. Wie die gnostischen Rituale ist sie eine Parodie der Abendmahlsfeier. Häßliche Menschen gehören zu den Teilnehmern, eine entsprungene Nonne, ein Medizinprofessor, ein alternder Schwuler. Frauen scheinen in der Überzahl zu sein. Ängstlich und ernst wirkt ihre Unterhaltung, kein Lachen ist zu vernehmen. Das Kellergewölbe durchzieht ein Geruch aus Feuchtigkeit, Schimmel, verbrannten Kräutern und Harzen. Die Wände sind rissig und ohne Farbe. Dann tritt ein rotgewandeter Meßdiener an den Altar mit dem Bild Christi. „Er war nackt, und wo zuvor das Leinentuch seine Lenden gegürtet hatte, ragte aus einem Bündel Roßhaar das erregte männliche Schmutzteil." Raute, Bilsenkraut- und Stechapfelblätter, getrocknete Nachtschattenpflanzen und Myrrhe werden Satan als Räucheropfer gebracht. Bewegung unter den Frauen signalisiert die Ankunft des satanischen Zelebranten der Messe. Kanonikus Docre, auch er ein ehemaliger Priester wie viele unter den okkulten Satanisten, erscheint. Unter seinen Meßgewändern geht er nackt bis auf die schwarzen Strümpfe mit hochsitzenden Strumpfhaltern, unter denen sein fettes Fleisch hervorquillt.

Vom hohen Geist des Protestes ist diese dumpfe Atmosphäre weit entfernt. In den Kellergewölben des ehemaligen Klosters hausen verklemmte Naturen und verkrachte Existenzen und lassen ihren antiklerikalen Affekten in gotteslästerlicher Weise freien Lauf, erfüllt von blindem Haß gegen die Kirche, der sie einst dienten. Kanonikus Docre vollzieht das Meßopfer, dann wendet er sich im Gebet zuerst an Satan. „Herr der Ärgernisse, Spender der Wohltaten des Verbrechens, Walter der prachtvollen Sünden und der großartigen Laster, Satan, dich beten wir an, du Gott der Logik, du Gott der Gerechtigkeit!" In Teufels Namen preist der ehemalige Priester Abtreibung und Fehlgeburten, Heuchelei, Undank, Hochmut, Racheakte, Morde, Manneskraft und Vergewaltigung. Dann ergeht eine lästerliche Litanei über Christus. Wie sehr der Teufelspriester auch den Gottessohn schmäht, dem alten Glauben an die priesterliche Macht der Wandlung der Hostie (Oblate) bleibt er treu. Im Meßopfer wird nach katholischer Lehre Christus leibhaftig gegenwärtig. Deshalb ist die Hostie heilig (konsekriert). Docre vollzieht die Wandlung, um Christus selbst im anschließenden Ritual zu schänden. „Und du, du, den ich in meiner Eigenschaft als Priester zwinge, magst du wollen oder nicht, herabzusteigen in diese Hostie, Fleisch zu werden in diesem Brot, Jesus, Handwerksmeister der Täuschungen, Huldigungenräuber, Zuneigungsdieb – höre!"

Ein Glöckchen der Meßdiener signalisiert den Moment der Wandlung (Transsubstantiation). Die Gemeinde antwortet mit einer Orgie. Frauen lösen ihre Röcke, Chorknaben heben das Priesterkleid, die Kasel, und der Zelebrant uriniert auf die Hostie. Während die Chorknaben das Glied des Priesters beweihräuchern, stürzen sich die Frauen auf das Brot und essen es. Dann steigern sich die Satanismen zur Sakralhurerei. Ein weinendes Mädchen wird in die Kellergewölbe geführt. Dies ist der Moment, wo Durtal seine Begleiterin bittet, mit ihm den perversen Schauplatz zu verlassen. Hyacinthe Chantelouve ist sexuell so erregt worden, daß sie Durtal in eine schäbige Absteige führt, wo sie sich entkleidet, Brocken einer Hostie auf dem Bett verteilt und ihre Begehrlichkeit offen gesteht: „Ich will dich haben!" Das Grauen hat jetzt Durtal endgültig gepackt. Beide verlassen das Zimmer.

Ricarda, Satanspriesterin

Bei Huysmans wird der grauenhafte Höhepunkt der Messe, die Opferung eines Mädchens, nur angedeutet. Einhundert Jahre später ist Satan der Medien liebstes Kind geworden, und so rührt mancher geschäftstüchtige Reporter mit dem Löffel in der Gerüchteküche des Teufels. Kindesmißbrauch,

Vergewaltigung von Säuglingen, in Abfallkörben gefundene Leichenteile – die Nachrichten häufen sich. Stehen diese perversen Verbrechen in Zusammenhang mit den satanistischen Praktiken von Sekten? Mit Enthüllungen aus der Satanistenszene läßt sich viel Geld verdienen. So wandte sich im Dezember 1994 ein Mann an die lokale Redaktion der BILD-Zeitung in Hannover und bot Hintergrundinformationen zu den Ritualen einer Sekte an, die ihre Schwarzen Messen auf dem Betriebsgelände der ehemaligen Firma Hanomag feiern soll. Leichenteile aus Berliner Gräbern sollen dabei eine Rolle spielen. Der Mann gab an, er besitze zuverlässige Informationen über den Handel mit Schädeln, Armen und anderen Gliedmaßen, der auf der Bahnlinie Berlin-Hannover betrieben werde. Warum ging der Mann mit seinen Informationen über die nekrophilen Scheußlichkeiten nicht zur Polizei, damit die Grabschänder hinter Gitter gebracht werden? Die Geldsumme, die er für detailiertere Enthüllungen und die Nennung von Namen verlangte, war so hoch, daß die BILD-Redaktion „die Geschichte nicht kaufen konnte". Zu recht wird man fragen müssen, wer perverser ist: die Täter oder die Trittbrettfahrer des Satanismus?

Als authentisches Dokument aus der satanischen Unterwelt der Gegenwart gilt der Bericht von Ricarda S. (1988). In ihm sind die wesentlichen Merkmale des okkulten Jugendsatanismus zu finden: pubertäre Suche nach extremer Erfahrung, sexuelle Neugierde und Hörigkeit, Prostitution und Kriminalität. Einhundert Jahre nach Frank Wedekinds Skandaldrama „Frühlings Erwachen" (1891) wirft Ricarda S. einen Blick in die Abgründe der jugendlichen Seele und beleuchtet die Schattenwelt sadistischer und masochistischer Neigungen in sich und anderen Menschen. Die Verknüpfung von Sexualität und Satanismus reicht bis in die Genesis zurück. Die Schlange im Paradies wurde zugleich als Symbol des Teufels und des männlichen Gliedes gedeutet. Der junge Mann, in den sich die unerfahrene Ricarda S. im Alter von fünfzehn Jahren verliebt, trägt als Tätowierung eine Schlange. Ihr Kopf ist auf dem nackten Bauch zu sehen, ihr langer Leib führt hinab unter die Hose. Die Kölner Schülerin ist von dem zehn Jahre älteren Krischan fasziniert. „Vorne aus der Hose ringelte sich eine Schlange, die bei mir immer dieses Kribbeln auslöste. Dieses Kribbeln, das so neu für mich war." Krischan erzählt von Dämonen und Geistern. Auf einer spiritistischen Sitzung im Wald führt er magische Spielchen vor. Während Ricarda und ihre Freunde einen Kreis bilden, zeichnet er Symbole auf den

Waldboden, die keiner der Jugendlichen kennt, und er murmelt unverständliche Worte. Dann stellt auch er sich in den Kreis, zittert und stöhnt, schreit plötzlich auf und zeigt der Clique seine blutige Hand.

Ricarda erliegt der Inszenierung, Krischan hat sein Opfer gefunden. Für die nächste Sitzung im Birkenwäldchen sollen sie und ihre Freundinnen Schreibheft, Füller und vier Kerzen besorgen. Wieder versteht es Krischan, eine geheimnisvolle Atmosphäre aufzubauen, an deren Ende Ricarda erfährt, sie sei zur Dienerin des Teufels erwählt, denn Satan hätten die Rituale im Wald gegolten. Faszination und Grauen erschüttern Ricardas Seele, Angstträume suchen sie heim. Aufgewachsen in einer rationalen Welt ohne religiöse Bindung, hat sie wie viele Menschen ihrer Zeit eine geheime Sehnsucht nach dem Irrationalen, der anderen, dunklen Seite der Wirklichkeit. Ihre Existenz wird für jeden Jugendlichen in dem erwachenden Sexualtrieb deutlich erfahrbar. Er spürt, wie eine fremde Macht nach ihm greift, ihn ablenkt von der Schule, seinen Eltern entfremdet, in namenlose Traurigkeiten stürzt oder zu Rebellionen, deren Grund er selbst nicht benennen kann. Wo ist das Kind geblieben, das er einmal war? Er fühlt sich auseinandergerissen. Vielleicht hört er die Worte seiner Eltern oder Lehrer: „Das ist nicht mehr mein Kind!" – „So kenne ich den Schüler X. überhaupt nicht!" Die Raupe entpuppt sich, ein Schmetterling wird unter Schmerzen geboren. Der Jugendliche und die Menschen, die ihn durch die Kindheit begleitet haben, müssen lernen, mit der Wandlung zu leben. Das ist die Stunde der Verführer. Zu ihnen gehört Krischan.

Der sexuell wenig erfahrenen Ricarda redet er einen Zusammenhang zwischen Satanismus und Sexualität ein. Er führt sie in sein Zimmer. Die satanischen Requisiten verfehlen ihre Wirkung auf Ricarda nicht: Auf dem Boden liegt ein Totenschädel, daneben eine Peitsche. Ein Papstbildnis mit herausgeschnittenen Augen, ein Poster von Karl Marx und ein umgedrehtes Kruzifix hängen an der Wand. Besonders beeindruckt zeigt sich das Mädchen von der großen Matratze mit ihrer schwarzseidenen Bettwäsche und den vier Kerzenständern an jeder Ecke. Krischan ist ein autoritärer Charakter. Sie folgt willenlos seiner Aufforderung zur Entkleidung und legt sich mit gespreizten Armen und Beinen auf die seltsame Kultstätte. Dann läßt Krischan die Hose herunter, und zum Vorschein kommt der Leib der Schlange, tiefblau eintätowiert tritt sie aus den Schamhaaren hervor. „Die Schlange ist ein Symbol SATANS!" kommentiert er, greift nach der Peitsche und schlägt sich selbst damit. Symbole sind vielschichtig. Das

Symbol der Schlange verweist auf den Teufel und zugleich auf Gewalt, auf Lust an der Zerstörung, Sexualität und Macht über andere Menschen.

Krischan erklärt die Bedeutungsschichten des satanischen Symbols nicht, sondern er inszeniert sie und setzt damit ihre unheimliche Wirkung frei. Sie zieht auch Ricarda in den Bann. Stärker als Worte und Erklärungen wirken die Rituale. Auf dem schwarzseidenen Bett zwischen den vier Kerzen wird Ricarda brutal entjungfert. Jetzt liegt sie in ihrem Blut. Gewalt, Blut, Sex, Krischan. „Bist Du SATAN!???" schreit sie. Er verneint, nennt sich einen Priester Satans, greift in Ricardas Blut, beschmiert damit ihren Leib und ernennt sie zur Satanspriesterin. Was dies für ihr weiteres Leben bedeutet, spricht Krischan direkt aus: „Was SATAN will und von uns fordert, das ist der Haß. Das, und nur das, ist das einzige ehrliche Gefühl." Damit wehrt er Ricardas Liebesgefühle ab.

Das Mädchen führt jetzt ein Doppelleben zwischen Schule, Elternhaus und Satanssekte. Ricarda lernt den inneren Kreis der Mitglieder kennen, absolviert ein Ekeltraining, schläft mit anderen Männern, zieht schließlich aus dem Elternhaus aus und erlebt zum ersten Mal eine Schwarze Messe, bei der eine geweihte Hostie im Blut eines Huhnes aufgelöst und getrunken wird. Dann kommt der Höhepunkt ihrer Verstrickung in die Machenschaften der Sekte, ein öffentlich vollzogener Geschlechtsverkehr mit Benno. Weil Ricarda in ihrer Kindheit wie viele Mädchen eine besondere Zuneigung zu Zwergkaninchen besaß, wird von ihr jetzt die rituelle Tötung eines schwarzen Kaninchens verlangt. Wieder wird das Blut in einer Opferschale aufgefangen, eine Hostie darin aufgelöst und getrunken. Anschließend schneiden sich Benno und Ricarda ihre Arme auf, trinken ihr Blut, werden von Krischan mit einem Blutmal an der Stirn gezeichnet und fallen übereinander her. „Töten, Blut trinken, Orgien feiern, Drogen, Saufen, ohne Schranken und Grenzen sich fallenlassen, seine Brutalität voll ausleben, das war alles Dienst an SATAN."

Die Gruppe finanziert ihren Lebensunterhalt durch Kriminalität und Prostitution. Ricarda arbeitet als Domina. In schwarzer Korsage, hautenger Satinhose, Stiefeletten, Nietenmanschetten und stacheligem Hundehalsband empfängt sie ihre masochistischen Kunden und läßt über deren Rücken die neunschwänzige Katze kreisen. Tagsüber besucht sie das Gymnasium, nachts spielt sie die höllische Hure im Satanskeller. Krischan, ihr Zuhälter, hat sie systematisch auf die Rolle als Domina vorbereitet. Ihre Kunden gehören zur Oberschicht der Stadt Köln, Herren, die alles besitzen, alles ausprobiert haben und das Extrem zur Stimulierung ihrer Lust brauchen. Bis zu vier Kunden gleichzeitig sind Teilnehmer der Schwarzen Messen.

Dieser pornographische Satanismus hat keine religiöse oder politische Bedeutung. Hier wird nicht wie bei den Gnostikern im Namen Lucifers gegen einen unvollkommenen Schöpfergott protestiert, hier geschieht keine antibürgerliche Revolution unter dem Banner des gefallenen Engels. Der Kniefall vor dem Teufel ist zugleich eine Verbeugung vor dem Kapital, dem hemmungslos Leben geopfert wird. Als Ricarda schwanger wird, zwingt Krischan sie gegen ihren Willen zur Abtreibung. Er droht, falls sie seinem Willen nicht folge und das Kind austrage, werde er es nach der Geburt bei einer Schwarzen Messe opfern. Einer von Ricardas Kunden nimmt die Abtreibung ohne Narkose vor, nicht ohne sie vorher mißbraucht zu haben.

Ein langer Leidensweg dieser Schwester von Christiane F. folgt. Ricarda kommt in die Psychiatrie, kehrt zur Gruppe zurück, wird wieder schwanger, löst sich von Krischan, erhält Drohbriefe, wird auf offener Straße zusammengeschlagen, erleidet eine Fehlgeburt und findet durch den Kontakt zu einer katholischen Patientin im Krankenhaus wieder neuen Halt. Jetzt glaubt sie ihr wahres Problem erkennen zu können. Es ist die Angst vor dem Leben. Damit wandelt sich auch ihr Bild vom Teufel. Der gefallene Engel wird zu ihrem fernen Bruder im Geiste, der ihr Schicksal teilt. „Ich habe Angst, allein zu sein. Ich habe Angst, nichts wert zu sein. Wie Satan." Im Morgendämmer der Schöpfung wurde Satan eifersüchtig auf den Menschen. Er fühlte sich ausgegrenzt, weil er die Liebe Gottes mit anderen Geschöpfen teilen mußte. Aus Angst vor Liebesverlust wurde er böse. So sieht Ricarda ihr Schicksal in seinem gespiegelt. Auch sie spielte die Rolle der Domina, weil ihre Liebe abgewiesen wurde.

Ricarda S. benennt keine Zeugen für den Wahrheitsgehalt ihrer Aussagen. Hat sie alles wirklich erlebt und erlitten, oder spiegelt der Bericht die Phantasien einer sado-masochistisch veranlagten jungen Frau, die dringend einer psychiatrischen Heilbehandlung bedarf? Sind die Aufzeichnungen vielleicht eine intime Selbsterkundung der untersten Regionen der menschlichen Seele? Neben dem Sensationsjournalismus, der ewig plappernden Mühle der Talk-Shows ist es vor allen Dingen die evangelikale Presse, die Berichte vom Vormarsch der Satanssekten veröffentlicht. In einer Zeit, wo die meisten evangelischen und katholischen Christen nicht mehr an die leibhaftige Existenz des Satans glauben, sollen Enthüllungen von Aussteigern als Teufelsbeweis dienen. Schnell kehren dann alte Verteufelungen und Weltverschwörungstheorien wieder: Satanisten säßen in höchsten gesellschaftlichen Kreisen, beraten amerikanische Präsidenten, unterwanderten Parlamente, Kirchen, Gerichte, Medien. Diese Ängste sagen mehr über das Weltbild der Frömmler aus als über tatsächlich bestehende Bedrohungen der Gesellschaft.

Sympathie für den Teufel

Der Satanismus am Ende des zweiten Jahrtausends hat viele Ursachen. Er ist auch Suche nach extremer Erfahrung wie U-Bahn-Surfen und Bungee-Springen, Provokation und Teil einer Gegenkultur, dekadenter Nervenkitzel und Zeichen moralischer Orientierungslosigkeit. Seine Ausdrucksformen bedienen sich fast immer traditioneller Motive. So stammt die Verbindung von Satanismus und Musik aus der Kindheit des Menschengeschlechtes. Einst fuhren die Dämonen der Unzucht in die Musikinstrumente, die Tubalkain und Jubal gebaut hatten, seit den sechziger Jahren unseres Jahrhunderts jaulen die Teufel aus Elektrogitarren und Vibraphonen. Das behauptet jedenfalls Basilea Schlink, Leiterin der Evangelischen Marienschwesternschaft in Darmstadt. Ob Nina Hagen, Madonna oder Prince – sie alle stünden „unter satanischem Einfluß" und böten der Jugend mit ihrer Musik ein „scheußliches Gift der Hölle". Für die Leiterin der größten protestantischen Kommunität ist „Rock die Musik der Dämonen". Sie führe zu Aggressionen, Rebellion, sexueller Enthemmung, Zerstörung des Gewissens und der Persönlichkeit. „Der dämonische Rausch, in den immer wieder Tausende von Jugendlichen bei Rockkonzerten versetzt werden, ist schlimmer als der Drogenrausch."

Sind das übertrieben fromme Ängste einer weltfremden Betschwester, oder wäre es tatsächlich an der Zeit, daß Eltern genauer hinhörten, was aus den Zimmern ihrer Kinder dröhnt? Ein Blick auf die Cover der CD's würde sie bereits nachdenklich stimmen. Die Gruppen nennen sich AC/DC („Antichrist/Tod für Christus"), Black Sabbath, Venom, Dio, Merciful Fate, Kiss („Ritter im Dienste Satans") und W. A. S.P. („Wir sind Satans Leute"). Aus den Kinderzimmern hämmern laute Bekenntnisse: „In Lord Satan we trust" (Slayer), „Heart of the Devil" (Danzig), „The number of the Beast" (Iron Maiden), „We have a deal with Satan" (Thankard) oder „Your God is dead" (Nine Inch Nails). Black Metal oder Death Metal heißt diese Musikrichtung, die sich durch knallharte Rhythmen, metallisches Hämmern, verzerrte Stimmen, Röcheln, Würgen und enorme Sprechgeschwindigkeit auszeichnet.

Ist tatsächlich alles vom Teufel, was den Teufel besingt? Im CD-Ständer seiner siebzehnjährigen Tochter entdeckt der Vater Remakes von Plattenaufnahmen der sechziger und siebziger Jahre, darunter die musikalischen Leitsterne seiner eigenen Jugendzeit: Led Zeppelin, Lucifers Friend und Doors. Heute gelten sie als Ahnherren der satanistischen Musik. Die Tochter klärt ihren Daddy auf und erzählt ihm, was jedes Schulkind im Jahre 1995 weiß. Auf dem Cover der legendären LP „Sergeant Peppers" sei der Satanist Aleister Crowley abgebildet, und in dem Song „Revolution No. 9" des berühmten weißen Doppelalbums hätten die Beatles eine Anspielung auf Satan, den Herrn der Hölle, versteckt. Der Vater kennt alle Titel der Beatles auswendig. Vom Teufel sei auf der weißen LP mit Sicherheit nicht die Rede. Ein Lächeln verzieht den schwarzgeschminkten Mund der Tochter. Er müsse die Platten rückwärts spielen, um die Botschaft zu hören.

„Backward-Masking" wird diese Abspieltechnik genannt. Sie dient zur satanischen Mystifizierung großer Teile der Rockgeschichte. Angeblich befinden sich teuflische Botschaften in den Liedern der Gruppen Pink Floyd, Beatles und Led Zeppelin. Als berühmtestes Beispiel gilt der Song „Stairway to heaven". In der Augsburger Buchhandlung Pustet wird er auf den Treppenstufen zitiert, die in den ersten Stock zur religiösen Abteilung führen. Wissen die Buchhändler, daß sie sich mit diesem Zitat den Teufel ins Haus geholt haben? Denn rückwärts gespielt, so wird kolportiert, enthalte der Led Zeppelin-Titel die Botschaft: „Listen, I will sing, because I live with Satan" („Höre, ich werde singen, weil ich mit Satan lebe"). Man muß nicht die Nadel oder den Diamanten seines Plattenspielers unnötig strapazieren, um des Teufels Stimme zu hören. Unverhohlen bezeugten die Rolling Stones bereits 1968 ihr Mitgefühl für den Teufel („Sympathie for the Devil"). Das Lied wurde in den späten sechziger Jahren zur Hymne der Gegenkultur. Es spiegelt das Lebensgefühl einer Generation, ihre Träume und Alpträume. Vom Teufel sprachen damals die „Hell's Angels", La Vey gründete die ‚Satanskirche', Roman Polanski drehte „Rosemary's Baby", Charles Manson glaubte, er sei der neue satanische Messias, Kenneth Anger plante einen Undergroundfilm „Lucifer Rising", in dem Mick Jagger die Hauptrolle spielen sollte.

Anton Szandor La Vey (* 1930) gründete in der Walpurgisnacht des Jahres 1966 die „Kirche Satans". Damit setzte er für seine Anhänger den Beginn einer neuen Zeitrechnung. La Vey hatte im Alter von fünfzehn Jahren Elternhaus und Schule verlassen. Der junge Aussteiger verdiente sich seinen Lebensunterhalt als Hilfskraft für Tierbänder in einem Zirkus. Er lernte die Kunst der Hypnose und des Zauberns und wurde später Polizeifotograph in San Francisco. Hier in der Alternativszene von Californien begegnete er Kenneth Anger, einem Okkultisten aus der Schule Aleister Crowleys. Crowley hatte im Jahre 1921 die Leitung des berühmten „Ordo Templi Orienties" (O.T.O) übernommen. Dieser okkult-satanistische Orden war 1895 von den Theosophen Karl Kellner und Franz Hartmann gegründet worden. Seine Weltzentrale befand sich in der Schweiz. La Veys „Church of Satan" entwickelte sich durch Kenneth Angers Einfluß aus dem „Ordo Templi Orientis". Wie sich die christliche Kirche im Laufe ihrer langen Geschichte in viele Gruppen mit unterschiedlichen Bekenntnissen spaltete, so auch ihr satanistisches Gegenstück.

Aus der Kirche Satans ging wiederum der „Temple of Seth" hervor, benannt nach dem dritten Sohn Adams, unter dessen Namen bereits alte jüdische und christliche Geheimschriften mit dem Anspruch einer neuen Offenbarung kursierten. Der Tempel Seths wurde am 21.6.1975 von dem ehemaligen Leutnant für Gegenspionage und Desinformation Michael A. Aquino ins Leben gerufen. Wie jede prophetische Sekte innerhalb des Christentums muß sich auch eine satanistische Abspaltung von der alten Lehre durch den Nachweis einer neuen Offenbarung legitimieren. La Vey betrieb unter der Sonne Californiens ein höllisches Showgeschäft, ein diabolisches Spiel. Für ihn war Satan ein Symbol. Aquino dagegen glaubte an die leibhaftige Existenz des Teufels. Nach einer Anrufung Satans empfing er als neue Offenbarung „The Book of Coming Forth by Night", einen schmalen Text von drei Seiten Umfang. Wie Crowley nannte sich auch Aquino jetzt „Tier 666."

La Veys Satanskirche war seit ihrer Gründung ein Medienereignis und ein Spielzeug für die Stars aus dem nahegelegenen Hollywood. Es gehörte zur Aura bekannter Showgrößen wie Sammy Davis oder Jane Mansfield, im satanistischen Dunstkreis von La Vey zu stehen. Fünftausend, nach eigenen Angaben zwanzigtausend Mitglieder soll die Kirche Satans zu ihrer besten Zeit gehabt haben. La Vey war auch publizistisch tätig und veröffentlichte neben einem Hexenbuch mit sexualmagischen Praktiken und einer Schrift mit teuflischen Ritualen die Satansbibel. Bekannt sind auch die neun satanischen Erklärungen („9 Satanic Statements"), in denen der Symbolgehalt des Wortes „Satan" entschlüsselt wird. „Satan" steht hier für ungezügelte Befriedigung von Begierden, die Verkörperung vitaler Existenz, Weisheit. Er verkörpert Rachegefühle, das Recht des Stärkeren und die Lust an der Sünde. Symbol der Kirche Satans ist der fünfzackige Stern mit dem Kopf eines Ziegenbocks. Wie die Gnostiker, so besitzen auch La Veys Teufelsfreunde ein Erkennungszeichen, das sie sich zum Gruß entgegenstrecken. Sie heben die geballte Faust, lösen dann den kleinen Finger und den Zeigefinger, so daß eine Figur entsteht, die an den gehörnten Teufel erinnern soll. Heute gehört der teuflische Gruß zum Erscheinungsbild jedes Heavy-Metal-Konzerts. Die Kids strecken ihre Fäuste mit dem Symbol des gehörnten Gottes der Unterwelt in die Höhe.

War es ein Zufall, daß zeitgleich mit La Veys Gründung der Satanskirche der polnische Regisseur Roman Polanski das spätere Opfer einer anderen Teufelssekte, die Schauspielerin Sharon Tate, heiratete? Polanski arbeitete 1966 an seinem Film „Rosemary's Baby" nach dem Roman von Ira Levin. Erzählt wird die Geschichte von Rosemarie und Guy Woodhouse. Sie ist Hausfrau, er ein wenig erfolgreicher Schauspieler. Das kinderlose Ehepaar besitzt eine Vierzimmerwohnung im „Bramford", einem verrufenen viktorianischen Mehrfamilienhaus, über dessen ehemalige Bewohner die seltsamsten Gerüchte kursieren. Hier sollen die kannibalistischen Schwestern Trench gewohnt haben und der Hexenmeister Adrian Marcato; auch wird von ungewöhnlichen Selbstmorden gesprochen. Kurz nach dem Einzug des Ehepaars Woodhouse stürzt sich ein Mädchen aus dem Fenster. Rosemary und Guy lernen ihre unmittelbaren Nachbarn kennen, Minni und Roman Castevet. Damit ändern sich ihre Lebensumstände. Guy erhält eine Rolle im Theater, Rosemary wird schwanger. Die Zeugungsnacht erlebt sie halb bewußtlos, wie einen Alptraum. Ein Mann, von dem sie zuerst glaubt, es sei Guy, steigt über sie, zerkratzt ihren Leib mit langen Fingernägeln und dringt gewaltsam in sie ein. Sein steifes Glied „war größer als jemals zuvor; schmerzend, wunderbar groß. Er lastete auf ihr, mit seinem anderen Arm griff er unter ihren Rücken, um sie zu halten, seine breite Brust quetschte ihre Brüste (Er trug, weil es ein Kostümfest war, eine rauhe Rüstung aus Leder.) Brutal und rhythmisch bewegte er seine neue, ungeheure Größe." Rosemary öffnet ihre Augen und blickt in gelbglühende Katzenaugen, sie riecht Tanniswurzel und Schwefel, fühlt feuchten Atem auf ihrer Haut und vernimmt das schwere Keuchen von Zuschauern. Da dämmert es ihr. „Das ist kein Traum. Das ist Wirklichkeit, das geschieht."

Erst später wird Rosemary erfahren, daß sie tatsächlich nicht geträumt, sondern ein Kind Satans in dieser Nacht empfangen hat. Die Nachbarn sind Anhänger einer Teufelssekte. Sie feiern Schwarze Messen, lästern über Gott und die Kirche. Ihre Kultpflanze ist die Tanniswurzel. Rosemary trägt sie in einem Amulett um den Hals und trinkt täglich ihren Saft. Während der Schwangerschaft entwickelt sie unheimliche Gelüste. Ihr Heißhunger richtet sich nicht auf saure Gurken, sondern blutrotes Fleisch. Eines Tages ertappt sie sich, wie sie selbstvergessen auf einem blutigen Hühnerherzen kaut. Mit fortschreitender Schwangerschaft gerät sie immer tiefer in die Fänge der Sekte, zu der auch ihr neuer Frauenarzt gehört. Schließlich kommt sie nieder. Man sagt ihr, das Kind sei bei der Geburt gestorben. Sie wird mißtrauisch, dringt in die Wohnung der Nachbarn ein und entdeckt einen Kinderwagen, an dessen Dach ein umgekehrtes Kruzifix baumelt. Dann sieht sie ihr Kind, eingehüllt in eine schwarze Decke, mit kleinen schwarzen Fausthandschuhen.

Das Neugeborene ist der leibhaftige Sohn Satans. Seine Augen sind goldgelb mit einem senkrechten Pupillenschlitz, an den Händen trägt es Krallen, an den Füßen Hufe und über dem After einen Schwanz. Auf der Stirn knospen Hörner. Rosemary will das Teufelskind mit einem langen Messer erdolchen. Der Traum war Wirklichkeit gewesen. Roman kommentiert: „Satan ist sein Vater, er kam aus der Hölle und zeugte einen Sohn mit einer sterblichen Frau." Rosemary hebt verzweifelt den Blick nach oben und fleht Gott um Hilfe an. Vergeblich. Was geschehen ist, kann nicht mehr rückgängig gemacht werden. Sie ist zur Satanspriesterin erwählt worden, als Gefäß für Adrian, den leibhaftigen Höllensohn. Wie in den californischen Satanskirchen La Veys und Aquinos, so beginnt auch hier mit der neuen Offenbarung eine andere Zeitrechnung. Polanski faßt das Bekenntnis der Gruppe zusammen: „Gott ist tot, und Satan lebt! Es ist das Jahr Eins, das erste Jahr unseres Herrn! Es ist das Jahr Eins, und Gott ist tot! Es ist das Jahr Eins! Adrians Jahr hat begonnen!"

Anton Szandor La Vey, dessen „Church of Satan" in Californien zu einer offiziell anerkannten Kirche gehörte, hatte den Regisseur Roman Polanski bei seinen Dreharbeiten beraten und selbst die Rolle des Teufels gespielt. Der Boden war bereitet für einen Psychopathen, der seine sadistischen Phantasien hemmungslos auslebte. Er nahm Aleister Crowleys fünftes Gesetz von Thelema, das Recht zu töten, wörtlich. Charles Manson (* 1934) glaubte, er sei eine Inkarnation von Satan und Christus zugleich. In seinem Namen entdeckte er eine Anspielung auf den „Menschensohn" Christus („Son of Man"). In der Subkultur der späten sechziger Jahre blühten viele Träume von einer neuen Zeit der Liebe, des Friedens und der Völkerverständigung, während in Vietnam B 52-Bomber ganze Urwälder mit Pestiziden entlaubten, um den Vietcong aufzuspüren. Charles Manson glaubte nicht an die Wirkung von Flower Power, sah auch nicht den Anbruch des friedlichen Zeitalters im Sternbild des Wassermanns. Sein Bild von der Zukunft war düster. Eine Endzeit sei angebrochen, die letzten Tage der Menschheit dämmerten am Horizont, bald werde es große apokalyptische Kämpfe zwischen der weißen und der schwarzen Rasse geben. Die Schwarzen werden die Weißen ausrotten, alle Reichen töten, aber unfähig sein, die Weltführung zu übernehmen. Für diesen Augenblick hielt sich Charles Manson mit seiner satanischen Familie („The Family") als neuer Erlöser und Führer bereit. Nach dem Muster alter christlicher und jüdischer Gruppen mit endzeitlicher Erwartung lebten sie am Rande der Wüste, verhielten sich jedoch nicht passiv, sondern suchten durch Terrorismus das Ende der alten Zeit und den Anbruch des gigantischen Endkampfes zu beschleunigen. Was rückblickend wie eine Horrorvision aus den Romanen von Stephen King klingt, war brutale Wirklichkeit. Charles Manson und seine „Familie" mordeten in der Absicht, den Rassenhaß zu schüren.

Wie bei allen satanistischen Verbrechen bildeten auch diese Morde den Höhepunkt einer Entwicklung. Zuerst feierte man Kultorgien im eigenen Kreis. Manson ließ sich auf ein Kreuz binden und von ihm hörigen Frauen beweinen. Bei diesem Psychodrama schrie und jammerte er, als litte er tatsächlich die Qualen des gekreuzigten Gottes. Tiere wurden geschlachtet, man trank ihr Blut als erotisches Stimulans und goß es über kopulierenden

Paaren aus. Zu Mansons „Familie“ gehörte auch ein ehemaliger Mitarbeiter des Underground-Filmers Kenneth Anger. Bobby Beausoleil hatte die von Mick Jagger abgelehnte Rolle des Teufels in „Lucifer Rising“ gespielt und war dann nach einem Streit mit einem Teil des Filmmaterials untergetaucht. 1969 wurde er inhaftiert, nachdem er in einem Ritualmord den Musiker Garry Hinman grausam zu Tode gequält hatte. In Mansons Folterkammer wurden die Opfer auf einen Holztisch geschnallt. Über ihnen befand sich eine Halterung mit sechs unterschiedlich langen Messern, die langsam auf die gefesselte Person gesenkt wurde. Das letzte, kürzeste Messer durchstach nach langer Folter das Herz. Am 7. August 1969 drangen Mansons Anhänger in die Villa von Roman Polanski ein, ermordeten auf bestialische Weise die schwangere Sharon Tate und vier weitere Personen (Abigail Folger, Voityck Frykowski, Jay Sebring, Steve Parent). Zwei Tage später wurden der Großaktionär und Rennstallbesitzer Leno La Bianca und seine Ehefrau Rosemary unter dem Schlachtruf „I am the devil here to do the devil's work!“ getötet. Monate vergingen, bis der schwarze Messias mit dem Hakenkreuz auf der Stirn hinter Gitter gebracht werden konnte.

Zwischen den Ritualmorden und der Festnahme lag das blutigste Konzert der Rock-Geschichte, das Altamont-Festival (6. Dezember 1969), wo es zu einer Begegnung zwischen Mick Jagger und Charles Manson gekommen sein soll, in deren Verlauf sich Manson als größter Fan der Rolling Stones bekannte.

Die Stones galten als Bürgerschreck. Sex, Drogen, Rock 'n' Roll – damit konnte man Eltern, Erzieher und Politiker schockieren. Als „härteste Band der Welt“ mußten sie ständig neue Skandale produzieren, um in der Konkurrenz zu den Beatles nicht auf den zweiten Platz heruntergespielt zu werden. Weil aus anfänglichen Provokationen schnell Moden werden, hatte auch Michael Philipp (Mick) Jagger (* 26. Juli 1943) ständig an der Anstößigkeit seiner Erscheinung zu arbeiten. Lange Haare, freakige Kleidung trugen inzwischen die meisten Jugendlichen, man zog sich einen Joint rein oder warf einen Trip, übte sich im Gruppensex oder erprobte die Bisexualität. Der Whiskeykonsum von Janis Joplin und Joe Cocker konnte so wenig überboten werden wie die Zerstörungswut der WHO, deren Konzerte mit einer rituellen Zertrümmerung der Musikinstrumente endete. Da war es nur eine Frage der Zeit, bis in dieser Welt der Gegenkultur von Haight Ashbury bis Gremmendorf, von Woodstock bis zum Lengeder Steinbruch die Gestalt Satans als höchste und letzte Form des antibürgerlichen Protestes wiederentdeckt wurde. Die Rolling Stones hatten keine okkulte Beziehung zum Satanismus. Jagger, der wie kein zweiter Musiker seiner Zeit den Antihelden und Rebellen verkörperte, entdeckte zwischen sich und Satan eine Wahlverwandtschaft. In seinem Bekenntnis „Sympathie for the Devil" tritt der vertraute Antiheld, der Umwerter bürgerlicher Werte, hervor. Jagger kannte die californische Satanskirche, er hatte auch den berühmten antistalinistischen Teufelsroman „Der Meister und Margarita" von Michael Bulgakow (1891–1940) gelesen.

Im Dezember 1967 hatten die Stones zum ersten Mal mit der Teufelsidentifikation gespielt, als sie ihrem neuen Album den Titel „Their Satanic Majesties Request" gaben. Michael Cooper, Fotograph des berühmten Covers von „Sergeant Pepper", gestaltete auch das Stonesalbum, das allerdings an den Erfolg der Beatles nicht anknüpfen konnte. Ein Jahr später erschien Jaggers Teufelsbekenntnis.

> „Jeder Bulle ist ein Krimineller
> und jeder Sünder ein Heiliger.
> Kopf oder Zahl ist alles eins,
> also nennt mich einfach Lucifer."

Keine große Lyrik im Stile Baudelaires oder Byrons und auch keine Vision floß aus Jaggers Feder, eher ein Sammelsurium klassisch satanistischer Aktivitäten. Der Teufel stellt sich als wohlhabender Mann vor mit internationalen Beziehungen. Er handelt unabhängig von politischen oder religiösen Einstellungen. Jesus senkte er bei der Versuchung in der Wüste den Glaubenszweifel ins Herz, er verstockte das Herz des Römers Pilatus, als Kommunist kämpfte er gegen den Zaren, auf jüdischer Seite leitete er im Rang eines Panzergenerals die Eroberung des Sinai. Auch trug die Ermordung der Kennedies seine Handschrift. Die Provokation des Liedes bestand in der Zustimmung zu Greueltaten und vor allen Dingen in der Art, wie sich Jagger als Teufel in Szene setzte.

Für das Altamont-Konzert hatte er sich ein schwarz-rotes Teufelskostüm anfertigen lassen, und während er auf der Bühne „Jumpin' Jack Flash" und „Sympathie for the Devil" sang, schlugen Mitglieder der Rockerbande Hell's Angels mit abgesägten Billardstöcken auf die Zuschauer ein. 350 000 Menschen hatten sich vierzig Meilen östlich von San Francisco zu einem Festival versammelt, das nach den Wünschen der Stones den Erfolg von

Woodstock überbieten sollte. Es wurde zum schwarzen Tag der Rockgeschichte. Für fünfhundert Dollar in Bier waren die Hell's Angels zur Aufsicht engagiert worden. Die Angels kontrollierten den größten Teil des Drogengeschäftes in der Bay Area und in Californien. Sie waren gefürchtet und bewundert, sie wurden zu romantischen Helden und unerschrockenen Gegnern der herrschenden Politik verklärt. Tatsächlich aber hatte Sonny Barger, der Präsident der Hell's Angels von Oakland, an Präsident Johnson telegraphiert: „Dear Mr. President: In meinem und im Namen meiner Kameraden biete ich eine Gruppe loyaler Amerikaner als Freiwillige für den Dienst hinter den Linien in Vietnam an. Wir glauben, daß eine schlagkräftige Gruppe trainierter Gorillas den Vietcong demoralisieren und die Sache der Freiheit vorwärtsbringen würde. Wir sind zum Training und zum Dienst sofort einsatzbereit."

Sonny Barger führte auch die Hell's Angels in Altamont an. Jagger unterbrach „Sympathy for the Devil", als die Krawalle der Angels eskalierten. Die Schlägereien hatten sich bis auf die Bühne ausgeweitet. Vergeblich versuchte Jagger, die aufgebrachte Masse zu beruhigen. „Okay, nehmen wir uns noch 'ne halbe Minute, bis wir die Puste wieder haben. Kühlt euch alle mal ab. Ist da jemand verletzt? Okay, I think we're cool, we can groove. Uns passiert immer was Komisches, wenn wir das Lied anfangen." Die entfesselten Mächte der Unterwelt lassen sich nicht mehr zurückdrängen. Wieder wird „Sympathy for the Devil" angestimmt. Einige Fans versuchen, die Bühne zu stürmen, und werden von den Angels niedergeprügelt. Jetzt spricht Keith Richard und droht mit dem Abbruch des Konzertes. Dann herrscht für eine Weile tödliche Stille an den Mikrophonen. Jagger schluchzt ohnmächtig, da wird vor seinen Augen der achtzehnjährige Schwarze Meredith Hunter von dem Hell's Angel Alan Passaro erstochen. „Wir brauchen hier einen Arzt, jetzt!" schreit Jagger ins Mikrophon. „Laß doch bitte den Arzt durch. Wir versuchen, an einen ran zu kommen, der verletzt ist." Für Meredith Hunter kommt jede Hilfe zu spät. Der Mord war vor laufenden Kameras geschehen. Dennoch wurde der Täter in der späteren Gerichtsverhandlung freigesprochen. Vier Tote und viele Schwerverletzte waren die Bilanz von Altamont. Es fand statt am Erscheinungstag des vierzehnten Stones-Albums mit dem prophetischen Titel „Let It Bleed."

Sondershausen

Zehn Jahre nach Jaggers Teufelshymne wurde im thüringischen Kreisstädtchen Sondershausen, unweit von Weida, wo sich Aleister Crowley 1925 zum Welterlöser hatte ausrufen lassen, Sandro Beyer geboren (12. April 1978). Seine gleichaltrigen Mörder und er kamen aus wohlbehüteten bürgerlichen Familien. Ihre Eltern sind Lehrer, ein Vater ist CDU-Kreistagsabgeordneter. In Sondershausen kannte jeder die satanischen Obsessionen der Jugendlichen. Niemand nahm sie ernst. Die Videotheken präsentierten Hunderte von Horrorfilmen, die Mächte des Bösen sprangen dem Leser aus jedem Roman von Stephen King entgegen. Die öffentliche Ankündigung der Ermordung Sandro Beyers in einer Schülerzeitung fand in dieser Allgegenwart des Teuflischen keine Beachtung. Sandro liebte die Musik der schwarzgekleideten Grufties wie „Relatives Menschsein", „Goethes Erben", „The Cure." Er übte sich im Verfassen düsterer Verse. Aus der Videothek entleiht er sich grausame Filme, in denen die Gewalt an Menschen bedenkenlos verherrlicht wird. Einige der Filme sind so brutal, daß sie nur im Postversand oder unter der Ladentheke gehandelt werden. Ihre Titel lauten „Evil Dead", „Tanz der Teufel", „Augen des Todes" oder „The Texas Chainsaw Massacre." Im Zeitalter der kleinen handlichen Videokameras wird manche Bosheit in den Köpfen der Menschen freigesetzt. Perverse Väter filmen den sexuellen Mißbrauch ihrer eigenen Kinder. Sandro spielt mit dem Gedanken, einen eigenen Horrorfilm mit der Videokamera seines Freundes zu drehen. Gefilmt werden soll die Ausweidung eines Leichnams. Arbeitstitel „Das Großvater-Massaker."

Sandro ist beeindruckt von einer Gruppe Jugendlicher, die sich um den siebzehnjährigen Gymnasiasten Sebastian Schauseil gebildet hat. Er möchte in ihren Kreis aufgenommen werden und wirbt vergeblich um Sebastians Gunst. Die Mitglieder der Gruppe „Kinder des Satans" haben Hunderte von Stunden vor dem Videorecorder verbracht und sich in aberhundert Stunden die Ohren von der schwarzen Musik der Heavy- und Death-Metal-Szene volldröhnen lassen. Ihre Identifikation mit den Antihelden aus Film, Musik und Buch geht so weit, daß sie deren Namen übernehmen. Sebastian nennt sich Dark Mark Doom, sein Bruder Ronald hat sich das Pseudonym Hannibal the Cannibal („Das Schweigen der Läm-

Am Anfang war die Liebe, und die Liebe war bei Gott, und Gott war die Liebe. Alle Dinge sind durch sie gemacht. In der Liebe war das Leben, und Gott liebte das Leben. Die Liebe und das Leben waren eins, und Gott war die Einheit. Dann warf die Liebe einen Schatten, und Gott trennte den Schatten von der Liebe. So entstanden der Haß und die Bosheit, so die Passion unter den Menschen.

mer") zugelegt. Andreas wird Chuck Daniels gerufen, Thoralf heißt außerhalb der Familie Judas oder Norman Bates nach dem Film „Psycho" von Alfred Hitchcock. Damien Thorn („Omen") ist das Vorbild für Udo, und Hendrik Möbius trägt gleich vier Namen: Joe Ramone, Messiah, Jarl Flagg Nidhögg und Randall Flagg nach dem absolut bösen Helden des apokalyptischen Romans „Das letzte Gefecht" („The Stand") vom König des Horrors Stephen King.

Sebastian und seine Bewunderer lassen sich von dem Gesehenen und Gehörten zu eigenen sadistischen Phantasien anregen. Auch sie dichten und singen von der Macht Satans. Im Januar 1992 gründen sie eine Band mit dem existentialistischen Namen „Absurd". Ein Jahr später bespielen und vertreiben sie ihre erste eigene Musikcassette mit dem Titel „Death From The Forest". Im Wald werden sie Sandro Beyer erdrosseln. Das Bekenntnis zur Mordlust geschieht öffentlich. Mit Erscheinen der Cassette veröffentlicht die Schülerzeitung des Scholl-Gymnasiums eine Selbstanzeige von Sebastian. Darin schreib er: „Die ABSURD-Werke handeln von Lucifer, Hölle, Dämonen, Barbaren, Tieren (welche die Teufelsanbeter mit genialem Geheul gar schrecklich durch jeden Hymnos begleiten), Blutbädern, gefallenen Engeln und ähnlichen schönen ‚Dingen'." Die Schulleitung, zu deren Dienstpflichten die Lektüre von Schülerzeitungen gehört, reagiert nicht auf dieses öffentlich ausgesprochene Bekenntnis der „Teufelsanbeter", die von der Ermordung Sandro Beyers singen:

„Niemand weiß, wer ich wirklich bin
Niemand hält das Böse auf
Niemand weiß, daß ich ein Werwolf bin
Und das Grauen nimmt seinen Lauf.
Im Wald hört niemand der Opfer Schrei
Wieder ist die graus'ge Tat vollbracht! Ha!
Der Toten letzte Worte waren: Gott, steh' mir bei!
Und der Vollmond scheint in finstrer Nacht. Aarrr ...!"

Im CVJM-Heim von Sondershausen treten Sebastian und die Gruppe mehrfach öffentlich auf und provozieren die jungen Christen mit ihrem Bekenntnis zum Teufel. Sebastian bezeichnet sich selbst als Sohn der Hölle, berichtet von satanistischen Blutritualen und zeigt seine vernarbten Arme. Er sei zu jedem Opfer bereit, auch zu Menschenopfern. Crowleys Imperativ „Tu, was Du willst, soll sein das ganze Gesetz" gelte auch für sie. Satan beherrsche die Welt, sagt Sebastian, und er stehe in seinem Dienst. „Lucifer ist mein Meister, und ich bin ein Sohn der Hölle." Am 3. Juli 1992 hat Sebastian seinen großen Auftritt beim Kirchentag in Erfurt. Vor dem Forum der Arbeitsgruppe Sekten und Okkultismus bekennt er sich wieder zum Satanismus. „Wir sind überzeugte Satanisten und beten Lucifer an. Eine Katze oder einen Hund zu opfern macht uns gar nichts aus." Auch Menschenopfer seien möglich.

Unzensiert von der Schulleitung darf im November 1992 ein Interview mit Hendrik Möbius in der Schülerzeitung „Kurz und Gut" erscheinen. Hendrik charakterisiert seine Gruppe. Sie verehre „Lucifers Anti-Religion. Wir glauben an das Böse; an den Tod, an das Fleisch; an die Lust; an die Macht; an die Finsternis; an die Schlacht; an den Sieg; an die Seelen; an die Dämonen; an Lucifer, unseren Vater und Meister; an das Blut; an die Zerstörung." Weiter heißt es: „Wir wünschen den Tod!!! Und zwar aller Lebewesen." Auch die perverse Lust an sadistischen Filmen wird öffentlich, ja sogar mit Stolz bekannt. Auf die Frage nach ihrer Freizeitbeschäftigung antwortet der Sohn aus gutbürgerlichem Hause: „Also, wir schauen recht oft Video, am liebsten Splatter- und Actionfilme, wo die Menschen auf das Grausamste getötet werden. Lesen tut auch jeder, bevorzugter Autor ist Stephen King." Hendrik Möbius berichtet von dem Waldgelände auf dem Berg Göldner, wo sich die Gruppe regelmäßig trifft, und er spricht eine klare Morddrohung gegenüber Sandro Beyer aus. „Sandro B. gehört definitiv nicht zu uns, auch wenn er so etwas in der Art behaupten mag. No Chance! Falls irgendwer auf den Gedanken kommen sollte, uns besuchen zu wollen, so sei er gewarnt. Unser Verhalten hängt sehr stark vom Verhalten unseres Gastes ab. Im tiefen Wald hört dich niemand schreien."

Am 29. April 1993 wird Sandro Beyer von den jugendlichen Satanisten in einer Waldhütte mit einem Kabel erdrosselt. Niemand hört seine Todesschreie. Vor Gericht zeigen die Täter keine Reue. Es kommt sogar heraus, daß eine Videoaufnahme von der Ermordung Sandro Beyers geplant gewesen war. Für den vorsätzlich geplanten Mord bekommen Sebastian und Hendrik eine Haftstrafe von acht Jahren, Andreas geht für sechs Jahre ins Gefängnis. Bei guter Führung dürfen sie mit baldiger Entlassung rechnen.

Hiob

Das Kind bekommt von seinen Eltern und Erziehern gesagt, was gut und böse ist. Es übernimmt ihre Werte, hält sich an ihre Gebote und Verbote, und wenn es gegen sie verstößt, hat es ein schlechtes Gewissen und Schuldgefühle. „Wenn Du lieb bist, dann bringt Dir der Weihnachtsmann viele Geschenke." – „Wenn Du jetzt schnell einschläfst und nicht mehr aufstehst, dann darfst Du morgen Abend ‚Wetten daß ...?' mit uns sehen." – „Wenn Du in der Schule nicht besser wirst, bekommst Du zum Geburtstag keinen Computer."

Das Wohlergehen des Kindes ist an die Bedingung des Gehorsams geknüpft. „Wie Du mir, so ich Dir!" lautet der Grundsatz vieler Eltern. Den übertragen die Kinder auf den „lieben Gott". Wer Gottes Gebote hält, den liebt Gott, wer gegen seine Gebote verstößt, der erfährt Gottes Zorn. „Wie Du mir, so ich Dir!" Nach diesem Grundsatz haben fromme Menschen zu allen Zeiten ihre Gottesbeziehung geordnet. Wer aus tiefstem Herzen fromm ist und Gottes Gebote hält, dem wird es gut gehen. Das glaubten vor zweitausendfünfhundert Jahren auch Hiob und seine Freunde.

Jugendliche legen den Kinderglauben ab. Sie müssen die ihnen überlieferten Werte und Normen hinterfragen, denn nur so entwickeln sie ein selbständiges Denken. Diese Umwertung der Werte hilft aber auch den Eltern, der Gesellschaft, den Kirchen und allen, deren Aufgabe es ist, Wertmaßstäbe zu tradieren, denn sie werden gezwungen, das Überholte von dem Bleibenden zu trennen. Die Jugend sorgt für „frisches Blut", geistige und geistliche Erneuerung. Auch Religionen erleben ihre Geburt, ihre Kindheit und Jugendzeit. Sie reifen, entwickeln sich, werden alt und sterben, wenn sie den Menschen nichts mehr zu sagen haben. Jugendzeit ist hier nicht an ein bestimmtes Alter zwischen dem vierzehnten und fünfundzwanzigsten Lebensjahr gebunden. Ihr kritischer und reinigender Geist erscheint immer wieder, wenn Kirche, Synagoge und Moschee in eine Krise geraten sind.

Ist der moderne Satanismus ein Ausdruck der religiösen Krise? Fordert er die Kirchen und monotheistischen Religionen zur Stellungnahme, gar zum Umdenken heraus? Muß besonders die aufgeklärte, moderne deutsche Theologie neu über die Existenz des Teufels nachdenken? Die pornographische und sadistische Erscheinungsform des Satanismus ist ein perverser krimineller Akt und sonst nichts. Sie gehört dementsprechend mit entschiedener gesetzlicher Härte bestraft. Das ästhetische Spiel und die künstlerische Identifikation mit dem Antihelden Satan, die Satanshymnen des 19. Jahrhunderts und die Heavy-Metal-Musik des späten 20. Jahrhunderts wird man nicht verharmlosen dürfen. Hier sind geistige Brandstifter am Werk. Ihre enthemmende Wirkung auf Menschen wurde deutlich. Die einmal gerufenen bösen Geister weichen so rasch nicht zurück ins Unbewußte. Dieser ästhetische oder Protest-Satanismus ist jedoch kein eigentlich religiöses Phänomen. Er bedient sich nur der in allen drei monotheistischen Religionen beheimateten Figur Satans. Selbst der okkulte Satanismus mit der Feier Schwarzer Messen sucht kein religiöses Erleben, sondern die sexuelle Enthemmung verklemmter Naturen. Dennoch schwingen in sämtlichen Formen des Satanismus die großen Fragen nach der Wirklichkeit und Macht des Bösen in der Welt mit.

Dem Rätsel des Bösen, dem Dunkel der verbotenen Welt und den Abgründen der eigenen Seele gilt das eigentliche Interesse von Jugendlichen am Thema „Satanismus". Sie suchen Antwort auf die Frage, die auch Georg Büchner umtrieb: „Was ist das, was in uns lügt, hurt und stiehlt?" Sie spüren die Macht der Sünde, den Schatten an ihrer Seite. Je stärker Familie, Schule und Kirche die Wirklichkeit des Bösen verdrängen, je mehr die Existenz des Satanischen in Predigt und Religionsunterricht verschwiegen wird, desto größer ist seine Faszination. Der Mensch ist ein abgründiges Wesen. Das erfahren Jugendliche an sich selbst und bei jedem Blick in die Tagesschau. Zu Recht erwarten sie auf ihre Fragen nach dem Ursprung des Bösen eine erhellende Antwort. Alle Humanwissenschaften haben sich mit ihr auseinanderzusetzen. Religiös bedeutsam wird die Frage nach der Wirklichkeit des Bösen, wenn sie in Zusammenhang mit der Frage nach Gott gestellt wird: Warum läßt Gott das Böse in der Welt zu? Den Satan hat er aus den himmlischen Chören der Engel verbannt. Warum duldet dann Gott, daß der Teufel den Menschen nachstellt und sie quält? Wer so fragt, beginnt, über Gott nachzudenken. Gott ist der Gute, hatte das Kind geglaubt. Nur die Menschen sind immer böse. Aber stimmt das wirklich?

Auch Emil Sinclair, Hermann Hesses alter ego in dem Roman „Demian", grübelte über Gottes Wesen nach und kam zu dem Ergebnis, daß Gott der Gute und der Böse zugleich sei. Aber kann man einen Gott, der Spiegelbild der menschlichen Seele ist, verehren und anbeten? Die Gnostiker glaubten an einen reinen guten Gott des Lichtes, der irgendwo hinter dem Universum throne und für das Böse in der Welt nicht verantwortlich gemacht werden könne, weil er die Welt und den Menschen nicht erschaffen habe. Daß wir Menschen überhaupt existieren, führten sie auf einen kosmischen Unfall zurück. Ein teuflisches Wesen, eifersüchtig auf den reinen Gott des Lichtes und seine Welt des Geistes, wollte es ihm in maßloser Überheblichkeit gleichtun und auch einen Kosmos erschaffen. Doch nicht Kosmos entstand, sondern Chaos, der Mensch und sein Gefängnis, die Erde. Alles Böse in uns führten die Gnostiker auf diesen Teufel zurück, alles Hauen, Stechen und Morden galt als sein Werk. Der echte reine Lichtgott sollte von der Existenz des Bösen unbelastet bleiben. Das gelang nur bei oberflächlicher Betrachtung dieses gnostischen Versuches einer Erklärung des Bösen.

Wenn Gott und Teufel gleichstark sind, dann findet die Frage, warum Gott das Böse in der Welt nicht überwindet, eine klare Antwort. Gott läßt das Böse zu, weil seine Macht nicht größer als die Satans ist. Gut und Böse liegen in einem ewigen Kampf miteinander. Niemals wird es einen endgültigen Sieger geben. Christentum, Judentum, Islam und auch die Gnosis glauben an den einen allmächtigen Gott. Erst hier wird die Wirklichkeit des Bösen zu einem echten religiösen Problem. Die Gnosis wollte Gott nicht in die Schuldfrage verstricken und führte alles Böse auf den stümperhaften und eifersüchtigen Teufel zurück. Sie übersah, daß auch ihr reiner Lichtgott sich die Frage stellen lassen mußte, warum er das böse Tun des Teufels zugelassen und nicht verhindert hatte?

„Ich sage mir: Es gibt einen Gott; was ich erblicke, hat eine Hand geschaffen, aber um des Bösen willen. Ihr gefällt nur das Böse; das Böse und ihr Wesen; was immer sie uns an Verbrechen begehen läßt, ist für ihre Pläne unerläßlich. Der Schöpfer des Alls ist das boshafteste, grausamste, fürchterlichste aller Wesen. Er wird also auch nach den Geschöpfen existieren, welche diese Welt bevölkern. Und in ihn werden sie alle zurückkehren, um andere, noch bösartigere Wesen hervorzubringen." Alles ist böse, alles ist Satans Werk, so lautet der Wahlspruch von Donatien-Alphonse-Francois Marquis de Sade (1740–1814). Seine Romane wollen die Absurdität des christlichen Glaubens ihrem männlichen Leser vor Augen führen. De Sades Welt ist sozialdarwinistisch. Sie kennt keine Moral. Das tugendhafte Leben führt ins Elend, das Laster in den Wohlstand. „Warum habt ihr euch auf die Pfade der Tugend verirrt, da ihr doch wissen mußtet, daß alles auf Erden Laster und Verbrechen ist?" so läßt de Sade den Gott-Teufel sprechen. „In welcher meiner Taten habt ihr mich denn als Wohltäter wirken sehen? Habe ich euch nicht Pest, Bürgerkrieg, Krankheit, Erdbeben, Unwetter gesandt? Habe ich nicht unaufhörlich über euren Häuptern die Nattern der Zwietracht ausgeschüttet? Etwa um euch zu überzeugen, das Gute sei mein Wesen?" Die Frage, warum Gott das Böse in der Welt zuläßt, existiert nicht im satanistischen Kosmos des Marquis de Sade. Es gibt keinen guten Gott mehr. Dennoch braucht de Sade die unschuldigen tugendhaften Mädchen, die an das Gute glauben, um immer wieder neu die Triumphzüge des Lasters, der Wollust und des satanischen Verbrechens inszenieren zu können. Wie die Gnostiker glaubt auch er, daß wir in eine teuflische Welt geboren wurden. Er leidet aber nicht unter dieser Geworfenheit und sucht sie nicht zu überwinden. Im Gegenteil weidet er sich wie ein KZ-Wächter am grausamen Schicksal der Menschen.

Ganz anders der Fromme, die Gott gehorsame Seele, wie sie in dem jüdischen Schicksal Hiobs sichtbar wird. Hiob war ein frommes, rechtschaffenes und gottesfürchtiges Kind Gottes. Deshalb hatte ihn der Herr mit Wohlstand und Fruchtbarkeit reich gesegnet. Sieben Söhne und drei Töchter zählte Hiob. Er besaß siebentausend Schafe, dreitausend Kamele, eintausend Rinder, fünfhundert Esel und sehr viel Gesinde, kurzum, er war der reichste Mann im Lande Uz. Das Familienleben war harmonisch. Der fromme Hiob galt als Vorzeigebeispiel für alle Menschen, die fragten: „Was habe ich denn davon, wenn ich an Gott glaube?" Die Antwort lautete: „Sieh' den Gottesmann Hiob! Wer auf den Wegen Gottes, des Schöpfers, wandelt und seine Gebote hält, der lebt in Wohlstand, so wie Hiob!" Gott und Hiob, sie bildeten eine Einheit. Auf Gottes Seite getragen von unerschütterlichem Vertrauen in Hiobs absolute Treue, von Hiobs Seite gehalten in Ehrfurcht vor dem Höchsten.

Wie stolz Gott auf seinen Sohn Hiob war, zeigte der Lobpreis, der sich auf das weitere Schicksal Hiobs verhängnisvoll auswirken sollte. Eine himmlische Ratsversammlung war anberaumt worden, zu der auch Satan unerwartet erschien. Gott fragte ihn, woher des Weges er käme, und der Satan antwortete, von einem Kontrollgang auf der Erde. Sogleich atmete Gott tief durch und kam auf Hiob zu sprechen. „Hast du achtgehabt auf meinen Knecht Hiob? Denn es ist seinesgleichen nicht auf Erden, fromm und rechtschaffen, gottesfürchtig und meidet das Böse." Der Leser meint die stolz geschwollene Brust zu sehen. Hiob und Gott – das ist ein Stück heile Welt, das ist die Schöpfung, so wie sie sein soll. Und genau hier versucht Satan die Harmonie zu stören. Wo Gott das Licht sieht, verweist er auf den Schatten. Er ist der ewige Nörgler, er sieht nur das Haar, während sich die Engel an der kräftigen Suppe laben. Hiobs Frömmigkeit, lästerte er, komme nicht aus dem Herzen, sondern aus seinem Wohlstand. Wer so reich wie Hiob sei, der habe allen Grund, den Gottesfürchtigen zu spielen. Mit anderen Worten: Hiobs Glaube sei unlauter und ohne Fundament. Beim ersten Windstoß werde er fortgeblasen wie eine Feder. Der Herr solle die Probe machen, seine Hand ausstrecken, den Besitz antasten und sehen, wie Hiob seinem Glauben abschwören werde.

Es hat zu allen Zeiten die Empörung des Lesers hervorgerufen, daß sich Gott auf das teuflische Spiel einläßt. Warum befiehlt er dem Satan nicht zu weichen? Ist er im Zweifel, ob Hiob auch unter härtesten Bedingungen treu an seinem Glauben hält? Das Gegenteil scheint der Fall. Gott ist sich der Treue Hiobs so sicher, daß er Satan erlaubt, Hiob alles erdenklich Böse zuzufügen, um seinen Glauben zu prüfen. Nur töten dürfe er ihn nicht. Glaubensprüfungen gehören zur Geschichte aller großen Religionen. Kirche, Synagoge und Moschee leben von dem Glaubensmut der Märtyrer, die Gottes Gegenwart auch in der schrecklichsten Pein bezeugen. Aber *diese* Prüfung scheint völlig sinnlos. Das Leiden der Märtyrer beweist die Macht des Glaubens. Es führt viele Menschen zur Bekehrung. Wer aber soll im Falle Hiobs bekehrt werden? Etwa Satan selbst, damit er in Zukunft nicht mehr Gott und seiner Schöpfung widerspricht, sondern einstimmt in den Lobgesang der Engel? Wäre das eine Rechtfertigung dafür, daß Gott dem Teufel erlaubt, Hiobs Söhne und Töchter, seine Knechte und seinen gesamten Viehbestand von elftausendfünfhundert Stück zu töten? Nach der ersten Attacke kehrt Satan in den Himmel zurück. Gott hat die Wette gewonnen. Hiob ist in allem Leid treu geblieben. „Der Herr hat's gegeben, der Herr hat's genommen; der Name des Herrn sei gelobt!" waren seine Worte.

1945 werden sie im Lager Theresienstadt von einer Mutter nachgesprochen, deren Sohn Peter David in Mauthausen ermordet worden war. Ilse Blumenthal-Weiss (* 1899) hatte wie Millionen Kinder Israels Hiobs Schicksal erleiden müssen. In ihrer Totenklage (Kadisch) singt sie:

„Ich muß es lernen, ohne dich zu leben.
Daß dieses Wort, daß dieses eine Wort
dich meint, dich, junges Kinderblut,

dich: Jubel! Jauchzen! Jugend! Übermut! –
Gott hat genommen. Einst hat Gott gegeben.
Ich muß es lernen, ohne dich zu leben."

Warum ist jetzt der unerträglichen Prüfung kein Ende? Was soll noch bewiesen werden? Der Teufel, so sagt Gott, müsse doch erkennen, daß er ihn ohne Grund veranlaßt habe, Hiob zu verderben. Im Gespräch mit Gott enthüllen sich immer tiefere Wesensschichten des Teufels. Er läßt nicht locker, sein Mißtrauen kennt keine Grenzen. Hiob habe zwar keine Kinder und keinen Besitz mehr, aber er sei noch bei guter Gesundheit. Wenn es ihm Gott erlaube, daß er diese antaste und Hiob mit bösen Geschwüren vom Scheitel bis zur Sohle peinige, so werde er es binnen kurzem erleben, wie sein angeblich frommes Kind ihm den Rücken kehre. Mußte es so weit kommen? Mußte Hiob zum Gespött seiner Frau und seiner Freunde werden?

Nach langer Leidenszeit wird Hiob geheilt, er kommt zu neuem, noch größerem Wohlstand und vielen Kindern. Davon werden aber die ermordeten zehn Kinder und elftausendfünfhundert Stück Vieh nicht wieder lebendig. Vom Teufel ist nicht mehr die Rede. Er ist an Hiob gescheitert, wie es ihm prophezeit war. Gott und Hiob sind weiterhin Freunde. Aber Hiob ist erwachsen geworden, und seine Vorstellung von Gott hat sich gewandelt. Dahin ist die kindliche Vorstellung vom „lieben Gott". Gott ist der Allmächtige, aber nicht der Gute. Er hat die Welt erschaffen, er ist Herr der Zeit und des Raumes, selbst die schrecklichen Ungeheuer im Ozean, der Behemot und der Leviathan sind sein Werk. Vor ihm verstummt alle Gottesgelehrsamkeit, alles Verstehenwollen. Das Rätsel dieses Schöpfers von Himmel und Erde wird nicht enthüllt. Gott ist geheimnisvoller geworden, seitdem Hiob den Schatten an seiner Seite kennengelernt hat. „Ich hatte von dir nur vom Hörensagen vernommen", spricht er zu Gott, „aber nun hat mein Auge dich gesehen" (Hiob 42,5).

Hiob fordert Gott auf, ihn über die Geheimnisse der Schöpfung zu belehren. Gottes Lehre, wenn er sie denn Hiob gegeben hat, wird uns nicht überliefert. Doch im Jahre 1952, zwei Jahre nachdem in Rom die leibhaftige Aufnahme Mariens in den Himmel (Assumptio Mariae) verkündigt worden war, tritt der Psychoanalytiker Carl Gustav Jung (1875–1961) mit einer „Antwort auf Hiob" an die Öffentlichkeit. Auch Jung stellt sich die Frage, warum Gott dem Teufel so große Macht zugesteht. Seine Antwort lautet: Gott kann nicht anders, denn der Teufel ist sein eigener Widerspruch, der

Schatten an seiner Seite. In Gott herrsche ein ständiger innerer Zweikampf zwischen Licht und Dunkelheit. Der schuldige Mensch aber sei erwählt, die Gegensätze von Gut und Böse miteinander zu versöhnen. Die Erlösung des Menschen werde zugleich eine Erlösung Gottes sein. „Seit der Apokalypse wissen wir wieder, daß Gott nicht nur zu lieben, sondern auch zu fürchten ist. Er erfüllt uns mit Gutem und mit Bösem, sonst wäre er ja nicht zu fürchten, und weil er Mensch werden will, muß die Einigung seiner Antinomie im Menschen stattfinden. Das bedeutet für den Menschen eine neue Verantwortlichkeit. Er kann sich jetzt nicht mehr mit seiner Kleinheit und Nichtigkeit ausreden, denn der dunkle Gott hat ihm die Atombombe und die chemischen Kampfstoffe in die Hand gedrückt und ihm damit die Macht gegeben, die apokalyptischen Zornschalen über seine Mitmenschen auszugießen. Da ihm sozusagen göttliche Macht geworden, kann er nicht mehr blind und unbewußt bleiben. Er muß um die Natur Gottes und um das, was in der Metaphysik vorgeht, wissen, damit er sich selbst verstehe und dadurch Gott erkenne."

Wäre der Jude Hiob mit dieser Antwort zufrieden gewesen? Wohl kaum, denn wieder wird der Mensch mit der Unvollkommenheit der Schöpfung belastet. Der Gott-Teufel, der uns bei Hesse und Jung entgegentritt, ist ein Spiegelbild der menschlichen Seele, er ist die unheimliche schöpferische Kraft im Menschen selbst. Carl Gustav Jungs Antwort ist eine psychoanalytische. Sie erhellt das Wesen des Menschen, nicht aber die Tiefen Gottes. Jahrtausende des jüdischen Leidensweges spiegeln sich in Hiobs Schicksal. Vor ihm scheint die Frage nach dem „Warum?" zu verstummen. Warum läßt Gott sein Volk leiden? Warum gebietet er dem Satan nicht Einhalt? Und vor allen Dingen: Wann endlich wird eine neue Zeit des Friedens anbrechen, wo die Verfolgungen und Nachstellungen Satans ein Ende haben werden?

Das ist die Frage, die sich im Jahre 70 nach Christus der jüdischen Gemeinde stellt. Zum zweiten Mal ist der Tempel Salomons in Jerusalem zerstört und das jüdische Volk über die ganze Welt zerstreut worden. Da werden um das Jahr 100 nach Christus in der Hauptstadt des Römischen Weltreiches in hebräischer Sprache Visionen niedergeschrieben, die ein Mann mit Namen Esra empfangen haben will. Nach jüdischer Zeitrechnung begannen sie im Jahr 5000 nach der Erschaffung der Welt, im dritten Monat, am zwölften Tag.

Warum, Herr?

Seit dreißig Jahren lebt der fromme Jude Esra bereits in Rom, aber er nennt die Welthauptstadt nicht bei ihrem eigenen Namen. Er spricht von der einstigen Metropole Babylon in Erinnerung an die erste große Deportation des jüdischen Volkes. Rom ist Babel. Rom ist die größte und reichste Stadt des Weltkreises. Hier herrscht der Kaiser in aller Pracht, die Menschen leben im Überfluß. Daran nimmt Esra keinen Anstoß. Sein Problem ist theologischer Natur. Esra ist ein Denker, der seinen Glauben kritisch hinterfragt, der glauben und verstehen will. Denkt Esra aber über das Schicksal seines Volkes nach, dann stößt er auf unlösbare Probleme. Gott hat sein Volk den Römern preisgegeben. Er hat zugelassen, daß Jerusalem, die Gottesstadt, dem Erdboden gleichgemacht und das erwählte Volk über den Erdkreis zerstreut wurde. Warum handelte Gott so? Wollte er sein Volk wegen Ungehorsams strafen? Dem braven Kind ergeht es gut, dem bösen Kind dagegen schlecht. Wenn Israel unter Gottes Duldung von den Römern bestraft wird, wenn die Römer die Rolle des Teufels spielen dürfen, dann muß dafür ein Grund vorliegen. Gott ist gerecht. Er straft nicht ohne Grund. So glaubten viele Fromme, auch Esra, als der Jerusalemer Tempel zerstört wurde. In Rom erkannte Esra, daß sein bisheriger Glaube kindisch gewesen war und jeder Logik bar. Die Römer waren keineswegs frommer und gottesfürchtiger als sein Volk. Also stimmte der Zusammenhang von Tat und Ergehen nicht, nach dem der Fromme gut, der Sünder dagegen schlecht leben werde. Dreißig Jahre versucht Esra, den sie „Schreiber der Wissenschaft des Höchsten in Ewigkeit" nennen, über den Widerspruch nachzudenken. Sünder sind alle Menschen, in Jerusalem wie in Rom. Warum wird dann das Volk Israel bestraft, die anderen Völker aber nicht?

Das ist kein gelehrtes Streitgespräch eines Wissenschaftlers, sondern eine Frage, an deren Beantwortung der Gottesglaube des erwählten Volkes hängt. Sie steigt aus der Tiefe empor und erschüttert Esra und sein Volk in jeder Faser der Seele. Eines Tages liegt Esra auf dem Bett. Er denkt wieder über Gottes Gerechtigkeit nach, vor den inneren Augen erscheint Rom mit seinen vielen Göttertempeln und die zerstörte Gottesstadt Jerusalem. Da überfällt ihn Bestürzung, sein Herz erzittert. Eine heftige Erregung ergreift seine Seele und eine namenlose Angst. Jetzt bricht es aus Esra hervor. Er fordert Gottes Antwort heraus. Er hadert mit Gott wie ein junger Erwachsener mit seinem Vater. Esra und Gott können auf einen längeren gemeinsamen Lebensweg zurückblicken. Esra erinnert an die Anfänge der Beziehung zwischen Gott und dem Menschen. Er spricht von der Geburt des Menschen im Garten Eden, dem Uterus der Menschheit, von der Kindheit und der besonderen Erwählung Israels. Es wird eine Abrechung mit dem himmlischen Vater. Jawohl, Adam, Kain und andere Kinder Gottes hatten immer wieder gegen seine Gebote verstoßen, sie waren böse Kinder, und der Vater hatte sie hart bestraft. Während der gesamten Kindheit seien sie bereit gewesen, die Schuld stets auf ihrer Seite zu suchen. Jetzt aber müsse sich Gott die Frage gefallenlassen, warum er seine Kinder ins Unglück habe laufen lassen! Er habe sie nicht gehindert, das Böse zu tun! Damals, nach der Sintflut, habe er in einem Anfall von Resignation zugegeben, daß des Menschen Herz böse von Geburt an sei. Aber wäre es nicht viel besser gewesen, Menschen von dem bösen Herzen zu befreien? Der größte Vorwurf gegen den Schöpfer ergibt sich aus der Lage seiner Kinder. „Denn ich habe die Völker hin und her durchwandert und sie im Glück gesehen, obwohl sie deine Gebote vergessen hatten.“ Wenn die Vernunft die Lage der Gläubigen betrachtet, so entdeckt sie den unerträglichen Widerspruch: Der Fromme leidet, der Sünder lebt in Wohlstand. Das ist auch die Entdeckung des Marquis de Sade gewesen und dessen Begründung dafür, daß die gesamte Schöpfung ein Werk des Teufels sei. Esra flüchtet sich nicht in den Satanismus, sondern in das Streitgespräch mit Gott.

Dieser hatte Hiob aus dem Wetter geantwortet. Esra schickt er den Engel Uriel. Der tritt geschäftsmäßig auf und versichert sich, bevor er redet, der Problemlage. „Dein Herz entsetzt sich über diese Welt, und du wünschst, die Wege des Höchsten zu begreifen?“ Esra bestätigt, genau das sei sein Problem. Niemand erwartet eine leichte Antwort. Sie fällt nach dem Muster der Rätselfragen aus, vor denen Hiob in die Knie ging. Uriel stellt Gegenfragen: Wie schwer ist das Gewicht des Feuers? Wie lang ist der Wind? Wo ist der gestrige Tag geblieben? Esra solle ihn zurückholen, wenn er's vermag. Esra läßt sich nicht einschüchtern. Niemand unter den Sterblichen kann diese Fragen beantworten. Der Engel versteht nicht, worauf Esras Entgegnung abzielt. Esra wirft Gott vor, er habe seinen Kindern kein ausreichendes Maß an Vernunft und Weisheit gegeben, um die großen Fragen des Lebens zu beantworten. Der Mensch ist ein zerrissenes Wesen, er lebt in Ängsten und Widersprüchen, weil er keine Antwort auf die großen Grundfragen des Lebens erhält.

Als ob es nötig wäre, vermehrt Uriel noch die Probleme und stellt Fragen nach der Geographie der außerirdischen Welt, den Toren der Hölle und den Wegen ins Paradies. Seine Absicht ist klar. Esra soll zum Schweigen gebracht werden wie Hiob. Er soll erkennen, daß kein Mensch die Geheimnisse der Schöpfung ergründen kann, und sich mit seiner Begrenzheit zufriedengeben. Offensichtlich versteht er wenig oder nichts vom Wesen des Menschen, dem Gott eine Vernunft gegeben hat, die bis ins Unendliche Fragen stellt, nachdenkt und von keiner Grenze weiß. Esra soll an einen Gott glauben, den seine Vernunft nicht zu denken vermag. Das kann er nicht akzeptieren. „Herr, ich flehe dich an, weshalb ist mir dann überhaupt das Licht der Vernunft gegeben?" Ja, er geht noch tiefer und stellt den Sinn seiner Existenz grundsätzlich in Frage: „Besser wäre es, wir wären nie auf die Welt gekommen, als nun in Sünden zu leben und zu leiden und nicht zu wissen, weshalb!"

Noch einmal sei's gesagt: Esra führt kein theoretisches Gespräch mit Gott aus einer gelehrten Schreibstube heraus. Hier steht der Sinn des Lebens auf dem Spiel. Die Frage, warum sich weiter zu leben lohne, verlangt Antwort. Der fromme Mann Esra ist genau an dem Punkt, wo bei anderen Menschen der Glaube an Gott in einen Glauben an die Macht des Teufels umkippt. Das Streitgespräch könnte zur Geburtsstunde eines neuen Satanismus werden, denn selten lag der Verdacht, daß die Welt vom Teufel regiert werde, so nahe wie in diesem Moment.

Deshalb läßt Esra nicht locker. Der Engel hatte ihm gesagt, er solle sich mit der Begrenztheit seiner Vernunft zufriedengeben. Die Erdenbewohner könnten nur das Irdische erkennen, nicht aber die himmlischen Ordnungen Gottes. In ergreifenden Worten entgegnet Esra, es seien die elementaren irdischen Fragen, die einer Antwort harrten. Sie beträfen das Überleben seines Volkes: „Denn ich wollte dich nicht über Dinge fragen, die uns zu hoch sind, sondern über solche, die uns selber betreffen, jeden Tag aufs Neue. Weshalb ist Israel den Heiden hingegeben zur Schmach, dein geliebtes Volk den gottlosen Stämmen? Das Gesetz unserer Väter ist vernichtet, die geschriebenen Satzungen sind nicht mehr, wir schwinden aus der Welt wie Heuschrecken, unser Leben ist ein Rauch."

Jeder Leser nach der Shoah hört in Esras Worten das Grauen der Lager mitschwingen und die Klagen derer, die in den Krematorien verbrannt wurden. Aron Liebeskind, geboren 1918 in der Gegend von Lublin, vergast 1943 in Auschwitz-Birkenau, hatte als Leichenträger in Treblinka die Ermordung seiner Frau und seines dreijährigen Sohnes mit ansehen müssen. In der Nacht vor der Verbrennung der Leichen schrieb er das „Wiegenlied für meinen Sohn im Krematorium" („Kolysanka dla synka w krematorium"):

„Schwarzes, stummes Krematorium ...
Höllentor, Leichenstoß.
Glitschige, steife Körper schleppe ich,
Grau geworden bin ich über Nacht.
Hier liegt mein Sohn,
Die Fäustchen in den Mund gebissen.
Wie kann ich dich ins Feuer werfen – hier! ...
Deine schönen goldenen Haare ...

Lulaj, lulaj du mein Sohn ...
Lulaj, lulaj du mein Sohn
Lulaj, lulaj du mein Sohn
du-u-u – mein – Sohn! ...

Elende Sonne, warum schweigst du?
Ich hab alles hier mit angesehen.
Sein Köpfchen hatten sie zerschmettert
An der kalten Wand aus Stein.
Deine stillen Äuglein schaun zum Himmel
Und erstarrte Tränen schreien
Sohn! Überall und überall dein Blut!
Und du lebtest doch – nur drei kurze Jahre."

Wie kann nach diesen Katastrophenerfahrungen noch von Gott gesprochen werden? Der Engel Uriel möge endlich verstehen, daß Esra letztlich um das Bild Gottes und sein Ansehen vor der heidnischen Welt ringt. Der Ruf Gottes stehe auf dem Spiel. Esra will nicht, daß die Satanisten und Sadisten das letzte Wort haben und über den Glauben triumphieren. Dann endlich erhält er aus dem Mund des Engels eine konkrete Antwort. Diese Welt, dieser Äon sei so verderbt, die Menschheit so krank, daß sie nicht mehr geheilt werden könne. Es gäbe nur eine Hilfe, und die bestünde in der Zerstörung der alten Welt. Esra werde erstaunt sein, „denn der Äon eilt mit Macht zu Ende". Die Apokalypse dämmere am Horizont, die Endzeit sei angebrochen.

Doch Esra ist auch mit dieser vagen Aussage nicht zufrieden und bittet um eine genaue Terminierung des Weltuntergangs. Das reicht, um den Engel zornig werden zu lassen: „Du willst doch nicht mehr eilen als der Höchste?!" Wieder versteht Uriel den Menschen und seine Sorgen nicht. Aus der Blickrichtung der Ewigkeit sind siebzig, achtzig oder einhundert Jahre ein Wimpernschlag. Kurz und elend sei das Leben des Menschen, mahnt Esra und bittet unterwürfig um Auskunft darüber, ob wenigstens der größte Teil der Weltzeit bereits verflossen sei und der Höhepunkt der unheilvollen Weltgeschichte erreicht? Die Welt sei älter geworden, antwortet der Engel, und „hat ihre Jugend verloren, die Zeiten nähern sich dem Alter".

Erneut gerät Esras Herz in Bewegung. Seine Seele ist voller Angst und der Geist erregt. Der Weltuntergang steht bevor. Wird Esra selbst ihn noch erleben? Und wie wird das Ende der Zeit sein? Schreckliche Katastrophen kündigt der Engel an: Das Land werde in Wüste verwandelt werden, die Sonne bei Nacht scheinen und der Mond am Tag. Blut werde von den Bäumen träufeln, und die Steine werden schreien. Eine Diktatur werde errichtet. Vögel wanderten aus. Aus dem Meer ertöne ein fürchterliches Brüllen, und an vielen Stellen öffne sich die Erdkruste, und Lavamassen quillten hervor. Wilde Tiere träten aus den Urwäldern und Savannen, Frauen gebärten verkrüppelte und geistig behinderte Kinder. Es herrschten Anarchie und Willkür. Eine Welt nach dem Supergau, an deren Ende der Messias erscheine, um alle Menschen zu richten und Gerechtigkeit herzustellen.

Das kann Esra nicht zufriedenstellen, zumal er den Richterspruch des Welterlösers realistisch einschätzt. Nur die wenigsten Menschen werden gerettet werden. An ihnen solle er sich freuen, wie der Herr im Himmel, entgegnet der Engel, und „keine Trauer hegen über die Menge derer, die verlorengehn". Esra kennt sein eigenes Schicksal noch nicht: Wird er zu der Masse der Verdammten gehören oder zu den wenigen Geretteten? Angesichts dieser Ungewißheit über den Ausgang der Weltgeschichte wäre es besser, ein Tier ohne Vernunft zu sein, das sich keine Gedanken über die Zukunft mache. Jetzt bringt auch der Engel das Argument der Vernunft ins Spiel. Gerade weil dem Menschen Vernunft gegeben sei, könne er für sein Tun verantwortlich gemacht werden. Deshalb sei das zukünftige Gericht des Messias in jedem Fall gerecht, deshalb werde er auch nicht auf die Gebete und Fürbitten für die Verurteilten reagieren.

Esra wollte, daß sich Gott für das Böse in der Welt rechtfertige. Jetzt ist die Diskussion an dem Punkt angelangt, wo die meisten Versuche, Gott verantwortlich zu machen, enden: Dem Menschen wird die ganze Last des Bösen aufgebürdet. Er trägt die Schuld. Erneut widerspricht Esra: „Dies bleibt mein erstes und letztes Wort: Besser wäre es, die Erde hätte Adam nie hervorgebracht, oder sie hätte ihn wenigstens von der Sünde ferngehalten. Denn was hilft es uns allen, daß wir jetzt in Trübsal leben müssen und nach dem Tode noch auf Strafe zu warten haben?"

Offenbar gibt es im Himmel keine Antwort auf Esras Fragen, und so versucht ihn der Engel auf eine andere Weise mundtot zu machen. Er teilt ihm sein eigenes ewiges Schicksal mit: Esra gehöre zu den Erwählten, den wenigen Geretteten. Er solle sich hinfort nicht mehr mit dem Schicksal der verlorenen Masse plagen und die quälenden Fragen beiseite lassen. Die bösen Menschen hätten aus freiem Willen gesündigt und erhielten zu Recht ihre Strafe. Er aber forsche nach der Herrlichkeit des Paradieses und dem Leben der Geretteten.

Esra läßt sich nicht kaufen. Ist es überhaupt ein Engel, der mit ihm spricht? Oder hat sich der Versucher, der Teufel, als Engel verkleidet und spricht eine gottlose Lehre? Erleben wir hier die letzte Versuchung des Gottesgelehrten Esra? Er kann sich nicht über seine Errettung freuen, wenn er vom Himmel aus in den Abgrund der Hölle schauen muß. „Mehr sind der Verlorenen als der Erlösten!" Er habe es einst gesagt und werde es immer wiederholen. Wozu hat Gott überhaupt so viele Menschen geschaffen, wenn die Überzahl von ihnen zur ewigen Verdammnis vorherbestimmt sei?

Weil ein unbestechlicher Mann wie Esra nicht zum Schweigen gebracht werden kann, wird er auf andere Weise aus dem Verkehr gezogen. Der fromme Rebell wird „befördert" und bei lebendigem Leibe in den Himmel entrückt, wie in der Kindheit des Menschengeschlechtes der Gottesmann Henoch.

Die Frage, warum Gott das Böse in der Welt und im Menschen zulasse, hat keine vernünftige Antwort erhalten. Aber im Streit mit dem Engel wurde Esra von Gott so gehalten, daß er den Glauben nicht verlor und die Welt nicht dem Satan preisgab. Von diesem unzerstörbaren Mut singt Jaakov Tsendorf (* 1902) im französischen Lager Pithiviers (1941):

„Unser Mut ist nicht gebrochen,
's ist das Leben wunderschön.
Und der Sieg ertönt von weither,
über alles, was gemein.

Sieh, die Welt, sie blüht schon wieder,
wie jedes Jahr – wie jeden Mai.
Jud und Mensch, sie sind ja Brüder,
's muß die Welt doch werden frei."

Wer war Judas? Ein Sohn der Hölle oder ein enttäuschter Liebender? Ein Verführer oder der Verführte? Täter oder Opfer? Mystiker der Verschmelzung von Liebe und Tod? Handelte er frei, oder war er lediglich Handlanger Gottes? Am Anfang war die Liebe. Judas liebt Jesus mehr als alles andere auf der Welt. Dann warf die Liebe einen Schatten...

Judas erhängt sich.
Relief der Kathedrale Saint Lazare, Autun 12. Jh.

LIEBE

DEN WOLF UMARMEN

„Mein Satan
ist Muslim geworden“

Mohammed

Komm Satan, oh komm doch!

Gott ist die Liebe, Satan der Haß. Gott liebt uneigennützig, Satan denkt nur an die Befriedigung seiner eigenen perversen Bedürfnisse. Gottes Liebe ist rein und geistlich, der Teufel will immer nur das eine: Geilheit und Geschlechtlichkeit pur. Der Teufel trägt einen langen Schweif und als Zepter einen großen Phallos. Sein mächtiges Glied kennzeichnet ihn als König der Unterwelt und Herrscher über die niederen Triebe. Er ist zu Hause in der Hölle unter der Erde und in der Höhle des weiblichen Schoßes. In der Vagina entfacht er das höllische Feuer der Sinnlichkeit und sexuellen Ekstase. Mit ihm will der Teufel Vernunft und Gottesliebe vernebeln, um den Menschen zu verführen. Der Mensch reagiert auf sexuelle Reize, er läßt sich durch sie einen fremden Willen aufzwingen. Das weiß die Werbung, das wußte auch der Teufel. Die entfachte Sinnlichkeit enthemmt den Menschen, macht ihn leichtsinnig. Jetzt ist er bereit, Dinge zu tun oder über sich ergehen zu lassen, vor denen er bei nüchternem Bewußtsein zurückschrecken würde. Die Sexualität gehört zur guten Schöpfung Gottes. Wer sie verteufelt, wirft Gott Leibfeindlichkeit vor. Aber der Teufel bedient sich der Triebwelt als Eintrittspforte in den Körper des Menschen. So hatte es einen symbolischen Sinn, wenn die Leser der Genesis in der Gestalt der Schlange auch einen Hinweis auf den Phallos des Teufels zu erkennen glaubten.

Frauen mit sexueller Beziehung zu Teufeln sind durch Phallossymbole gekennzeichnet. Ein männlicher Teufel wird Incubus genannt, ein weiblicher Succubus. Hexen reiten auf dem Besen des Incubus, sitzen auf Zaunlatten und verstehen sich auf die Herstellung erotischer Stimulanzen, wie noch die alte Vettel in der Szene „Hexenküche" beweist, als sie Faust verjüngt, damit „sich Cupido regt und hin und wider springt" (V. 2598). Ja, der alternde, lebensmüde Faust wird durch den Zaubertrank nicht nur jünger an Jahren, sondern er gewinnt eine sexualisierte Optik. Wohin er blickt, schaut er erotisch verklärte Frauen. Die neu entfesselte Sinnlichkeit bedeutet zuerst eine Befreiung. Dann zeigt sie ihr Janusgesicht und führt Faust ins Unglück. Enthemmt durch die sexuelle Gier nach dem frommen, katholischen Gretchen, wird Faust kriminell, mordet sogar, um das Objekt seiner Triebe in die Arme schließen zu können. Die neu erwachte sexuelle Freiheit führt zur Zerstörung von Gretchens Leben. Fausts Sexualität ist des Teufels Werk und eindeutig böse.

Ganz anders blickt ein Teil der modernen Frauenbewegung auf die Macht des Geschlechtes. Wie bereits Künstler des 19. Jahrhunderts und, in ihren Spuren wandelnd, die moderne Popmusik die Gestalt Satans umwerteten, so wurde im Zuge der Emanzipationsbewegung der siebziger und achtziger Jahre die Gestalt der Hexe aus dem Dunstkreis des Obszönen und Verbotenen befreit und eine andere Geschichte der Hexen geschrieben. Stolz bekannte Judith Jannberg: „Ich bin eine Hexe." In Italien gingen 1977 über 100 000 Frauen auf die Straße und riefen: „Zittert, zittert, die Hexen sind zurückgekehrt!" Anlaß war der Tod eines vergewaltigten Mädchens und die milde Verurteilung der Schuldigen. Hexen galten jetzt als Urbilder der Emanzipation, als weibliche Rebellen an der Seite Satans gegen die männliche Welt von Staat und Kirche. Hexen wurde ein geheimes Wissen zugesprochen. Als weise Frauen sollten sie einst in einer matriarchalen Urgesellschaft zum Wohle aller geherrscht haben. Sie hatten nicht den männlichen, christlich-jüdischen Gott, sondern die große Mutter, die große Göttin verehrt und an ihrer Seite, aber untergeordnet, den gehörnten Gott Satan. Im englischen Wicca-Kult („wicca" = altenglisch „Hexe") gelten Satan und die große Mutter als Symbole für Tod und Leben, als die beiden großen Prinzipien, auf deren Zusammenspiel die Welt beruht.

Positiv bewertet werden Hexe und Satan auch unter Lesben. Gabriele aus Münster, streng katholisch erzogen, dreifache Mutter und durch ein großes Erbe finanziell unabhängig, entdeckt nach zwanzig Jahren treuer Ehe ihre Liebe zu einer Medizinstudentin, verweist ihren Ehemann des Hauses, läßt sich scheiden, nimmt ihren Mädchennamen wieder an. Früher besuchte sie mit ihren drei Söhnen und ihrem Mann regelmäßig die Messe, jetzt betritt sie am Sonntagmorgen keine Kirche mehr. Sie bekennt sich öffentlich zu ihrer neuen Liebe und gibt ihr mit einem alten Symbol Ausdruck. Auf ihre Weihnachtspost druckt sie einen Stempel, auf dem drei übermütige Teufel abgebildet sind.

Der Satan der Lesben ist ein Succubus, der Teufel der geheimen Sehnsüchte und erotischen Phantasien von Krankenschwester Dorothea dagegen ein klassischer Incubus. Dorotheas Begegnung mit Satan führt zurück ins Nachkriegsjahr 1949. Die Schwester teilt eine Wohnung mit anderen Untermietern, darunter ein buckliges, einhunderteinundzwanzig Zentimeter großes Männlein. Zwerge gelten als triebhaft und böse, und dieser ist es in besonderem Maße. Wie Satan ist er ein Verweigerer, ein Neinsager, ein Provokateur und Bösewicht. Sein Name lautet Oskar. Gemeinsam mit anderen Bewohnern hatte er einen langen Kokosläufer im Flur der Wohnung verlegt, fünfundsiebzig Zentimeter der Auslegeware blieben dabei übrig und dienten ihm als Bettvorleger. Sie werden bei der Entfesselung satanischer Triebe die zentrale Rolle spielen. Denn in schlafloser Nacht erhebt sich der Gnom aus seinem Bett, klemmt sich, weil er unbekleidet ist, den Kokosläuferrest zwischen die Beine, betritt den Flur und öffnet die Tür der Gemeinschaftstoilette.

Aus dem Dunkel ertönt der leise Aufschrei einer weiblichen Stimme. Das Kokosfaserfell stößt gegen die Knie eines Menschen. Jemand sitzt im nächtlichen Dunkel auf der Toilette, will aufstehen, was nicht gelingt, und erkundigt sich nach dem Namen des Eindringlings. Oskar hat Schwester Dorotheas Stimme erkannt, offenbart aber nicht seine eigene Identität. Er nennt Dorothea beim Namen und fordert sie auf, den seinigen zu erraten. Die Krankenschwester ist entsetzt. Mit ihren Händen will sie den Eindringling aus der Toilette drängen, greift aber wegen der geringen Körpergröße des Zwerges über seinen Kopf hinweg ins Leere, setzt tiefer an und bekommt die Kokosfaser zu fassen. Zittern und Entsetzen durchfahren sie. „Oh Gott, der Teufel!“

Was ist hier Innenwelt, was Außenwelt? Existiert der Teufel leibhaftig als Person? Dorothea scheint klare Vorstellungen von dem zu besitzen, was ein Teufel von einer Jungfrau in der Nacht begehrt. Tatsächlich ist es aber der Teufel in den untersten Schichten ihrer eigenen Seele, den sie hier leibhaftig vor sich glaubt. Der Toilettenteufel ist eine Personifikation des Unbewußten. Oskars Rolle beschränkt sich darauf, diese satanische Kraft zu entfesseln, der er am Ende wie viele Männer nicht gewachsen ist. Er kichert, als ihn Dorothea für den Leibhaftigen hält. In der erotischen Wunschphantasie der Krankenschwester gehören anscheinend ein rauhes Fell und ein boshaftes Gelächter zum Erscheinungsbild des Teufels. Sie will wissen, warum sie der Satan heimsuche. Oskar spielt die Rolle weiter und antwortet: „Weil Satan die Schwester Dorothea liebt." Ein erneuter Ausbruchversuch ist die Folge und ein Schwächeanfall. Dorothea liegt jetzt auf dem Kokosläufer im Flur, über ihr der Rest der Auslegeware und oben drauf der Zwerg. Die entfesselten Mächte des Unterleibes haben die Bastion des Bewußtseins erobert, vor Lust und Grauen stöhnt die Jungfrau: „Komm Satan, komm!".

Der Zwerg im Kokosgewand soll durch die geöffnete Pforte der Burg dringen und auf Teufel komm raus zeigen, was er drauf hat. Aber nichts dergleichen geschieht. Die entfesselte Lust der Frau führt zur Kastrationsangst des Mannes. Oskar versagt und bittet um Geduld: „Satan kommt gleich. Satan ist gleich soweit." Aber der Herr der Unterwelt regt sich nicht und tritt nicht ein in die Höhle. Seine phallische Macht versagt vor der bedrohlich wirkenden Höllenglut, die jetzt eine Linderung ihres Feuers begehrt. Dorothea, nun völlig entfesselt, wiederholt ihr Begehren: „Komm Satan, oh komm doch!" Schließlich wird der ganze Schwindel aufgedeckt. Oskar Matzerath gibt seine wahre Identität preis und bleibt einsam und beschämt auf dem Kokosläufer liegen.

Sollte am Ende die Rede von der sexuellen Gier des Teufels reine Frauenphantasie sein und Ausdruck ihrer heimlich-unheimlichen, unerfüllbaren Wünsche, wie diese Szene aus Günter Grass' (* 1927) Roman „Die Blechtrommel" (1959) nahelegt? Stimmt also die Gleichsetzung von Höhle und Hölle, von Uterus und Unterwelt nicht? War es falsch zu behaupten, Satan wolle immer nur das eine? Wollte er vielleicht nur Zärtlichkeit und Zuneigung? Diente in früheren Jahrhunderten der Name Satans für eine Verteufelung der Sexualität, so kehrten der moderne Satanismus und der feministische Hexenkult die Werte um. Für sie gilt Satan als Symbol sexueller Befreiung. In beiden Fällen werden menschliche Ängste vor der Sexualität und zugleich geheime Wünsche widergespiegelt. Wie der Hexenglaube des Spätmittelalters sind sie eher Ausdruck einer kranken Seele, als echte religiöse Erfahrung.

Tiefer über den Zusammenhang von Liebe, Sexualität und Satanismus haben die islamischen Mystiker nachgedacht. Auch sie deuten einen Zusammenhang von Unterleib und Unterwelt an, doch führt er nicht zu einer Verteufelung oder Verherrlichung der Sexualität, sondern ist Ausdruck der Hoffnung, daß die Kraft der Gottesliebe auch die dunkelsten Triebe läutern kann.

Satan, der Monotheist

Das heilige Buch der Muslime, vom Erzengel Gabriel dem Propheten Mohammed in der Höhle von Hira offenbart, übernimmt die traditionelle Darstellung und Wertung der Gestalt Satans („shaitan", „iblis"). In der zweiten Sure, genannt „Bakara" („Die Kuh") berichtet der Koran von Allahs Wunsch, den Menschen zu erschaffen und ihn als seinen Statthalter auf Erden einzusetzen. Die Engel protestierten. Allah solle sich weiterhin an ihrem Lobpreis ergötzen und nicht das Risiko einer zweiten Welt neben der himmlischen eingehen. „Willst du auf ihr einen einsetzen, der auf ihr Verderben anstiftet und Blut vergießt?" warnen sie den Schöpfer. Die Engel sind hellsichtig. Sie spüren das kommende Unheil. Doch Allah der Alliebende läßt sich in seiner Schöpferlust von ihren düsteren Ahnungen nicht beirren. Mögen die Engel auch viele Erkenntnisse besitzen, letztlich ist er allein der Allwissende, der weiß, was er mit der Erschaffung des Menschen bewirkt. „Siehe, ich weiß, was ihr nicht wisset." Schließlich beugen sich die Engel vor Gottes Schöpferwillen und vor Adam, dem ersten Menschen. Damit erkennen sie Gottes unerforschlichen Ratschluß an.

Werfen sich alle Engel vor Adam nieder? Nein, einer bleibt standhaft, läßt sich seine Skepsis nicht nehmen, ist nicht überzeugt worden. Es ist Lucifer, wie in der jüdisch-christlichen Überlieferung. Im Koran heißt er Iblis. Sein Verhalten wird auch hier negativ bewertet. Der Teufel habe sich aus Hoffart, aus eitler Selbstüberschätzung geweigert, Gottes Werk anzuerkennen. So wurde er zu einem Ungläubigen und aus dem Himmel verstoßen. In der siebten Sure, „A'raf" („Der Wall"), kommt der Koran erneut auf Satans Verweigerung zu sprechen. Von Allah direkt gefragt, warum er sich nicht wie die anderen Engel vor Adam niedergeworfen habe, bekennt Satan offen seine Eifersucht und Eitelkeit: „Ich bin besser als er. Du hast mich aus Feuer erschaffen, ihn aber erschufst du aus Ton." Für das heilige Buch ist die Lage eindeutig: Der himmlische Rebell wurde zu Recht bestraft. Er war ungehorsam, böse und widerborstig und mußte aus den Chören der Engel entfernt werden.

Judentum, Christentum und Islam kennen nur einen Gott. Die Muslime bezeichnen sich selbst als die reinsten und konsequentesten Monotheisten. Gott ist für sie der Eine allein. Er hat keinen Sohn an seiner Seite, ist nicht in Gestalt eines Menschen Fleisch geworden, gilt auch nicht als der Dreieinige. An dieser Stelle haben die großen islamischen Mystiker weitergedacht und kamen dabei zu einer neuen Deutung von Satans Weigerung, vor Adam niederzuknien. Von allen Monotheisten war Satan der entschiedenste gewesen, so konsequent, daß er dabei Gottes Zorn und seine eigene Verbannung von der Liebe Gottes riskierte. Niemand hatte Gott so sehr geliebt, niemand sich ihm so bedingungslos hingegeben wie Satan. Gott war für ihn der Eine, ihn allein wollte er anbeten. Deshalb weigert er sich aus Liebe zu Gott, Gottes Willen zu folgen und vor dem Geschöpf niederzuknien. Er wollte Gott allein anbeten. Satan war also der vollkommene Monotheist und Liebende.

Der berühmte Mystiker Husain ibn Mansur al-Hallaj (* 858, hingerichtet am 26. März 922) rechtfertigt Satans Ungehorsam als wahres Liebesbekenntnis zu dem heiligen Gott: „Mein Aufruhr heißt: Dich heilig zu erklären!" Für seine Liebe wird Satan verbannt, für seine Gottesliebe stirbt der Mystiker den Märtyrertod. „Geh, lerne die Methode des echten Diensts von Satan, erwähle eine Gebetsrichtung und wirf dich vor nichts sonst nieder!" fordert der Sufi Sarmad (hingerichtet 1661) die Gläubigen auf. Wenn Hallaj und Sarmad recht haben, so stellt sich die Frage, warum Gott gerade den treuesten unter seinen Engeln des Himmels verwies? Und genau an dieser Stelle kehrt das alte und unlösbare Problem von Freiheit und Vorherbestimmung wieder, mit dem sich Hiob und Esra plagten. In der islamischen Mystik wird die Verwerfung Satans zu einem Spiegelbild des Schicksals der frommen Gottesbekenner. Hallaj, der sich mit Satan identifizierte, ja seinen Spruch „Ich bin besser als Adam" noch mit den Worten überbot „Ich bin die absolute Wahrheit" („ana'l-Haqq"), zog, in seinen Fesseln tanzend und mystische Verse zitierend, zur Richtstätte, wo ihm Hände und Füße abgeschlagen wurden. Dann wurde er gehängt, anschließend enthauptet, sein Körper wurde verbrannt und die Asche in den Tigris geworfen.

Das Ziel der absoluten Gottesliebe war für ihn die Auslöschung des Geliebten durch Gott. „Tötet mich, o meine Freunde", rief er, „denn im Tod nur liegt mein Leben." Im Gefängnis hatte ihn ein Derwisch nach dem Wesen der Liebe gefragt und von Hallaj einen Satz als Antwort erhalten: „Du wirst es heute sehen und morgen sehen und übermorgen sehen!" Am gleichen Tag wurde er getötet, am nächsten verbrannt und am dritten Tag verstreute man seine Asche. Gott lieben und leiden sind für den Mystiker eins.

Das Geheimnis des Glaubens wird am Galgen sichtbar. Satan wollte lieber von Gott verflucht sein und unter seiner Verwerfung leiden, als aufzuhören, Gott allein die Ehre zu geben. Er war ein Anwalt der Heiligkeit Gottes, die durch nichts in der Welt getrübt werden durfte und für die kein Opfer zu hoch schien.

Nicht alle Mystiker des Islam sind Hallajs Umdeutung der Gestalt Satans gefolgt. Für Rumi (1207–1273), den Gründer des Ordens der tanzenden Derwische, war Satan das Sinnbild eines Menschen, der auf den Augen der Seele blind ist und folglich nur einen Teil der göttlichen Wirklichkeit sieht. Satan („shaitan") wird bei Rumi und anderen Mystikern gleichgesetzt mit der niederen Seele („nafs"). Sie ist blind für die Herrlichkeit Gottes. Ihr müssen die inneren Augen durch die verwandelnde Kraft der Liebe geöffnet werden. Satan ist nicht der ewige Widersacher Gottes. Seine Gestalt kann geläutert werden. Auf den Propheten selbst geht diese Hoffnung zurück, denn Mohammed soll bezeugt haben: „Mein Satan ('shaitan') ist Muslim geworden." Dieser Glaube traut der Liebe Gottes alles zu. Vor ihr muß die Macht der Hölle dahinschmelzen.

Die Kunst des Liebens

Am Anfang war die Liebe, und die Liebe war bei Gott, und Gott war die Liebe. Alle Dinge sind durch sie gemacht. In der Liebe war das Leben, und Gott liebte das Leben. Aus der unbelebten Materie rief Gott das Leben hervor und gab ihm Gestalt. Die Liebe und das Leben waren eins, und Gott war die Einheit. Dann warf die Liebe einen Schatten, und Gott trennte den Schatten von der Liebe. So entstanden der Haß und die Bosheit.

Warum können Liebende nicht in Frieden auseinandergehen? Ihre Geschichte begann mit dem großen Gefühl. Mann und Frau waren ein Herz und eine Seele. Alles schien eitel Harmonie und Frieden. Dann kam Mißstimmung auf. Streit. Wort gab Widerwort. Versöhnungsversuche. Wieder Streit. Trennung. Kein friedliches Lebewohl, kein Abschied im gegenseitigen Einvernehmen. Selbst Freunde und Kinder können nicht mehr vermitteln. Wo früher die Liebe das Wort führte, streiten jetzt die Rechtsanwälte und Familienrichter über die Aufteilung des Erbes und das Sorgerecht für die Kinder. Jeder kennt das banale Ende vieler hoffnungsvoller Liebesgeschichten. Aus Liebe wird Haß, aus dem göttlichen Gefühl eine teuflische Bosheit.

Warum zählt plötzlich die Liebe nicht mehr, warum können sich die Partner nicht in friedlichem Einverständnis trennen, warum entfaltet die Macht der verflossenen Liebe nicht ein letztes Mal ihren versöhnlichen Zauber? Jesus hatte in seiner großen Predigt auf dem Berg seine Jünger aufgefordert, auch die Feinde zu lieben und jene, durch die sie Verfolgung erlitten. Nur diejenigen zu lieben, die einen selbst liebten, sei keine Kunst. Das könnten jedermann und jedefrau, auch die Ungläubigen (Matthäus 5,44–46). Von der Höhe des Berges aus betrachtet, scheint die große Trennung, die Gott im Anfang vollzogen hatte, falsch, zumindest fragwürdig. Gott hatte den Schatten vom Urquell der Liebe geschieden. Hätte aber der Schatten nicht seine besondere Zuwendung verdient?

Daß Frieden möglich sei, weil Liebe möglich ist, gehört zu den großen Hoffnungen, die eine Folge der Bergpredigt gewesen sind. Die sechziger und siebziger Jahre waren erfüllt vom Geist dieser Utopie. Eine neue Welt werde kommen, wenn sich die Menschheit nur wieder auf die rechte „Kunst des Liebens" besinne. Die deutsche Übersetzung (1971) des kleinen Büchleins von Erich Fromm (1900–1980) wurde zum Kultbuch, weil hier auf dem Papier Träume beschworen wurden, die schon längst an den harten Kanten der Wirklichkeit zerplatzt waren. Der Traum von weltweiter Liebe und Erneuerung der Gesellschaft hatte sich in Haß gewendet und Opfer gefordert. Erich Fromm griff zurück auf die großen Menschheitsutopien, die Bergpredigt des Nazareners, die jüdische Erwartung eines Friedensreiches unter der Führung des Messias und dessen säkulare Variante, den marxistischen Traum vom Arbeiterparadies des Kommunismus. Er bestätigte seinen Lesern, was sie in jener Zeit hören wollten: Der Mensch sei im Grunde ein edles, hilfreiches und gutes Wesen. Durch Vernunft und Erziehung könne auch der Böse wieder zum Guten geführt und der Schatten mit dem Licht versöhnt werden.

Alles Lebendige wolle wachsen, sich entwickeln und entfalten. Werde diese Wachstumsenergie jedoch an ihrer Entfaltung gehindert, so kehre sich ihre Macht um und bilde lebenszerstörerische Kräfte. Das Böse und die negativen Energien seien Folge ungelebten Lebens und unterdrückter Liebe. Frieden wäre also möglich, wenn die Gesellschaft die Entwicklung des Lebens nicht behinderte. Das Böse sei nichts anderes als das Scheitern des Versuches, zu leben und zu lieben. Erich Fromms Weggefährten aus der alten Frankfurter Schule für Sozialforschung aber haben über seinen Idealismus mit dem Vers gespottet: „Lieber Gott! Mach mich wie der Erich fromm, daß ich in den Himmel komm!"

Fromm glaubte an das Gute. Folgt man seinen Gedanken, so wären Liebe und Haß, Gott und Teufel, nur zwei Seiten einer Medaille. Aus dem glühenden Gottesverehrer und großen Liebenden Lucifer wurde der gefallene Engel aus enttäuschter Liebe. Wer aus verwundeter Liebe fällt, kann durch die Liebe wieder aufgefangen werden. Eine Versöhnung zwischen Gut und Böse, Gott und Teufel ist grundsätzlich möglich. Der Teufel war im Grunde ein lieber Kerl. Gewiß, etwas jähzornig, auch kurzsichtig und voreilig, unduldsam und nicht frei von Eifersucht. Wenn Gott erst einmal den Versuch unternähme und einen echten Dialog mit diesem noch ungehobelten Burschen führte, so ließe sich der Teufel gewiß bekehren und erziehen. Gott war der Ältere. Von ihm konnte man etwas mehr Gelassenheit und Gesprächsbereitschaft erwarten. Er müßte nur ein wenig Geduld aufbringen, sich mit dem Widersacher in Ruhe zusammensetzen, vielleicht bei einem Joint, und Satans Probleme ausdiskutieren, dann werde die alte Harmonie des Himmels wiederkehren, der Schatten weichen und das reine Licht des Anfangs strahlen.

Es lag im utopischen Lufthauch jener Zeit, daß gutmeinende Menschenfreunde, allen voran die Theologen, glaubten, der „Abschied vom Teufel" stehe unmittelbar bevor. Das Böse in der Welt galt als wissenschaftlich erklärbar und durch gezielte politische, soziale und erzieherische Maßnahmen überwindbar. Im Grunde gab es das Böse überhaupt nicht. Alles war gut. Gott war der gute Vater. Gewiß, manchmal waren die Menschen etwas böse. Aber der Vater im Himmel war in seiner unendlichen Liebe jederzeit bereit, sie wieder in seine Arme zu schließen. Denn das Wesen des Menschen ist gut, und jeder Mensch hat den Willen zu lieben. Wird der Mensch böse, kriminell oder gar zum Mörder, dann muß der natürliche Wunsch zu lieben bei ihm unterdrückt worden sein. Wer ist also schuld am Bösen? Die Eltern, die Kindergärtnerinnen, die Lehrer und andere erzieherische Kräfte der Gesellschaft?

Auf diese Weise glaubten Psychologen und Vorkämpfer einer schwulen Befreiungsbewegung die ungeheuerlichen Mordtaten des Metzgergesellen Jürgen Bartsch erklären zu können. Der Kindesmörder Bartsch hatte Anfang der sechziger Jahre vier Jugendliche in eine Höhle gelockt, sich an ihnen sexuell vergangen und sie anschließend ermordet.

Am 27. November 1967 begann der Prozeß gegen den „Teufel mit dem Schlachtermesser". Das Urteil lautet auf zehn Jahre Jugendstrafe mit anschließender Einweisung in die Psychiatrie. Im Gefängnis erwägt Jürgen Bartsch eine Hirnoperation, weil er sich davon eine Zerstörung des aggressiven Potentials verspricht. Eine Krankenschwester sorgt für Pressewirbel, als sie Jürgen Bartsch einen Heiratsantrag macht. Sie glaubt, seine sadistischen Neigungen durch die Kraft ihrer Liebe heilen zu können. Schließlich entscheidet sich Bartsch freiwillig für eine Kastration. Er stirbt bei der Operation. Nach dem Tod wird aus dem „Sohn der Hölle" und dem „Teufel mit dem Engelsblick" das Opfer einer lieblosen Nachkriegserziehung. Die Schuldigen für den vierfachen Mord schienen gefunden: Jürgen Bartsch mußte zum Mörder werden, weil seine Pflegeeltern und Lehrer die Entfaltung der Liebeskräfte unterdrückt hatten.

Tatsächlich durchlebte Bartsch eine weitgehend typische Kindheit im Nachkriegsdeutschland. Der Wiederaufbau läßt wenig Zeit für Kinder. Sie wachsen neben den vielbeschäftigten Eltern auf. Jürgen Bartsch verbringt das erste Lebensjahr (1946) in einem Heim. Die leibliche Mutter hat ihn nach der Geburt verlassen. Er wird von einem kinderlosen Metzgerehepaar adoptiert. Materiell geht es ihm gut, allerdings haben die Eltern kaum Zeit für ihn. Das Geschäft fordert die ständige Anwesenheit beider. Die Erziehung ist streng, die Reinlichkeitserziehung übertrieben. Noch im fünfzehnten Lebensjahr übernimmt die Metzgergattin beim wöchentlichen Bad die Körperpflege ihres Adoptivsohnes. Jürgen Bartsch wird von seinen Mitschülern als Außenseiter behandelt. Die Eltern geben ihn in ein Kinderheim. Es wird eine glückliche Zeit. Später im Knabeninternat „Don Bosco" der Salesianer drückt er mit fünfzig Mitschülern die Schulbank. Hier ist die Erziehung streng, Prügelstrafen sind wie an sämtlichen deutschen Schulen jener Jahre üblich. In diesem Milieu wird besonders auf die Reinheit der Sitten geachtet. Onanie gilt als schwere Sünde. Sexualität ist vom Satan. Jungenfreundschaften werden nicht gerne gesehen, denn allzu große Vertrautheit könnte der Verfehlung Vorschub leisten. Schnell verliert sich die Knabenhand unter fremder Bettdecke. Die Geistlichen sind zugleich Lehrer. Über die persönliche Beichte ihrer Schüler haben sie Einblick in die untersten Kammern der Seele. Sie wollen alles wissen und erfahren vieles. Ihr besonderes Interesse gilt den pubertären Regungen des erwachten männlichen Geschlechtes. Auf der einen Seite wird die geschlechtliche Liebe verteufelt, andererseits macht der strenge Pater Pütz homoerotische Annäherungsversuche, schmust mit seinen Lieblingen, küßt sie und greift ihnen in den Schritt.

Jürgen Bartsch flieht mit einem Freund aus dem Internat. Sie laufen über die Eisenbahnschienen rheinaufwärts. Da, für Jürgen Bartsch selbst „wie aus heiterem Himmel", überfällt ihn der Wunsch, den Freund auf die Schienen zu werfen, damit er von dem anrollenden Zug überfahren wird. Gewalt und der Wunsch nach sexuellem Kontakt verbinden sich in dieser Attacke. Niemand sei erschreckter gewesen als er selbst, erinnert sich später Bartsch. Hier auf der Flucht bricht zum ersten Mal die Verflechtung von Sexualität und Sadismus aus ihm hervor, die zum Muster der später erfolgten vier Morde wird. Die Stiefeltern schicken ihn ins Internat zurück. Niemand kennt seine geheimen Wünsche, niemand weiß, daß er unter Freisetzung sadistischer Phantasien onaniert. Nach dem Hauptschulabschluß arbeitet Jürgen als Metzgerlehrling bei seinem Stiefvater in der Wurstküche. Er verdient sein erstes Geld und kauft sich einen VW-Käfer. Durch finanzielle Freigebigkeit erwirbt er auf Jahrmarktbesuchen die Gunst männlicher Jugendlicher. Dann erfolgt wie unter Zwang der erste Sexualmord an einem gleichaltrigen Jungen. Er habe das „Gefühl gehabt, du mußt das tun". Anschließend sei er geschockt gewesen über seine Untat, habe nächtelang geweint und sein Kopfkissen umklammert, als wäre es der Ermordete. „Lieber Gott, wenn Du mich von dieser Scheiße befreist, baue ich Dir eine Kapelle!" betet er. Eine Woche später erfolgt der zweite Mord. Jürgen Bartsch wünscht sich, gefaßt zu werden. Noch zwei weitere männliche Jugendliche werden sein Opfer, bis dieser Wunsch in Erfüllung geht.

Bartsch hatte wie ein Besessener das Böse als Einbruch einer höheren Macht in sein Wesen erlebt. Er entschuldigte sich nicht mit einer verfehlten Erziehung. Er fühlte sich schuldig und war es auch. Der Wunsch zu lieben und der Drang zu töten waren in ihm auf rätselhafte Weise miteinander verbunden. Seine Verbrechen führte er stets in der Höhle aus. Hölle und Höhle, Unterwelt und Unterleib, Rückkehr in den Uterus und Auslöschung der eigenen Existenz: Bei Jürgen Bartsch stand die Macht des Eros im

Dienst des Todestriebes, einer Rückkehr ins Nichtmehrsein, in die leblose Ruhe des Anorganischen.

Vergeblich versuchten Psychologen, das Rätsel des Bösen zu lösen, indem sie Bartsch als Opfer einer lieblosen Erziehung darstellten. Damit verschoben sie nur das Schuldproblem und machten andere Menschen zu Sündenböcken: Die Bösen sind immer nur die anderen. Böse sind die Eltern, die Politiker, die Lehrer, böse ist Gott. Der pädagogische und psychologische Optimismus beruht auf einer Entlastung der Generation der Söhne und Töchter durch eine Belastung der Väter und Mütter.

Judas

Ein anderer rätselhafter Grenzfall von Liebe gehört zum Leben des Mannes, der aus Liebe zu den Menschen in den Tod ging. Es ist die Geschichte eines Jüngers Jesu und vielleicht auch die Geschichte eines Ungeliebten.

Wer war Judas? Ein Sohn der Hölle oder ein enttäuschter Liebender? Ein Verführer oder der Verführte? Täter oder Opfer? Mystiker der Verschmelzung von Liebe und Tod? Handelte er frei, oder war er lediglich Handlanger Gottes? War seine Tat Ausdruck abgrundtief boshaften Verrates oder geheimnisvolles Instrument der Gnade? Die Gestalt des Judas ist bereits in den biblischen Berichten schillernd. Niemand kann aufgrund der Charakterisierungen durch die Evangelisten Lukas, Matthäus und Johannes ein eindeutiges und widerspruchsfreies Bild von ihm gewinnen. Wie sollte dies auch möglich sein? Die Evangelien sind eine Annäherung an die Wahrheit des Bösen. Sie sind keine Philosophie, sondern bringen etwas im Letzten Unsagbares zum Klingen.

Am Anfang war die Liebe. Judas liebte Jesus mehr als alles andere auf der Welt. Ihm folgte er nach, für ihn wurde er ein Wanderer, für ihn gab er allen Besitz und sämtliche Bindungen auf und lebte wie die Vögel unter dem Himmel. Jesus liebte Judas mehr als andere Menschen, denen er vom Reich Gottes predigte. Viele waren berufen, Jünger und Jüngerinnen zu werden, aber nur wenige auserwählt, in den innersten Zirkel der Gruppe um Jesus zu treten. Judas gehörte zu der Männergruppe mit Führungsqualität, dem Fundament für den Kirchenbau und Gegenbild zu den zwölf Stämmen Israels. Sein vollständiger Name lautete Judas Iskariot, Sohn des Simon. In dem Zwölferkreis hatte er einen Namensvetter, den man zur Unterscheidung von dem Verräter Judas, Sohn des Jakobus, nannte.

Nach dem Evangelium des Schriftstellers und Arztes Lukas tritt der Bruch in der Beziehung zwischen Jesus und seinem Erwählten vor Antritt der Leidenszeit auf. In Erinnerung an die Befreiung aus dem Sklavenhaus Ägypten, an den Durchzug durch das Rote Meer und die Wüstenwanderung feierten die Juden einmal im Jahr das Fest der Ungesäuerten Brote (Pessachfest). Jesus wird mit seinem Führungskreis dieses Fest mitfeiern und dem Ritus eine neue Bedeutung geben. Aus Pessach wird die Feier der Auferstehung werden, aus der Erinnerung an die Erlösung aus ägyptischer Sklaverei das Fest der Erlösung von den Sünden. Ohne Opfer keine Erlösung. Deshalb wird Jesus selbst das Opfer werden und Leib und Blut hingeben. Bei der Abendmahlfeier sollen sich die Jünger Jesu dessen erinnern, wenn sie Wein und Brot reichen. Vor dem letzten Abendmahl, das Jesus mit seinen zwölf Jüngern feiert, vor dieser geheimnisvollen Verschmelzung von Leben und Tod im Mysterium des Neuen Bundes hatte Judas bereits seinen Herrn an die Hohenpriester und Schriftgelehrten verraten. Die jüdische Obrigkeit, so will Lukas wissen, habe Jesus gefürchtet und deshalb nach seinem Tod getrachtet.

Jahrhundertelang sind die religiösen Führer zur Zeit Jesu als blutrünstig dargestellt worden. Ihnen wurde die Schuld am Tode Jesu zugesprochen. Das hat dem Antisemitismus und Antijudaismus einen schrecklichen Nährboden verschafft. Wer die Schuld am Tod Jesu auf jüdischer Seite sucht, der verurteilt sie zu Unrecht. Jesus wurde auch nicht das Opfer eines tragischen Justizirrtums oder seines politischen Engagements für die Armen. Immer wieder verteufeln christliche Gottesdenker den Menschen, um Gott zu entlasten. Sie machen sich ein idealistisches Gottesbild, erklären Gott zum Prinzip Liebe und belasten Menschen mit der alleinigen Schuld am Bösen. Damit verkennen sie Gott. Wie bei dem frommen Gottesknecht Hiob steht auch das Leiden Jesu in einem rational nicht vollständig aufzuhellenden Zusammenhang mit dem Willen Gottes, in dessen Plänen Satan wieder eine Rolle spielt.

Warum hat Judas seinen Herrn verraten? Wer den Bericht des Lukas liest, erhält auf die Frage eine klare Antwort. Judas ist ein Opfer des Teufels geworden. In der Sprache der Religionen wird diese Entmachtung des Menschen, die ihn zum Ausführungsorgan eines fremden, bösen Willens degradiert, „Besessenheit" genannt. Judas war vom Satan besessen. „Es fuhr aber der Satan in Judas, genannt Iskariot, der zur Zahl der Zwölf gehörte. Und er ging hin und redete mit den Hohenpriestern und mit den Hauptleuten darüber, wie er ihn an sie verraten könnte. Und sie wurden froh und versprachen, ihm Geld zu geben. Und er sagte es zu und suchte eine Gelegenheit, daß er ihn an sie verriete ohne Aufsehen" (Lukas 22,3–6). Die jüdische Obrigkeit wollte also Jesus, der öffentlich predigte und jederzeit festzunehmen war, heimlich verhaften, damit seine Gefangennahme keinen Skandal auslöste. Dazu brauchte sie die Mithilfe eines Informanten, der mit den Gewohnheiten des Nazareners vertraut war.

Zu diesem Plan der Geheimhaltung der Verhaftung will jedoch die später erfolgte öffentliche Kreuzigung nicht passen. Widersprüchlich scheint auch die zweifache Begründung des Verrates. Erst heißt es, Judas sei vom Satan verführt worden, dann berichtet Lukas von einem Geldangebot der Juden. Schon an dieser Stelle durchdringen sich die Motive. Der Verrat soll Werk des Teufels und zugleich Ausdruck der Geldgier gewesen sein. Aber ist dies glaubwürdig? Judas hatte ja, um Jesus nachzufolgen, allen Besitz aufgegeben. Gerade er, der nichts gab auf Reichtum und Schätze der Welt, er soll aus diesem niedrigen Motiv seinen Herrn verraten haben? Andere spekulierten über Judas' persönliche Motive und vermuteten, er sei ein Zelot, ein jüdischer Widerstandskämpfer gegen die römische Besatzungsmacht gewesen, der von Jesus eine politische Befreiung Palästinas erwartet und sich nun enttäuscht von ihm zurückgezogen habe. Das alles sind hilflose Versuche einer Rationalisierung des Geheimnisses der Lebenshingabe Jesu, in die Judas verstrickt wird.

Der Tod Jesu war eine bei Gott beschlossene Sache. Ohne Gottes Erlaubnis hätte Satan niemals Judas zum Verrat treiben können. Mit der Benennung dieses Hintergrundes der Passion ist die Schuldfrage noch nicht berührt. Der Teufel war in Judas gefahren. Ist also Satan der Schuldige? Welches Motiv sollte ausgerechnet er gehabt haben, Jesus in die Passion zu treiben? Er war Feind des Menschen, war wegen des Menschen aus dem Himmel gefallen. Jesu Opfertod sollte das Verhältnis zwischen Gott und den Menschen wieder heilen, die Sünde überwinden und einen neuen Menschen schaffen. Die Erlösung war ein Werk gegen die Macht Satans.

Wenn Satan mit Hilfe von Judas den Gang der Passion vorantreibt, dann tut er dies gegen seine eigenen Interessen. Er handelte also wohl kaum freiwillig, sondern im Auftrage Gottes.

Wer ist also Schuld an der Passion? Lukas' Darstellung ist widersprüchlich, paradox, wie alle religiösen Antworten auf die Grundfragen des Lebens, Leidens und Sterbens. Die Vernunft der Philosophen kennt nur ein Entweder-Oder. Entweder ist Gott selbst als Urheber allen Lebens schuld an der Passion oder der freie Mensch, der sich entschieden hat, die Stimme Satans zu seiner eigenen zu machen. Entweder gibt es die totale Vorherbestimmung des menschlichen Tuns oder die freie Entscheidung.

Lukas und die Theologen kennen kein Entweder-Oder, sondern ein Sowohl-als-Auch. Judas ist der Verführte und der Verführer. Er ist schuldlos schuldig. Sein Handeln ist frei und vorherbestimmt. Jesus selbst spricht dieses Paradox vor seinen zwölf Jüngern beim Abendmahl aus: „Denn der Menschensohn geht zwar dahin, wie es beschlossen ist, doch weh dem Menschen, durch den er verraten wird!" (Lukas 22,22). Die Jünger sind entsetzt über diesen Ausspruch, wollen auch wissen, wer unter ihnen der Verräter ist. Jesus enthält sich einer klaren Antwort. Seine Andeutungen werden noch geheimnisvoller. Vor Petrus enthüllt er das Ergebnis eines Gespräches zwischen Gott und dem Teufel: „Simon, Simon, siehe, der Satan hat begehrt, euch zu sieben wie den Weizen. Ich aber habe für dich gebetet, daß dein Glaube nicht aufhöre" (Lukas 22,31–32). Was sollen die Rätselworte bedeuten?

Offenbar hatte es im Himmel Verhandlungen über den Ablauf der Passion und die Zeit danach gegeben. Satans Mithilfe beim Tod Jesu konnte nur als Strafe angesehen werden, weil hier der Teufel gegen seine eigenen Interessen handeln mußte. Hatte es zwischen Gott und Teufel einen Handel gegeben? ‚Ich verführe Judas, damit er Dein Erlösungswerk vorantreibt – Du gibst mir dafür seine Seele.' Davon ist nicht die Rede. Seit seinem Sturz aus dem höchsten Engelchor hatte der Teufel den Menschen nachgestellt. Nun sollte eine neue Epoche beginnen, die Zeit der Erlösung. Die besondere Aufmerksamkeit des Satans würde fortan den Menschen gelten, die sich als Christen bezeichneten. Der Teufel hatte es auf die christliche Kerngemeinde, den Jüngerkreis, abgesehen. Der Ankläger vermutete, daß sich viele schwankende Geister und spirituelle Leichtgewichte unter den Jüngern befänden. Er wollte nach dem Tod Jesu die Wahrheit ans Licht bringen. Gläubige von Scheingläubigen, den Weizen von der Spreu trennen. Ja, die Zeit des Siebens hatte eigentlich schon begonnen. Gott hatte Satan dazu die Vollmacht erteilt. Jesus dagegen hatte als Verteidiger der Menschen Gott gebeten, er möge ihre Glaubenskraft stärken, daß sie nicht zum Opfer des Teufels würden.

Petrus ist schier entsetzt über Jesu Enthüllungen. Wie könne Jesus nur annehmen, er würde jemals schwach im Glauben werden? Er sei bereit, mit Jesus ins Gefängnis und in den Tod zu gehen. Großspurige Worte eines Mannes, der bei der ersten Anfechtung umgeworfen wird. Jesus prophezeit ihm einen dreifachen Verrat. Im Garten Getsemani erscheint Judas mit den Häschern und identifiziert Jesus mit einem Kuß. Nach der Gefangennahme Jesu wird Petrus als einer seiner Jünger erkannt. Wie vorhergesagt, verleugnet er dreimal seinen Herrn. Petrus und Judas: Beide haben Jesus geliebt, beide haben ihn verraten. Der eine wird später in Rom der erste Papst, den anderen verdammt die Kirche zur ewigen Feuerqual in der Hölle. Der eine hat die Macht, Menschen von Sünden zu lösen, der andere ist der ewig Unerlöste. Der eine ist erwählt, der andere verflucht. Auf dem Hof vor dem Haus des Hohenpriesters, wo Jesus gefangengehalten wurde, hatte Petrus gewartet, war identifiziert worden und hatte seinen Herrn verleugnet. Dann verließ er den Hof „und weinte bitterlich" (Lukas 22,62).

Von einer Versöhnung zwischen Petrus und Jesus ist nicht die Rede. Nach Jesu Auferstehung war er plötzlich zum Oberhaupt der Jüngergruppe aufgestiegen, vom Verräter zum Führer geworden. Judas dagegen hatte sich von dem Geld, das er für den Verrat erhalten haben soll, einen Acker gekauft und verunglückte hier tödlich, so daß seine Eingeweide hervorquollen (Apostelgeschichte 1,18). Dieses Ende ist wenig glaubwürdig. Was in aller Welt wollte ein ehemaliger Jünger Jesu mit einem Acker vor den Toren Jerusalems? Wein anbauen? Mit Grundstücken spekulieren? Wahrscheinlicher ist das Ende, von dem Matthäus berichtet. Dreißig Silberlinge soll nach seinem Bericht Judas erhalten haben. Das ist eine symbolische Zahl, denn sie verweist auf Josef, den seine Brüder für dreißig Silberlinge an arabische Sklavenhändler verkauft hatten, und sie ist eine Anspielung auf den geheimen Zusammenhang von Sterben, Tod und Auferstehung, dem auch das Leben Josefs, des Sohns Jaakobs, folgt.

Bei Matthäus wird auch deutlich, daß Judas selbst nicht mit dem Tod Jesu gerechnet hatte und schon gar nichts von der göttlichen Vorherbestimmung seines Tuns wußte. Als er erfährt, daß Jesus zum Tode verurteilt worden ist, bereut er seine Tat. Er geht mit den dreißig Silberlingen zu den

Hohenpriestern und Ältesten und will ihnen das Geld zurückgeben. Hoffte er, er könne Jesus wieder freikaufen, den Verrat rückgängig machen? Im Gegensatz zu Petrus gesteht er sogar öffentlich seine Schuld: „Ich habe Unrecht getan, daß ich unschuldiges Blut verraten habe." Die Priester lassen sich von den Gewissensproblemen des Mannes nicht beeindrucken: „Was geht uns das an? Da sieh du zu!" (Matthäus 27,4). Auch die Kirche wird später diese öffentliche Beichte in ihrem erbarmungslosen Urteil über Judas nicht berücksichtigen. Judas fällt durch die Maschen des Gnadennetzes in den Abgrund der Hölle.

Einen Grund für seine ewige Verdammnis sah die Kirche in dem Selbstmord. Nachdem Judas seinen Herrn nicht auslösen konnte, warf er „die Silberlinge in den Tempel, ging fort und erhängte sich" (Matthäus 27,5). Selbstmord galt später als Todsünde. Daß Judas keinen Ausweg mehr sah, wurde ihm nicht verziehen. Niemand hatte Mitleid mit dem Mann, der seine Schuld nicht mehr ertragen konnte und seinem Herrn in den Tod nachfolgte. Judas hatte Jesus geliebt. Er hatte ihn verraten. Vielleicht aus enttäuschter Liebe. Jesu Tod aber hatte er nach dem Bericht des Matthäus nicht gewollt. Auch die Priester wollten mit dem Blutgeld nichts zu tun haben. Für sakrale Zwecke war es nicht mehr zu gebrauchen. So kauften sie davon einen Acker zum Begräbnis für Nichtjuden vor den Toren Jerusalems.

Bei Matthäus tritt die menschliche Seite des Judas in seiner Verzweiflung am stärksten hervor. Lukas weiß Judas als schuldlos schuldiges Instrument in der Hand Satans. Er ist das Bauernopfer der Erlösung, erwählt zum Verrat und nach dem Abschluß des Erlösungswerkes niedergestreckt durch ein Gottesurteil auf dem Blutacker Hakeldamach.

Johannes überbietet die Vorstellung von der absoluten Vorherbestimmung des Verrates. Nach einer langen Predigt vor einer großen Jüngerschar spricht Jesus im Johannesevangelium deutliche Worte über den wirklichen Glauben derjenigen, die vorgeben, ihm treu ergeben zu sein. Niemand solle ihm oder sich selbst etwas vormachen. Der Herr kenne die Herzen der Menschen. „Es gibt einige unter euch, die glauben nicht" (6,64a). Das sind die Wölfe unter den Schafen. Und nach den harten Worten Jesu verlassen sie die Herde. Zurück bleibt der harte Kern, unter ihnen Judas. „Jesus wußte von Anfang an, wer die waren, die nicht glaubten, und wer ihn verraten würde" (6,64b). Jesus wußte folglich auch, daß in dem Zwölferkreis ein Verräter verborgen war. Den Jüngern gegenüber spricht er es offen aus: „Einer von euch ist ein Teufel" (6,70b).

Wußte Judas zu diesem Zeitpunkt, daß er Jesus verraten würde? Hatte er sich bewußt mit der Absicht des Verrates in den Kreis geschlichen? Wohl kaum. Jesus hatte ihn wie alle anderen Jünger berufen. „Habe ich nicht euch, die Zwölf, erwählt?" (6,70a). Es gibt hier keinen Zweifel und keine Deutelei: Der Verräter Judas hatte sich nicht heimtückisch an Jesus herangeschlichen. Als Jesus der großen Masse Unglauben vorwarf und sich von da an viele ehemalige Jünger von ihm abwandten, war Judas nicht darunter. Er hatte keine Zweifel. Er liebte seinen Herrn, und er wußte nicht, daß er der Verräter sein würde.

Niemand hat jemals die Frage gestellt, wie Gott es zulassen konnte, daß Judas zum Verräter wurde. Unter allen Denunziationen und Halbwahrheiten, die über Judas gehäuft wurden, sind sein wahrer Charakter und seine Empfindungen kaum auszumachen. Auch Johannes unterstellt ihm Geldgier. Judas war im Zwölferkreis der Finanzexperte. Er verwaltete die gemeinsame Reisekasse der Jünger. Als Jesus in Betanien von Maria mit einem Pfund kostbaren Salböls von reiner Narde an den Füßen gesalbt wurde, erregte sich Judas über die Geldverschwendung. Man hätte das Öl für dreihundert Silbergroschen, also den Wert von zehn großen Äckern, verkaufen und das Geld den Armen geben können.

Johannes zerstört diesen sympathischen sozialen Charakterzug sofort mit dem Kommentar, Judas habe sich in Wahrheit überhaupt nicht um das Schicksal der Armen gekümmert, sondern er hätte als Verwalter des gemeinsamen Geldbeutels der Gruppe, aus dem auch die Almosen gespendet wurden, Geld in die eigene Tasche gewirtschaftet: „Er war ein Dieb, denn er hatte den Geldbeutel und nahm an sich, was gegeben war" (Johannes 12,6). Judas wird hier das Klischee vom geldgierigen Juden angeheftet. Es bleibt für die kommenden Ereignisse jedoch ohne Bedeutung.

Der Verrat ist Sache des Teufels. In zwei Angriffen nimmt er Judas in Besitz. Zuerst ist Judas vom Teufel umsessen, dann besessen. Vor dem Pessachfest beim gemeinsamen Abendessen gab Satan Judas den Gedanken ins Herz, Jesus zu verraten. Auch bei Johannes weist Jesus darauf hin, daß unter den Zwölfen ein Verräter sei. Die Jünger blicken sich gegenseitig an und sind entsetzt. Wer von ihnen könnte es ein? Niemand wagt, den Herrn direkt zu fragen. In der Zwölfergruppe gibt es nur einen, der dies wagen könnte. Es ist der Lieblingsjünger Johannes. Bei Tisch liegt er an der Brust Jesu, ein Bild zärtlicher Männerfreundschaft und geistlicher Nähe.

Petrus bittet Johannes, er möge nachfragen, wer unter ihnen der Verräter sei. Johannes kuschelt sich an Jesu Brust und fragt: „Herr, wer ist's?" Jesus flüstert Johannes die Antwort ins Ohr. Die übrigen Jünger erfahren also den Namen nicht. „Der ist's, dem ich den Bissen eintauche und gebe." Es ist nicht überliefert, was die Jünger damals gemeinsam gegessen haben. Ob in Rotwein getauchtes Brot oder Kalbfleisch in Kräutertunke – der dem Jünger überreichte Bissen gilt als Zeichen besonderer Zuwendung des Meisters, als ein Liebesdienst. Niemand merkt auf, als Jesus Judas den Bissen reicht. Sollte es eine Trübung ihres Verhältnisses gegeben haben, so war sie äußerlich nicht bemerkbar. Entscheidend ist, was mit der Übergabe des Bissens unsichtbar geschieht. Auch Johannes weiß nicht, was hier eigentlich gespielt wird. Als Judas „den Bissen nahm, fuhr der Satan in ihn". Aus der Umsessenheit ist eine Besessenheit geworden. Eine Transsubstantiation des Bösen hat sich ereignet, ein diabolisches Gegenstück zum Abendmahl. Jesus wußte, was geschehen würde. Er fordert Judas auf: „Was du tust, das tue bald!" (Johannes 13,27). Keiner der Jünger versteht, was gemeint ist. Judas steht auf und verläßt den Raum. Die anderen denken, Jesus habe ihn zum Einkauf von Festzutaten für das Pessachfest geschickt.

Der wahre Judas liegt unter den drei Charakteren, die Johannes, Lukas und Matthäus von ihm zeichnen, verborgen. Rivalitätskräfte und Streit um die Rangordnung hatte es unter den Jüngern bereits zu Jesu Lebzeiten gegeben. Vielleicht war Judas, und nicht Johannes, der Lieblingsjünger Jesu. Er war zuverlässig, sonst hätte ihm Jesus nicht die Reisekasse anvertraut; er war voller Fürsorge für die Armen. Warum fuhr der Satan in ihn und nicht in einen anderen der Zwölf? Denkbar ist, daß er, den die Jünger verwerfen, der Erwählte gewesen war. Und genau diese Erwählung stieß bei den Jüngern auf völliges Unverständnis. Judas stellte sich in den Dienst des Erlösungswerkes, das so unbegreiflich war, daß selbst die Jünger die Notwendigkeit des Todes am Kreuz nicht verstanden. Sie flohen und verleugneten ihren Herrn, sie standen nicht unter dem Kreuz und glaubten den Frauen nicht, als sie von der Auferstehung berichteten. Sie waren Zweifler. Einer mußte Jesus an die Obrigkeit ausliefern, und es konnte nur ein zuverlässiger Jünger sein, der mehr von dem Geheimnis des Kreuzes begriff als alle anderen.

Vielleicht war Judas ein Liebesmystiker, der glaubte, daß Gott auch in der Nacht der Gottesferne zu finden ist. Dann hätte er letztlich einen Liebesdienst ausgeführt, weil er mit Jesus den Zusammenhang von Liebe, Opfer und Versöhnung begriffen hatte. Sollte tatsächlich zwischen Jesus und Judas dieses tiefe Einverständnis geherrscht haben, dann erhält auch die letzte Begegnung im Garten Getsemani eine hintergründige Bedeutung. Judas war mit den Soldaten in den Garten gekommen und hatte Jesus mit einem Kuß identifiziert. Warum wählte er den Kuß als Erkennungszeichen? Er hätte den Häschern ebensogut ins Ohr flüstern können, welcher der Männer Jesus war, oder er hätte mit dem Finger auf ihn weisen können. Der Kuß ist ein Zeichen der Liebe und eine Abschiedsgeste. In der Mystik gilt der Kuß als Hinweis auf die Vereinigung von Gott und Mensch. Wenn dies der Sinn des Kusses zwischen Jesus und Judas gewesen war, dann hatte ihn niemand verstanden.

Was ist aus Judas geworden?

Die Kirche folgt dem Urteil der Jünger. Judas verbannt sie auf den untersten Grund der Hölle, wo er ohne Hoffnung auf Erlösung in alle Ewigkeit leiden soll. Doch gab es innerhalb der Kirche immer wieder Stimmen, die den „Fall Judas" anders beurteilten, allerdings ohne sich gegen die offizielle Lehrmeinung durchsetzen zu können. Zu ihnen gehört die legendarische Reiseerzählung des irischen Mönches Brandan (484–576). Brandan der Seefahrer und Geistliche stammte aus der Grafschaft Kerry im Südwesten der grünen Gemme der irischen See. Der Heilige hatte viele Klöster in Kerry, Clare und Galway sowie auf den Inseln des Shannon gegründet. Clonfert (Clúain-ferta) war das größte und zählte zeitweilig 3000 Mönche. Irland lag weit entfernt von Rom, und die offene See blies frischen Wind in geistliche Gelehrtenstuben. Brandan war auch als Seefahrer wagemutig. Er segelte mit ausgewählten Mönchen bis an die Ränder der bekannten Welt, in jene Zonen, wo Geographie und Mythologie ineinander verschmolzen. Auf offenem Meer entdecken sie eine kleine felsige Insel, gerade so groß, daß eine Person darauf sitzen kann. Der Mann, dem sie hier begegnen, leidet eine unsägliche Pein. Sein Leib ist schwarz von Pech und Harz, das ihn glühend umhüllt. Die Flammen haben ihm große Löcher in den Körper gefressen. Vor den Augen hängt zur Linderung der Schmerzen ein kleines Tüchlein und vom Himmel fällt kühlender Hagel auf ihn. Brandan erkundigt sich nach dem Schicksal und der Herkunft des Gepeinigten und erfährt, der Gequälte komme aus der Hölle. An jedem Samstagabend erhalte er bis Sonntagmittag einen halben Tag Höllenurlaub. Dann führten ihn die Teufel wieder zurück in großes, unsägliches Leid.

Brandan kann sich nicht vorstellen, daß ein noch größeres Leiden möglich sei, als es dem Mann bereits jetzt zugefügt wird. Da unten in der Hölle, erklärt der Mann, werfen ihn die Teufel in waberndes Pech. Da ist die Hitze so groß, daß ein stählernder Berg darin schmelzen würde. Der Heilige erkundigt sich nach dem Namen des Gefolterten und dieser antwortet: „Ich bin der arme Judas." Brandan kann den Anblick nicht ertragen. Voller Mitleid fragt er Judas, ob ihm nicht geholfen werden könne. Immerhin sei es Lehre der Kirche, daß Christen und besonders die Heiligen durch ihre Fürbitten Gottes besondere Gnade für die Sünder erwirken können. Er und seine Mönche seien bereit, mit allem Eifer für das Seelenheil des Gemarterten zu beten. Judas erwidert: „Alles Bitten für mich ist gar verloren, denn Gott will sich nimmermehr meiner erbarmen." So lehrt es auch die römische Kirche. Der Ire Brandan beugt sich ihrer Lehrmeinung nicht. Die ganze Nacht harrt er neben Judas aus und leidet mit ihm bis Sonntagmittag. Dann kommt die Stunde der Teufel. Judas schreit so jämmerlich, daß es einen Stein erbarmen könnte: „Oh weh, ach und weh, muß ich aber in die große, unsägliche Pein!" Sein Fall ist aussichtslos, an seinem Schicksal gibt es nichts zu ändern. Alle glauben das, auch Judas selbst. Gottes Erbarmen mag vielen Sündern gelten, nicht aber dem einstigen Jünger Jesu. Brandan ist da anderer Meinung. Er hat eine andere Vorstellung von Gott. Deshalb schaut er nicht resigniert zu, wie Judas vor Angst zittert.

Wer damals eine Reise unternahm, der führte Reliquien, Überreste von Heiligen mit sich. Unter ihrem Beistand konnte man sich sicherer fühlen. Brandan läßt den ganzen Reliquienschatz an Deck holen zur Unterstützung des Gebetskampfes gegen die Teufel, den er und seine Mönche jetzt aufnehmen. Da brausen die Höllendiener in einem großen Feuergewitter heran, daß es scheint, als brennten Meer und Luft. Die Teufel umschweifen das Schiff, spucken Feuer, Rauch, Pech und Schwefel aus ihren Mäulern. Ein Bruder will verzagen, doch Brandan läßt sich nicht von den Angriffen der Teufel irritieren, auch dann nicht, als sie brennende Schwefelstücke ins Meer fallenlassen. Er bittet Gott, daß er Judas noch eine weitere Nacht Höllenurlaub gewähre. Was niemand für möglich hielt, geschieht. Gott schenkt Judas sein Erbarmen. Die Teufel jaulen auf und drohen Judas, sie werden ihn am nächsten Tag desto stärker peinigen. Doch auch hier weicht Brandan nicht zurück und verbietet den Teufeln im Namen Gottes, die Pein bei der Rückkehr zur Hölle zu steigern.

Warum hatte Brandan nicht gebeten, daß Gott dem Judas die Höllenqual gänzlich erspare? Wer so fragt, übersieht die Provokation der offiziellen kirchlichen Meinung, die darin lag, daß Brandan es erreicht hatte, Judas einen weiteren halben Tag der Befreiung von den Höllenqualen zu erwirken. Noch wichtiger war der Einbruch in das als unerschütterlich gerecht geltende Gottesbild, den Brandan vollzogen hatte. Gott ließ sich erbarmen. Andere hätten Brandans Reise an die Grenzen der Gnade folgen müssen, um mehr zu erreichen.

Im späten 19. Jahrhundert ist es eine Liebesmystikerin, die tiefere Vorstöße ins unbekannte Land des Erbarmens wagt. Thérèse Martin (1873–1897) war von dem Glauben an die Macht der Gnade durchdrungen und hoffte, wie einst der heilige irische Seefahrer, durch das Gebet die Sünder den ewigen Flammen entreißen zu können. Die vierzehnjährige Thérèse hört von einem grausamen Kriminalfall. Pranzini lautete der Name des Mannes, der in der Nacht vom 16. auf den 17. März 1887 einen dreifachen Mord begangen hatte. Am 13. Juli wird er zum Tode verurteilt, am 31. August soll er hingerichtet werden. In der Presse wird ausführlich über Pranzini berichtet. Dort ist auch zu lesen, daß er seine Taten nicht bereut und jeden geistlichen Beistand, jedes Zeichen der Buße ablehnt. Nach katholischer Auffassung der Zeit war Pranzini damit Judas' Schicksal in der Hölle sicher. Anders denkt dagegen die kleine Mystikerin der Gottesliebe. Im Gebet, so erinnert sie sich später, „sagte ich dem Lieben Gott, ich sei ganz sicher, daß er dem unglücklichen Pranzini verzeihen werde, daß ich dies sogar glauben würde, wenn dieser *nicht beichtete und kein Zeichen der Reue* gäbe, so großes Vertrauen hatte ich in die unendliche Barmherzigkeit Jesu". Sie bitte Gott jedoch zu ihrem eigenen Trost um ein Zeichen der Reue. Thérèse will sicher gehen, daß sie sich nicht irrt, wenn sie auf die grenzenlose Liebe Christi setzt. Am Tag nach der Hinrichtung liest sie in der Zeitung, Pranzini habe ohne Absolution das Schafott bestiegen, dann „einer jähen Eingebung folgend" sich umgewendet und das Kruzifix, das ihm der Priester hinhielt, dreimal geküßt. Tränen schießen Thérèse in die Augen, und die Begierde, weitere Seelen zu retten, glüht in ihr. In einem Moment höchster Liebesmystik wird sie später einmal Christus bitten, er möge sie an den hintersten Ort der Hölle verbannen, damit auch dort in alle Ewigkeit sein Loblied gesungen werde.

Während der Heilige Brandan und die Heilige Thérèse von Lisieux die Tiefen der göttlichen Gnade ausloteten, um die Möglichkeit einer Erlösung aller Sünder zu erfragen, erkundeten andere Kirchenmänner die Topographie der Hölle. Für sie wäre ein Nachdenken über die mögliche Befreiung des Judas aus dem ewigen Feuer geradezu gotteslästerlich gewesen.

Judas, dritter Chor, zweite Legion

Seitdem es den Menschen gibt, stellen ihm die Teufel nach. Das ist Lehre aller großen monotheistischen Religionen. So war der „Fall Judas" nur einer aus der langen Geschichte der Besessenheit, wenngleich ein besonders schwerer. Vom schrecklichen Ende des Judas waren zwei Gerüchte im Umlauf. Nach seinem Tod, da war sich die Kirche einig, saß der ehemalige Jünger Jesu eine ewige Strafe in der Hölle ab. Was aber geschah mit dem Teufel, der den armen Judas in seinen Dienst genommen hatte? Gott kettete ihn nicht am Abgrund der Hölle fest, er hinderte ihn nicht an neuen Überfällen. Er wirkt weiter in der Welt und bedrängt die Gläubigen bis auf den heutigen Tag. Hier sind nicht alte Geschichten nachzuerzählen, hier nähern wir uns dem, was heute, in der Jahrtausendwende, geschieht.

Zu den großen Teufelsaustreibern im 20. Jahrhundert gehörte der Jesuit Adolf Rodewyk (1894–1989). Was ist die Aufgabe eines Exorzisten? Ein Exorzismus ist der Versuch, im Namen Jesu Christi Menschen von den teuflischen Mächten zu befreien, die ihn in Besitz genommen haben. Rodewyk arbeitete während des Zweiten Weltkrieges als Seelsorger in einem Standortlazarett in Trier. Hier begegnete er 1941 einer dreißigjährigen Krankenschwester, die nach seiner Diagnose von sieben Teufeln besessen war. Einer der Teufel ist Judas. Der Fall wurde unter dem Decknamen „Magda" in Rodewyks Buch „Dämonische Besessenheit heute" (1966) mit kirchlicher Druckerlaubnis dokumentiert. Das Imprimatur für das Bistum Würzburg gab der Generalvikar Justin Wittig (24. April 1966). Er konnte nicht ahnen, daß zehn Jahre später, am 1. Juli 1976, die Pädagogikstudentin Anneliese Michel aus seinem Bistum sterben sollte, nachdem zwei Priester vergeblich versucht hatten, sie von ihrer angeblichen Besessenheit zu befreien. Die Geistlichen Alt und Renz hatten sich von Adolf Rodewyk beraten lassen, seine Bücher studiert und nach ihren Anweisungen gearbeitet. Dabei kam es zu zahllosen Übertragungen vom „Fall Magda" auf den „Fall Michel". Judas galt bei Magda und bei Anneliese Michel als einer der Hauptteufel. Der Tod der Anneliese Michel führte dazu, daß noch zu Rodewyks Lebzeiten der Jesuitenorden einen Neudruck des Buches über den „Fall Magda" dem Pattloch Verlag untersagte. Bis auf den heutigen Tag gilt dieses Verbot.

Magda hatte eine tiefe Abneigung gegen alles Heilige, stahl geweihte Oblaten (Hostien) und stach mit einer feinen Nadel den Namen „Judas" hinein. Sie fügte sich tiefe, lange Schnittwunden zu und griff auch ihren Exorzisten an. Als verantwortlich für die aggressiven sado-masochistischen Tendenzen und antiklerikalen Affekte galten die sieben Teufel, die Magdas Persönlichkeit in Besitz genommen hatten. Nach einiger Zeit konnte Rodewyk ihre Namen ausfindig machen. Sie lauteten Beelzebub, Lucifer, Judas, Nero, Kain, Herodes, Barabbas und Abu Gosch. Man mag skeptisch fragen, was in aller Welt diese sieben Teufel in einer unbedeutenden deutschen Krankenschwester zu suchen haben, während draußen der Satan Hitler Europa an den Rand des Abgrundes führt? Magda war ein NSDAP-Spitzel, Rodewyk gehörte der bedeutenden Gesellschaft Jesu an, die Hitler verboten hatte. Vor seinem Eintritt in den Orden (1918) war Rodewyk aktiver Kriegsteilnehmer im Rang eines Offiziers. Den Zweiten Weltkrieg mußte er aus der Etappe erleben. Die Teufelsaustreibungen im Trierer Standortlazarett waren sein Kampf gegen die satanischen Mächte der Zeit. Deshalb verstand er den „Fall Magda" als Gleichnis für die religiöse Lage der Gegenwart, den kleinen Kriegsschauplatz ihres Leibes als ein Abbild des großen besessenen Volkskörpers. Beelzebub spricht den Zusammenhang direkt an: „Was du an Magda siehst, ist Symbol der Zeit. An ihr siehst du im Kleinen, was draußen im Großen vorgeht. Die Teufel, die dir in ihr begegnen, beherrschen mit ihrem Geist das Zeitgeschehen, jeder in seiner Weise." Hier liegt ein *Schlüssel zum Verständnis des Phänomens der Besessenheit*. Unabhängig davon, ob man an die Möglichkeit einer echten Inbesitznahme des Menschen durch satanische Mächte glaubt oder nicht: Jeder Besessene ist auch ein „Symbol der Zeit", in der er lebt und an der er leidet. Der Besessene ist Ausdruck der religiösen Entfremdungen der Zeit. Seine Zerrissenheit ist Spiegel der Welt. Wir werden darauf im sechsten Kapitel zurückkommen.

Besessenheit bedeutet nach Rodewyks Auffassung für die Teufel eine schreckliche Bestrafung. Sind sie doch gleichsam in den Menschen wie in ein Gefängnis gesperrt. Der Exorzist gilt dabei als Gefängnisaufseher und Chefankläger. Er stellt den Teufeln Fragen, die sie wahrheitsgemäß beantworten müssen. Das Verhör des Judas kreist um den Verrat, das letzte Abendmahl und das katholische Priestertum der Gegenwart. Judas muß unter der Befragung des Exorzisten die katholischen Dogmen bestätigen. Der Teufel Judas ist ebenso wie der Teufel Kain oder Nero nicht identisch mit dem jeweiligen Menschen. Rodewyk verhört nicht den Jünger Judas, sondern den Teufel Judas. Das ist Teil seiner Bestrafung. Denn die Teufel hatten ja gegen die Erschaffung des Menschen und noch stärker gegen die Menschwerdung Gottes rebelliert. Jetzt müssen sie aus dem Mund eines Menschen die ewigen Wahrheiten bestätigen, sich schuldig bekennen, Motive und Zusammenhänge ihrer bösen Taten aufdecken. Judas wird natürlich über den Verrat verhört und ist schier verzweifelt, als Rodewyk auf den Kuß im Garten Getsemani zu sprechen kommt. Er ruft zu Gott: „Oh, Du da oben, ich kann nicht mehr weiter. Erlaß es mir. Erlaß dem Satan sein Geständnis." Das sind Minuten des Triumphes für Rodewyk und Beweise der priesterlichen Macht.

Teufelsaustreibungen sind immer Machtkämpfe. Durch das inquisitorische Verhör der Teufel hat Rodewyk einen strategisch wichtigen Einblick in die Organisation der höllischen Kampftruppe gewonnen. Nach alter kirchlicher Lehre gliedert sich der Himmel in neun Engelchöre, wobei der erste Chor als der höchste gilt. Je näher ein Engel an der göttlichen Mitte sitzt, desto bedeutender sein Rang. Ein Teufel vom Range Lucifers stammte natürlich aus dem ersten Chor, der Teufel Kain dagegen eindeutig aus dem untersten Chor. Lucifers Rebellion war eine „Chefsache", sie glich einer Palastrevolution, weshalb Gott den stärksten der treuen Engel, Michael, auf ihn ansetzte, während Kain lediglich für einen vergleichsweise unbedeutenden Brudermord verantwortlich zeichnete. Je höher der ehemalige

Rang unter den Engeln, desto größer die Strafe für den gefallenen Engel. Kain hat weniger zu leiden als Lucifer. Noch in der Hölle ist der ehemalige Rang des gefallenen Engels erkennbar. General bleibt General – auch in der Gefangenschaft. Die Hölle ist für Rodewyk die „Strafkompanie der Ewigkeit", und „Lucifer, der degradierte General, leitet sie auf Grund seiner Fähigkeiten; er gibt Befehle, weist Aufgaben zu".

Die himmlische Hierarchie der Engel gliedert sich nach kirchlicher Lehre in der Rangordnung von unten nach oben: Engel, Erzengel, Throne, Herrschaften, Fürstentümer, Gewalten, Mächte des Himmels, Cherubim und Seraphim. Lucifer war als Bewohner des ersten Chores ein Seraphim. In der Hölle gibt es eine entsprechende Rangordnung, gegliedert nach sieben Gruppen. Rodewyk spricht von sieben höllischen Kampftruppen, sieben Legionen der Teufel. In der ersten Legion kämpfen die bösesten Teufel, in der siebten die harmloseren. Lucifer steht als Höllengeneral der ersten Legion vor und hat zugleich das Oberkommando über die Gesamttruppe. Dem priesterlichen Befehl des Exorzisten aber muß selbst er Gehorsam zollen. Name ist Macht, und wenn der Priester Rodewyk zum Rapport ruft, dann steht der kommandierende Oberbefehlshaber der satanischen Legionen stramm und nennt ordnungsgemäß seinen Namen, den einstigen Rang unter den Engeln und derzeitigen Rang in der höllischen Legion: „Lucifer, einst erster himmlischer Chor, jetzt erste höllische Legion!" Dem Eingeweihten sagt die Nennung der Legion zugleich etwas über die Zuständigkeitsbereiche des jeweiligen Teufels aus. Denn jede Legion widmet sich der besonderen Verbreitung eines der sieben Laster: Stolz, Habsucht, Unkeuschheit, Neid, Unmäßigkeit, Zorn und Trägheit. Unter Berücksichtigung seines Zuständigkeitsbereiches lautet Lucifers Visitenkarte: „Lucifer, einst erster himmlischer Chor, jetzt erste höllische Legion. Grund des Aufenthaltes in der Hölle: Stolz". In militärischer Kurzform: „Lucifer, 1/1".

Zum Verrat Jesu hatte der Teufel Judas entscheidend beigetragen. Dabei handelte es sich nicht um eine kleine Gemeinheit, sondern eine Bosheit im großen Stil, eine „Chefsache" wie bei Lucifers stolzem Aufbegehren. Im exorzistischen Verhör durch Rodewyk gesteht Kain, „daß er gegenüber Judas nur ein kleiner Gefreiter sei. Judas sei wie ein mächtiger General, auf dessen Wort hin sich Armeen in Bewegung setzten, er als Gefreiter könne höchstens nur ein paar Mann befehligen." Der vollständige Rang des Teufels, der Jesus verraten hatte, lautete: „Judas, einst dritter himmlischer Chor, jetzt zweite höllische Legion. Grund des Aufenthaltes in der Hölle:

Habsucht". In militärischer Kurzform: „Judas, 3/2". Auf den Bildern der großen Künstler des Abendlandes wird Judas meist mit einem Geldsäckchen in der Hand dargestellt. Schon in der Bibel konnte das Motiv der Habsucht die Tat des Judas nicht erklären. Im Fall der Krankenschwester Magda wirkt es noch weniger überzeugend. Magda zeigte keine Anzeichen von Geldgier oder Besitzstreben. Judas „war vielmehr der Teufel des Verrates und der Sakrilegien, der Magda zum Austritt aus der Kirche trieb und zu den ständigen Hostiendiebstählen".

Eingefahren war Judas in Magda drei Tage vor der ersten heiligen Kommunion, und er blieb in ihr bis zum Lebensende (15. Dezember 1954). Rodewyk gelang es, Magda von vielen Teufeln zu befreien. Warum wollte ausgerechnet Judas nicht weichen? Vielleicht, weil er Ausdruck der heimlichen Liebe zwischen dem Priester und der Krankenschwester war? Magda trug einen Ehering, den ihr Rodewyk geschenkt hatte. Mehrfach hatte sie versucht, ihren Seelsorger mit einem Rasiermesser oder Skalpell Arme und Gesicht zu zerschneiden oder ihn mit Strychnin zu vergiften. Sie setzte ihm mit Besenstiel, Beil, Schere oder Messer zu. Ein Schnitt mit dem Rasiermesser verletzte Rodewyk am rechten Zeigefinger, ein weiterer tiefer Schnitt mit dem offenen Rasiermesser auf dem linken Handrücken zerschnitt eine Ader, durchtrennte eine Sehne und riß eine weitere an. Sich selbst fügte Magda über 87 Wunden zu. Die Größe der Schnitte schwankte zwischen 2 und 10 cm Länge und 0,5 bis 2,5 cm Tiefe. Im ersten Jahr der Besessenheit stellte ein Arzt mit dem Stechzirkel die Länge der Narben fest. Die Schnittlänge der Wunden an Armen und Händen ergab zusammen 57,9 cm, an Brust und Leib 43,9 cm, an den Beinen 99 cm, zusammen also 200,7 cm. Rodewyk deutet die Schnitte als Sühneleiden. Lieben und Leiden, die Liebe und der Haß liegen nahe zusammen. Das gilt für die Teufel wie für den Exorzisten und die Besessene. Magdas Hauptteufel war ein großer Liebender, der den Kuß zu seinem Symbol wählte, und auch bei Lucifer spürt Rodewyk, „daß der Haß, mit dem er jetzt ‚dem Nazarener' gegenübersteht, eine Liebe zur tiefsten Grundlage hat, die einst voller Bewunderung und Hingabe war".

Wölfe und Lämmer

„Der Wolf ist der natürliche Feind des Lammes. Kein Biologe käme auf die verrückte Idee, aus dem Jagdinstinkt des Wolfes ein moralisches Problem zu machen. Wölfe reißen Lämmer, und Lämmer lassen sich von Wölfen reißen. So ist nun einmal die Welt eingerichtet. Nur ein Spinner hielte Wölfe und Lämmer in einem Gehege, nur ein religiöser Träumer würde von einer Gesellschaft predigen, in der Teufel und Engel miteinander versöhnt wären. Wolf bleibt Wolf, Teufel bleibt Teufel!" so sagen Menschen, die sich selbst als Realisten bezeichnen. „Ihr werdet denken, ich sei ein Träumer", entgegnet der andere, den man für einen Idealisten hält, „aber ich bin nicht der einzige. Und vielleicht werdet auch ihr eines Tages überzeugt sein, daß aus Wölfen Lämmer, aus Teufeln wieder Engel werden können. Fangt einfach an, begegnet dem Bösen mit Liebe, umarmt den Wolf und wundert euch, was geschieht!" „Ja, ihr werdet euch wundern", sagt der Realist. „Es wird ein böses Erwachen geben. Alle Utopien enden in einer Diktatur."

Der jüdische Prophet Jesaja glaubte, es sei grundsätzlich möglich, einen Wolf zu umarmen. Für den Vater vieler Utopien lautete die entscheidende Frage nicht: „Kann das Lamm den Wolf umarmen, ohne von ihm gerissen zu werden?" Jesaja fragte nach dem Zeitpunkt einer Versöhnung von Wolf und Lamm: „Wann wird es möglich sein, daß Wölfe und Lämmer nebeneinander weiden?" Gott hatte ihm einen Blick in die Zukunft gegönnt. Dort schaute Jesaja ein Friedensreich. Der Wolf kuschelte mit dem Lämmchen, und das kleine Kind spielte mit der Giftschlange. Wo lag dieses neue Reich? War es noch von dieser Welt? Darüber stritten sich die Gläubigen. Den Realisten gelten die Gegensätze unter den irdischen Bedingungen als unaufhebbar. Sie erinnern uns: Auch das Leben im Paradies lief nur so lange harmonisch, wie Adam und Eva die Geschlechtertrennung konsequent durchhielten. Noah trennte in der Arche die männlichen von den weiblichen Tieren. Die Welt, wo Wolf und Lamm miteinander versöhnt sind, werde nicht mehr unsere Welt sein. Wir können sie auch nicht aufbauen. Eine aktive Mitwirkung sei unmöglich, denn diese Welt werde das ganz Neue sein, und nur der Erlöser (Messias) könne sie errichten.

Jesus hatte viele Gedanken von Jesaja übernommen, so auch die Gegenüberstellung von Lamm und Wolf. Wenn er von Schafen oder Lämmern spricht, meint er die Gläubigen, besonders seine zwölf Jünger, auch Judas. Er hatte sie berufen, in seinem Namen zu predigen, zu heilen, Tote aufzuwecken und Dämonen auszutreiben. Barfuß, besitzlos und ohne Reisetasche sollten sie sich auf den Weg zu den Kindern Israels machen und ihnen das Ende der alten Zeit verkündigen. Sehr bald, noch zu ihren Lebzeiten, werde Gottes Gericht über die Welt der Wölfe und Lämmer kommen. Jesus machte sich und seinen Jüngern keine Illusionen. Er sprach seine Befürchtungen offen aus. Die meisten Menschen werden auf die Predigt vom kommenden Gottesreich aggressiv reagieren. Man wird die Jünger verfolgen, verprügeln und töten. Ihre Aussendung wird ein Opfergang sein, durch den einige Menschen gerettet werden. Andere werden sich durch ihre Ablehnung selbst das Urteil sprechen. Die Jünger werden wie Schafe zur Schlachtbank geführt werden. „Siehe, ich sende euch wie Schafe mitten unter die Wölfe" (Matthäus 10,16). Andreas und Petrus werden den Märtyrertod sterben, und auch Judas wird am Ende ein geopfertes Lamm sein. Von einer heilen Welt ist bei Jesus nicht die Rede, wohl aber von dem Opfer, für das es sich zu leben lohnt.

Eintausendzweihundert Jahre später wurde das Leben eines reichen Kaufmannssohnes aus den Angeln gehoben. In einer Predigt hatte der junge Mann von der Aussendung der Schafe unter die Wölfe gehört. Da durchfuhr es ihn: So mußt du leben! Wahrhaftig leben! Franz, werde wesentlich! Werde Lamm, damit einige Wölfe gerettet werden! Opfere dein irdisches Leben, damit du das ewige Leben gewinnst! *Franz war Realist, er glaubte an das Unmögliche.* Er glaubte an die Möglichkeit der Verständigung zwischen Christen und Moslems, er glaubte an den Frieden zwischen Mensch und Natur, er glaubte an die Gemeinschaft zwischen Kranken und Gesunden, er glaubte an die Bekehrung der Sünder, er glaubte an eine Erneuerung der Kirche. Franz hieß eigentlich Johannes. In Assisi, der Stadt in Umbrien, malerisch gelegen am Hang des Monte Subasio, wurde er auf den Namen Giovanni Bernardone getauft. Die Leidenschaft seines Vaters galt dem Textilhandel und Frankreich. Er hatte eine schöne Dame aus der Provence geheiratet. Seinen Sohn rief er „Mein kleiner Franzose", „Französchen", „Francesco". Auch Franz war voller Leidenschaft. Er heiratete die Frau Armut und trat in den Dienst Jesu.

Franz hatte eine Heidenangst vor der Hölle. Er sah das Ende der Zeit kommen und das Gericht Gottes. Schrecklicher als der erste, der leibliche Tod, werde der zweite Tod, der Abbruch der Beziehung zwischen Mensch und Gott, sein. Franz wußte, jeder Mensch wird eines Tages vor Gott stehen, und Gott wird jeden einzelnen fragen: „Was hast Du aus Deinem Leben gemacht?“ Franz hatte schreckliche Angst vor diesem Augenblick, und er bezog einen großen Teil seiner Energie aus dem Glauben, alles dafür tun zu müssen, daß kein Mensch dem gerechten Zorn Gottes begegnet. In seinem berühmten „Sonnengesang“ („Cantico di frate Sole“) lobt er Gottes Schöpfung, doch eindringlich erklingt auch die Warnung vor der Hölle.

> „Wehe jenen, die in tödlicher Sünde sterben.
> Selig, die er finden wird in deinem heiligsten Willen,
> denn der zweite Tod wird ihnen kein Leid antun.“

In zahlreichen Legenden wird vom Kampf des Heiligen Franz von Assisi (1182–1226) gegen die Welt der Wölfe erzählt. Es ist stets die gleiche Geschichte in anderer Form. Drei Raubmörder, also drei mögliche Kandidaten der ewigen Verdammnis, kommen zu einem Kloster der Franziskaner auf dem Monte Casale. Der Leiter (Guardian) heißt Bruder Angelo, aber seine Reaktion auf die Bitte der Raubmörder um eine Mahlzeit ist wenig engelhaft. Er weist sie mit den Worten ab, sie seien nicht wert, noch weiterhin von der Erde getragen zu werden: „Denn ihr habt keinerlei Achtung weder vor den Menschen noch vor Gott, der euch erschuf. Hebt euch weg um eurer Missetaten willen, und kommt mir nie mehr vor die Augen!“ So muß man mit Wölfen umgehen, wird sich Bruder Angelo gedacht haben. Die Keule schwingen und zuschlagen! Franz ist da ganz anderer Meinung. Als er von dem Vorfall erfährt, tadelt er den Bruder heftig und belehrt ihn, „Sünder würden eher durch Sanftmut als durch hartes Schelten zu Gott zurückgeführt“. Bruder Angelo muß hinter den drei Räubern herlaufen, sie für seines Herzens Härte um Verzeihung bitten, ihnen Brot und Wein überreichen und sie im Namen des Heiligen auffordern, keine Untaten mehr zu begehen. Sollten sie dazu bereit sein, so verspreche er, täglich für ihre leiblichen Bedürfnisse aufzukommen.

Während sich Bruder Angelo auf den Weg macht, bittet Franz, Gott möge die Herzen der Räuber zur Buße bekehren. Da passiert es: Aus Wölfen werden Gotteslämmer. Die Räuber erkennen ihr ewiges Schicksal und bekennen: „Wir aber sind Söhne des ewigen Verderbens, welche die Strafen der Hölle verdienen, und jeden Tag wachsen wir unserer Verdammnis entgegen." Aber vielleicht gibt es Hoffnung für sie. Die Räuber folgen Bruder Angelo und suchen den Rat des Heiligen. Der irische Mönch Brandan hatte für Judas gebetet, die französische Karmeliterin Therese für den dreifachen Mörder Pranzini. Franz erfleht Gottes Erbarmen für die drei Raubmörder. Aus Wölfen können Lämmer werden, denn Gottes Gnade ist grenzenlos. „Und wenn wir auch unermeßlich viele Sünden hätten, Gottes Barmherzigkeit ist noch größer als unsere Sünden." Angespornt von dieser Hoffnung des Heiligen, entsagen die drei Raubmörder dem Teufel und seinen Werken und werden von Franz in den Orden aufgenommen.

Auf seinen Wanderungen durch Italien kommt der Heilige Franz zur Stadt Agobio. Hier leben die Menschen in Angst und Schrecken vor einem ungeheuren Wolf, der Tiere und Menschen reißt. Die Städter hausen wie Gefangene und treten nur schwer bewaffnet aus den Mauern hervor. Franz hat Mitleid mit den Menschen. Er will ihnen helfen, verläßt die Stadt und sucht den Wolf. Alle haben ihm abgeraten. Der Fall sei hoffnunglos. Niemand könne den Wolf überwinden. Doch Franz macht das Zeichen des Kreuzes und zieht mit Gottvertrauen des Weges. Heimlich folgen ihm die Bürger. Sie wollen sich das Spektakel nicht entgehen lassen, wenn der Heilige vom Wolf zerfetzt wird. Da erscheint das Untier und rennt mit offenem Rachen auf Franz zu. Der Gottesmann macht erneut das Zeichen des Kreuzes und spricht den Wolf an.

Soweit entspricht die Geschichte einem uns vertrauten Muster. Eine Stadt in Bedrängnis, draußen vor den Toren ein Ungeheuer, das Menschenopfer fordert, und ein Heiliger, der im Namen Christi Hilfe bringt. Der Ritter Georg tötet den Drachen. Das ist die männlich kämpferische Art, mit dem Teufel umzugehen. Franz umarmt den Wolf. Ein Risiko. Er geht den Weg des Vertrauens. Sanft wie ein Lamm sitzt der Wolf zu seinen Füßen und läßt sich belehren. Wenn er in Zukunft seine räuberischen Angriffe auf Mensch und Tier unterlasse, sagt Franz zum Bruder Wolf, werde er zwischen ihm und den Städtern Frieden stiften und dafür sorgen, daß er von ihnen bis an sein Lebensende mit Nahrung versorgt werde. Ein Heiliger, ein Wort. Zum Erstaunen der Gaffer folgt der Wolf wie ein sanftmütiges Lamm dem Heiligen. Franz schließt Frieden zwischen den Städtern und dem Bruder Wolf. Bis an sein Lebensende wird er unter ihnen wohnen, und alle werden ihn bei seinem natürlichen Tod betrauern.

Groß ist der Tod, aber die Liebe ist größer. Sie weist über den Tod hinaus in den Himmel und jene Regionen, wo das verlorene Paradies liegt. Hier bekommen wir alles zurück, was man uns genommen hat, und jede gute Tat wird reichlich vergolten... Oder wird Ewigkeit zum Donnerwort all denen, die sich selten um die Tugenden der gottgewollten Menschlichkeit scherten?

Tugendleiter nach Johannes Klimakos,
2. Hälfte 12. Jh.. Katharinenkloster/Sinai.

Aber das ist nicht die ganze Geschichte, und das Wichtigste ist noch nicht erzählt. Bevor es zur Versöhnung kam, hatte Franz den Städtern die Leviten gelesen. Alle waren auf dem Marktplatz versammelt gewesen, und Franz hatte sie aufgefordert, sich Gedanken über den Sinn der Heimsuchung zu machen. Warum hatte es Gott zugelassen, daß sie von dem schrecklichen Wolf bedroht wurden? Niemand hatte bisher darüber nachgedacht, niemand war auf die Idee gekommen, Gott habe ihnen möglicherweise durch den bösen Wolf eine Lehre erteilen wollen. Franz klärt die Städter auf. Gott habe sie wegen ihrer Sünden durch den Wolf heimgesucht. Welche Angst hätten sie vor dem Rachen des Wolfes gehabt, obwohl der Wolf nur den Leib zu töten vermöge! Viel mehr sei dagegen der Rachen der Hölle zu fürchten, wo die Verdammten ewige Qualen zu leiden hätten. Deshalb fordert Franz die ungläubigen Städter auf, sich zu bekehren: „Kehret euch also, ihr Lieben, zu Gott und tut gerechte Buße wegen eurer Sünden; und Gott wird euch befreien von dem Wolf in diesem und von dem Feuer der Hölle im künftigen Leben."

Draußen vor dem westlichen Tor seiner Heimatstadt Assisi befand sich eine Hinrichtungsstätte für Verbrecher, die Höllenhügel genannt wurde. Wer hier starb, dem war nach Meinung der Städter die ewige Verdammnis sicher. War es ein Wink Gottes, wie damals mit dem Wolf von Agobio, daß der Heilige Franz ausgerechnet hier begraben wurde? Zwei Jahre nach seinem Tod schenkte Papst Gregor IX. das Land vor dem westlichen Stadttor den Brüdern. Am 17. Juli 1228 erfolgte die Grundsteinlegung für die Grabeskrypta der Kirche San Francesco, dort, wo einst der Höllenhügel gewesen war.

BERUFUNG

VERSUCHUNGEN UND TEUFELSPAKTE

„Ich möchte Ihnen nicht einmal schildern,
wie schwarz die Nacht in meiner Seele ist,
aus Furcht, Sie könnten meine Anfechtungen teilen."

Thérèse von Lisieux

Irlands heiliger Berg

Wo immer auf der Welt zwei oder drei Iren an einem 17. März zusammenkommen, da singen, beten und trinken sie zu seinem Gedächtnis. In New York feiern sie auf der 5th Avenue, in Dublin tragen selbst Bankangestellte grüne Plastiknasen und nicht nur Punks färben sich die Haare grün. Aus dem Brunnen der Anna Livia Plurabelle auf der O'Connell Street fließt grünes Wasser und die Pizzen sind mit grünem Farbstoff eingefärbt. Nur das Guinness-Bier ist torfbraun wie immer. Nach dem Gottesdienst um elf Uhr versammeln sich alle Dubliner am St. Stephen's Green zur Parade. Jeder Teilnehmer trägt mindestens ein grünes Kleidungsstück und ein dreiblättriges Kleeblatt (Shamrock). Nachmittags geht es zum Pferde-, Kanu- oder Windhundrennen, abends ins Pub zum „Ertränken des Kleeblatts" („Drowning of the Shamrock"). Der Mann, zu dessen Ehre die ganze irische Welt am 17. März singt, betet und trinkt, heißt Padraig (385–461). Die Engländer rufen ihn Patrick. Padraig ist Irlands Nationalheiliger. Nach ihm sind heilige Berge, Inseln, Kirchen, Schiffe, Straßen und der „Paddy", die beliebteste Whiskeysorte des Landes, benannt. Bei kalter, nebliger Witterung genießen die Iren ihren „Paddy" mit einer nelkengespickten Zitronenscheibe und einem Schuß kochendem Wasser als „Toddy". Heißgetrunken vertreibt der „Toddy" die schwarze Nacht der Seele. Im fünften Jahrhundert war Padraig von Gott berufen worden, die keltischen Stammesfürsten der grünen Insel vorsichtig zum christlichen Glauben zu bekehren. Auf einem Berg im Westen Irlands und einer Insel im Lough Derg hatte er mit dem Teufel gerungen.

Wo der Mensch zur Ehre Gottes eine Kirche errichtet, baut der Teufel eine Kapelle daneben. Satan ist immer zur Stelle, besonders bei heiligen Frauen und Männern. Gott beruft den Menschen, der Teufel versucht den Menschen. Padraig erging es nicht anders. Das Kind aus einer römisch-britischen Familie wuchs im Grenzland zwischen England und Schottland auf. Seeräuber entführten ihn und viele andere Kinder nach Irland, wo Padraig sechs Jahre lang als Sklave arbeitete. Als ihm die Flucht zurück in seine Heimat gelang, schwur er bei Gott, er werde eines Tages an den Ort seiner Peiniger zurückkehren, um sie zum christlichen Glauben zu bekehren. Im Jahre 431 begann er seine Glaubensverkündigung in Tara, wo der König Laoghaire residierte. Hier hatte er die Macht des neuen Gottes in zahlreichen Wettkämpfen mit dem keltischen Druiden Lucamael unter Beweis zu stellen. Nach einer erfolgreich bestandenen Wasser- und Feuerprobe durfte Padraig dem König von Gott erzählen. Gott sei Vater, Sohn und Heiliger Geist, sagte der Heilige, und Laoghaire schüttelte den Kopf. Ihm wolle Padraig den alten Glauben an die vielen Götter ausreden, dabei verkünde er nichts Neues, denn er glaube selbst an drei Götter. Nein, erwiderte Padraig, es gebe nur einen Gott, den allmächtigen Schöpfer des Himmels und der Erde. Vorhin habe er behauptet, der christliche Gott habe neben sich einen Sohn und einen Heiligen Geist. Also lehre er drei Götter.

Wie sollte Padraig dem keltischen König erklären, daß sein Gott drei und doch eins war, eben dreieinig? Da fiel sein Blick auf ein Kleeblatt, das Shamrock. Er pflückte es und legte es Laoghaire in die geöffnete Hand. Der König blickte verdutzt auf das Kleeblatt, dann in die wasserblauen Augen des Heiligen. Was hatte der Gottesmann vor? Der König konnte dem gewöhnlichen dreiblättrigen Kleeblatt keine Bedeutung entnehmen. Es enthielt keine Botschaft. Wenn es wenigstens vierblättrig gewesen wäre! Aber vielleicht werde Padraig im Namen seines Gottes ein Wunder vollbringen und aus dem dreiblättrigen ein vierblättriges Kleeblatt zaubern. Der König fragte nach, ob dies Padraigs Absicht sei. Der Heilige lächelte. Das Wunder liege bereits offen in der Hand des Königs, er müsse nur noch lernen, die Zeichen Gottes zu deuten. „Sage, was Du siehst, König Laoghaire!" „Ein Shamrock." „Richtig. *Ein* Kleeblatt", wiederholte der Heilige. Jetzt solle der König ihm sagen, wieviele Blätter es habe. Welche Frage! mag der König gedacht haben, aber er gab die richtige Antwort. Padraig wartete, bis Laoghaire das Geheimnis des Shamrock selbst entdeckt hatte. „*Ein* Kleeblatt mit *drei* Blättern, *ein* Gott in *drei* Personen. Dreifaltig, dreieinig, dreiblättrig! Komm, Padraig, laß uns die alten Götter im Whiskey ertränken!"

Padraig war nicht der erste Missionar. Kirchen werden nicht an einem Tag erbaut, und selbst die Insel der Heiligen wurde nicht von einem Mann allein bekehrt. Padraig war ein Vollender. Andere Gottesmänner hatten

Vorarbeit geleistet. Ihre wohlklingenden gälischen Namen sind überliefert: Ibarus von Begerin, Declan von Ardmore, Ailbhe von Imlech Iubhair und Ciaran von Saighir. Von Tara aus durchwanderte Padraig den Norden und Westen der Insel. Am Ende seines Lebens hatte er Gottes Auftrag erfüllt. Nach dem Sieg sind die Strapazen schnell vergessen. Wer am Ziel angelangt ist, erinnert sich kaum noch des mühseligen Weges. Auch Padraigs Weg war oft peinvoll gewesen. Der Satan hatte ihm nachgestellt, besonders dann, wenn sich der Heilige in die Einsamkeit zurückgezogen hatte. Vierzig Tage und Nächte fastete er auf dem Eiland Station Island im Lough Derg hoch oben in Donegal. Das „Fegefeuer des Heiligen Padraig" („Saint Patrick's Purgatory") wird dieser heilige Ort genannt.

Hierher kommen noch heute Menschen, um drei Tage in Gebet und Schweigen bei Tee und einem halben Laib Brot zu verbringen. Beim Betreten der Insel ziehen sie sich wie Moses vor dem brennenden Dornbusch die Schuhe aus. Wer zu Gott finden will, dem hilft ein Ausstieg aus dem Alltag. Das wußten die Mönche, und diese alte Weisheit wird heute wiederentdeckt. Padraig hatte die magischen Orte der grünen Insel mit sicherem Gespür entdeckt. Gott war an vielen Stellen zu finden, wenn man nur die Augen richtig benutzte. Das Shamrock hatte einen Hinweis gegeben. Wer geübt war, der sah überall Gottes Gegenwart. Doch in Städten und Siedlungen unter vielen Menschen waren die Ablenkungen zahlreich. Wo konnte man ungestört die Wahrnehmung der göttlichen Wirklichkeit einüben? Da war es hilfreich, auszusteigen und in die Einöde zu gehen. Auf der einsamen Insel, am Meeresstrand oder auf Bergeshöhe war die Seele näher bei Gott und die Augen sahen deutlicher die guten und bösen Mächte, die den Menschen umgeben.

Padraig hatte Gottes Gegenwart auch auf einem 765 Meter hohen Berg an der Westküste gesucht und dafür vierzig Tage und Nächte in der Osterzeit gefastet. Das war im Jahre 440. Heute ist der Berg nach dem Heiligen benannt. Der Croagh Patrick ist irisches Nationalheiligtum, ein Heiliger Berg, den der Pilger barfuß besteigt. Am Fuß des Berges wird er von einer weißen Statue des Heiligen begrüßt. Das kühle Wasser eines Bergbaches plätschert vorbei und mündet ins nahegelegene Meer, die ganz Irland umgebende Wasserwüste. Ein weißes Hinweisschild mit schwarzer Schrift erinnert den modernen Pilger und die Touristen an die Würde des Ortes und bittet um angemessene Beachtung. Hier gibt es nicht den üblichen Wallfahrtstrubel mit Pommesbuden, Kneipen, Devotionalienlädchen und

Bücherstuben. Nichts soll von dem religiösen Sinn des Pilgerpfades ablenken. Der Wanderer steigt Gott entgegen. Gott und Mensch sollen sich begegnen. Nur sie allein. Aber wo sich ein Mensch auf den Pilgerpfad der Gottessuche begibt, da stellt sich auch der Teufel als Reisebegleiter ein.

Der Weg führt direkt auf den steilen Berg. Er ist steinig, und die flachen Steine rutschen unter den Füßen hinweg. Auch wer mit Schuhen den Pilgerpfad besteigt, kommt selten ohne Schrammen oben an. Der Aufstieg soll Mühe bereiten. Das Hinweisschild am Fuß des Berges ruft den religiösen Sinn in Erinnerung: Dies ist kein Abenteuerpark und kein Fitnesstraining, sondern eine Reise des Gebetes und der Buße („This is a Journey of Prayer and Penance"). Natürlich besteigt der Pilger den Berg ohne Getränke und Lunchpakete. Er soll Hunger und Durst spüren und eine Erfahrung des Mangels machen. Der Pilger hat hier die Chance, sich selbst kennenzulernen. Vielleicht gewährt ihm Gott die Gnade, und er vernimmt hier in der Stille endlich wieder die verborgene Stimme seiner Seele, die vor Hunger und Durst nach Gott schreit. Jeder Schluck Wasser und jeder Bissen Brot würde sofort die neue Erkenntnis des Gotteshungers verdrängen. Deshalb nimmt der Pilger keine leibliche Nahrung mit auf den Weg. Oben auf dem Gipfel, wenn er je erreicht werden sollte, wird keine Brotzeit stattfinden. Hier werden himmlische Speise und ein Anhauch der Ewigkeit genossen.

Auch die deutsche Familie mit ihren drei Kindern beginnt ohne Proviant, allerdings mit Schuhen bekleidet, den Berg des Heiligen Padraig zu besteigen. In der frühen Morgenstunde hatten Johannes, Hannah und der vierjährige Jaakob im Garten ihres Ferienhauses in Ballyconneely (Galway) drei Kleeblätter gepflückt. Der Vater liest ihnen das Pilgergebet vor, das auf der weißen Tafel neben der Statue des Heiligen notiert ist, und übersetzt die Verse.

„Christ with me
Christ before me
Christ behind me
Christ in me
Christ beneath me
Christ above me
Christ on my right
Christ on my left
Christ where I lie"

Zuerst geht es fröhlich den Berg hoch. In Gedanken ist man schon oben. Die Kinder laufen voraus. Dann der erste Sturz. Ein blutiges Knie. Die Steine rutschen unter den Füßen weg. Die Kehle wird trocken. Plötzlich tauchen die schwarzen Vögel der Seele auf, Dämonen der Trägheit, des Zornes und der Verzweiflung. Die Kinder streiten sich, der Vater wird laut, die Mutter wütend. Das Jüngste weigert sich weiterzugehen. Tränen fließen. Eine kurze Pause. Gutes Zureden. So fröhlich hatte der Tag mit der Kleeblattsuche begonnen, nicht schnell genug konnten die Kinder zu Beginn des Aufstieges über die Steine hüpfen. Jetzt erkennt man sich selbst nicht mehr wieder. Wo kommen die schwarzen Vögel der Seele her? Was greift da nach dem Herzen und verfinstert den Blick? Der Pilger muß durch diese Erfahrungen hindurchschreiten. Und er darf der anderen Stimme nicht nachgeben, die ihn zur Umkehr mahnt. „Kehre um! Geh zurück! Was willst Du auf dem blöden Berg? Unten lockt der schöne Sandstrand von Westport. Ein kühles Guinness und Cola für die Kinder gibt's dort auch!" Woher kommt die Stimme? Sie gibt sich gerne vernünftig und sagt: „Nimm doch Rücksicht auf die Kinder. Sie sind doch erst zehn, acht und vier Jahre alt. Der Jüngste hat sich bereits das Knie blutig gestoßen. Alle haben Durst. Das Risiko ist zu groß. Wenn eines der Kinder den steilen Abhang hinunterfällt, wirst Du Dir Vorwürfe machen. Kehre also um, sei vernünftig!"

Der Zweifel ist die Stimme des Teufels. Alles, was sie flüstert, scheint einleuchtend und ist doch nur ein schwarzer Vogel über der Seele. In der Gestalt einer Elster schwebte der Zweifel über Parzivals Lebensweg. Wer nicht auf die verführerische Stimme des Zweifels hört, wer die Anfechtungen übersteht und seinen Weg weitergeht, der spürt plötzlich, wie er getragen wird. Die Mutter hatte den Kindern das Pilgergebet des Heiligen Padraig laut vorgesprochen. Jetzt spricht es in ihnen. Die andere Seite, die Stimme Christi, redet und trägt die Kinder über Geröllhalden im steilen Winkel empor. Es betet in den Pilgern.

„Christus mit mir
Christus vor mir
Christus hinter mir
Christus in mir
Christus unter mir
Christus über mir
Christus zu meiner Rechten

Christus zu meiner Linken
Christus, wo ich liege
Christus, wo ich stehe"

Vereinzelte Dämonen fliegen noch zornige Angriffe, doch der betende Christus schützt seine Kinder. Oben auf dem Berg endlich angelangt, wird die Familie von einem überwältigenden Ausblick empfangen. Im Osten und Süden liegen die Hochmoore, im Westen die Inselwelt. Nichts lenkt hier von der Begegnung mit dem Schöpfer ab. Die Kinder legen die drei Kleeblätter auf einen großen Stein zu Ehren Gottes, der *drei* und zugleich *eins* ist, so wie die drei Geschwister.

Auch der Heilige Padraig war von Anfechtungen nicht verschont geblieben, als er ein vierzigtägiges Osterfasten auf dem Berg hielt. Kurz vor dem Ziel tauchten schwarze Vögel in so großer Zahl auf, daß Himmel und Erde verdunkelt wurden. Sie stießen schreckliche Schreie aus und verbreiteten einen stinkenden Geruch. Ihr Ziel war die Verunsicherung des Gottesmannes. Er sollte sein Missionswerk aufgeben und nach England zurückkehren. Padraig wehrte sich durch einen zähen Gebetskampf. Er betete Psalmen und machte gegen die schwarzen Vögel der Seele das Kreuzzeichen. Dann läutete er mit seiner kleinen Eisenglocke und warf sie nach den Dämonen. Beim Sturz auf den Boden bekam sie einen Riß. Die Satansvögel aber flohen in die Meereswüste. Nun stellten sich Vögel mit strahlendweißem Gefieder ein. Es waren Engel, die Padraig dienten. Mit einem der Engel Gottes hatte der Heilige ein langes Gespräch, in dem es über die Zukunft Irlands ging und damit um den Bestand von Padraigs Lebenswerk. Sein Weg war lang und mühselig gewesen. Jetzt saß er hoch oben auf dem Berg. Wie aber würde es weitergehen? Padraig erbat von Gott die Gnade, daß sämtliche Iren den christlichen Glauben annehmen und daß sie ihn niemals verlieren werden. Dieses Geschenk wurde ihm gewährt und noch ein zweites. Gott versprach ihm, daß am Tag des Weltgerichtes, wenn die Lebenden und die Toten vor Gottes Richterstuhl treten werden, kein Ire zur Hölle verurteilt werde.

Wer diesen Gipfel des göttlichen Wohlgefallens erreicht hat, der steigt den steilen Berg freudig hinab. Kein Teufel stellt sich ihm mehr in den Weg. Wie köstlich schmeckt jetzt das kühle Wasser des Bächleins am Fuß des Croagh Patrick! Im nahen Westport kehrt die Familie ins Pub ein. Wandern hat seine Zeit, und Beten hat seine Zeit, der schwarze Vogel hat seine Zeit, und der Engel hat seine Zeit. Jetzt ist die Zeit für einen „Paddy" und für Geschichten. Der Vater erzählt von den irischen Heiligen und dem kühnen Brandan, der am liebsten den Judas aus der Hölle befreit hätte. Ein Schüler des Seefahrers Brandan war der Heilige Finan, Sohn des Kennedy. Als seine Mutter mit ihm schwanger ging, wurde ihre Kleidung niemals naß, egal ob es schneite oder stark regnete. Finan hatte auf einer Inselgruppe im Südwesten Irlands Gott gesucht und gegen die Teufel gekämpft. Skellig Michael heißt das Eiland. 215 Meter hoch erhebt sich die kleine Insel über die rauhe See, zwölf Kilometer vom Ufer entfernt. Hier, unter dem Schutz des Erzengels Michael, hatte sich Finan mit elf anderen Mönchen in die Wasserwüste zurückgezogen, um Gott zu finden. Die zwölf Mönche lebten in sechs Steinhäusern in der Form von Bienenkörben. Sie stehen noch heute auf Skellig Michael. Ihre Wände sind bis zu zwei Metern dick und sechs Meter hoch. Zwei Gebetshäuser, die wie umgedrehte Boote aussehen, dienten als Versammlungsräume. Über 670 steile Stufen war ihre kleine Siedlung vom Bootsanleger aus zu erreichen. Hier lebten über Jahrhunderte Mönche ein Leben der Versenkung, näher bei Gott als bei den Dingen dieser Welt. Auf der Nachbarinsel mit dem Namen Jesus Saddle zogen sich junge Bräute eine Woche vor der Hochzeit zu Gebet und Fasten zurück. Doch auch um diesen Ort der Gottesnähe kreisten die schwarzen Vögel der Seele. Sie sind überall zu finden, wo sich Heilige, Jungfrauen und Kinder aufmachen, Gott zu finden.

Wüstenheilige

In deutschen Schlaf- und Wohnzimmern stehen über fünfzig Millionen Fernsehgeräte. Dreißig, vierzig Programme sind durch sie zu empfangen. Bald werden es hundert und mehr sein. Ihre Bilderflut ergießt sich über die Seelen und schüttet die Welt der inneren Bilder zu. Wir suchen nicht nur Information und Unterhaltung vor den Bildschirmen, sondern eine Ablenkung von uns selbst. Wir ertragen die Stille nicht. Wir können nicht gemeinsam eine Stunde lang schweigen. Wir ängstigen uns vor den inneren Stimmen und Gestalten, die in der Wüste unserer Seele auf uns lauern. Wie schrecklich müssen sie sein, daß wir leichter den Anblick der Dämonen auf dem Bildschirm verkraften als eine Begegnung mit uns selbst!

Als der Vater, der mit seinen drei Kindern Irlands Heiligen Berg bestieg, ein junger Mann war, hörte er von einer Kommune im westfälischen Nottuln. Dort suchten die Freaks einen Blick hinter die Wirklichkeit zu werfen. Einige bedienten sich dabei der Drogen, andere gingen den Weg der freien Liebe. Dann wohnte in der Gemeinschaft ein Schweiger. Er hatte seit seiner Rückkehr aus Indien kein Wort mehr gesprochen. Acht Jahre lebte er nun im Schweigen. Der junge Mann wollte dies nicht glauben, weil es ihm unmöglich schien, daß jemand, ohne zu reden, den Andrang der inneren Bilder aushalten könne. Als er zwei Jahrzehnte später auf dem Gipfel des Croagh Patrick stand, erinnerte er sich plötzlich des Schweigers.

Im Menschen und unerkannt um ihn herum leben geistige Kräfte, Energien und Gestalten, die schrecklicher sind, als alle Horrorfilme. Bilderfluten der Seele und der Unterwelt durchdringen ihn und bedrohen sein Leben. Plötzlich sind die Gestalten und Mächte da: beim Warten auf den nächtlichen Zug, in der durchwachten Vollmondnacht, auf der einsamen U-Bahnstation, beim morgendlichen Betreten der lichtlosen Garage, auf dem Dachboden, wo die Kockschies hausen. Stille und Schweigen werden von ihnen durchbrochen. Wie groß muß die Angst vor der lärmenden, bilderreichen Stille sein, daß immer mehr Fernsehprogramme gesendet werden, um sie zu übertönen. Die Stille ist nicht leer. Sie ist voller Gestalten. Vor ihnen fliehen wir in die Bilderwelt. Die heiligen Männer Irlands haben die Stille gesucht, weil sie darin Gottes Gegenwart wußten. Aber bevor sein Licht leuchtet, stellen sich die Dämonen ein.

Acht Jahre hatte der Indienfahrer geschwiegen. Das war Ende der sechziger Jahre. Im vierten Jahrhundert christlicher Zeitrechnung suchten fromme Männer die ägyptische Wüste auf, um hier im Schweigen Gott zu finden und den Kampf mit den Teufeln aufzunehmen. Der Eremit Salomans hatte, nachdem er die Siedlungen verlassen, kein Wort mehr mit den Menschen gesprochen. Symeon der Stylit stand auf einer meterhohen Säule und belehrte die zahlreichen Pilger und Schaulustigen, die in die Einöde kamen, um den Wüstenheiligen zu sehen. Andere schleppten sich mit zentnerschweren Eisengewichten ab, aßen und tranken kaum etwas. Sie alle hatten der Gesellschaft den Rücken gekehrt, um in der Einsamkeit das Wesentliche zu finden. Als sie es gefunden hatten, setzten Pilgerströme ein. Würden die Wüstenväter heute auf Skiern die Antarktis durchlaufen, ohne Sauerstoffmaske den Mount Everest besteigen, im Gleitflug den Erdball umsegeln, den Atlantik im Paddelboot überqueren oder im freien Klettern Steigungen mit der Schwierigkeitsstufe zehn mühelos bewältigen? Ließe sich Symeon der Stylit seine extremen Selbsterfahrungen von Firmen sponsern, und verkaufte er sein Schweißband auf der Stirn als Werbeträger für Kraftnahrung und Chakra-Meditation? Schriebe der Eremit Salomans Bücher über Selbsterfahrung („Entdecke den Dämon in Dir!"), gründete er seine eigene Schule, hielte er Diavorträge und Managerseminare? Sind Fasten, Beten und Schweigen in der ägyptischen Wüste frühchristliche Vorläufer der modernen Extremsportarten, ein spirituelles Triathlon der Seele? Heißen die Nachfahren der Wüstenheiligen heute Reinhold Messner, Arved Fuchs und Franziska von Almsiek?

Einer der alten Wüstenväter war der Heilige Apa Bane. Er lebte als Eremit in der mittelägyptischen Wüste. Die Legende weiß zu berichten, er habe bis zu 37 Tagen fasten können und habe nie von Menschenhand zubereitete Speise gegessen. Das war nicht das Ungewöhnlichste an seinem extremen Lebensstil. Auch der Prophet Elia und der Heilige Paulus von Theben waren von Raben mit Nahrung versorgt worden, wenn auch nicht über so lange Zeit. Das Unglaubliche war die Nachricht, Apa Bane habe die letzten achtzehn Jahre seines Lebens stehend in einer dunklen Zelle verbracht. Wenn den Heiligen der Schlaf übermannte, so mußte er im Stehen schlafen, weil die Zelle so klein war, daß er sich nicht einmal hinhocken konnte. Ist das glaubwürdig? Achtzehn Jahre steht einer eingemauert in der Wüste? Und wenn es stimmte, was war der Sinn?

Am 23. Oktober 1992 berichtete die Neue Zürcher Zeitung von den Ausgrabungen österreichischer Forscher in Abu Fana, einer frühchristlichen Klosteranlage in Mittelägypten. Unter 1,90 Meter Wüstensand legten sie den einbalsamierten Leichnam eines Erwachsenen frei. Untersuchungen ergaben, daß der etwa 1,70 Meter große Mann im Alter von rund vierzig Jahren gestorben war. Die Mumie ließ einen Körper von robuster Statur mit sehr ausgeprägten, spornartigen Muskelansätzen erkennen. „Hätte sich diese Person hingelegt, wäre sie nicht mehr auf die Beine gekommen", urteilten die Forscher. Es war der Körper von Apa Bane, den die Wissenschaftler unter den Sandmassen entdeckt hatten. Die Zeitung berichtet weiter: „Die Wissenschaftler stellten außerdem gravierende, schmerzhafte Veränderungen an den Wirbelgelenken, insbesondere an der Halswirbelsäule, fest, die vermutlich von einer Einschränkung der Bewegungsfunktion stammen. Ernährungsbedingter Zahnabschliff und dessen Folgeerscheinungen müssen dem Mann ebenfalls quälende Schmerzen bereitet haben."

Die alten Legenden hatten also nicht gelogen, als sie von den extremen Formen frühchristlicher Frömmigkeit in Irland und in der ägyptischen Wüste erzählten. Wieso sollten dann ihre Berichte von den dämonischen Angriffen und den Kämpfen mit dem Satan erfunden sein? Wer in die Wüste, auf den Berg oder das Eiland ging, wer ausstieg für ein Wochenende, vierzig Tage oder ein ganzes Leben, der machte körperliche und seelische Entdeckungen, die im Alltag, in Familie und Beruf, in dieser Tiefe nicht zu erreichen waren. Der erste christliche Aussteiger, der auf der Suche nach extremer religiöser Erfahrung in die Wüste zog, war der Heilige Antonius, mit dem Beinamen „der Große". Niemand hat wie er die Menschen seiner Zeit und in den folgenden Jahrhunderten Künstler und Dichter fasziniert und inspiriert. Es war kein Zufall, daß Antonius in die Wüste ging und Extremerfahrung gegen Bürgerlichkeit setzte. Denn zu seiner Lebenszeit entwickelte sich das Christentum unter Kaiser Konstantin zur römischen Staatsreligion. Es etablierte sich, verlor seine Widerständigkeit, wurde handzahm und gelehrt. Da wollten Männer wie Antonius nicht mitmachen. Die Anarchen Christi zogen sich in die Wüste („eremos" griechisch für „Wüste") zurück und nannten sich daher Eremiten, Mönche („monazein" griechisch für „einzeln leben") oder Anachoreten („anachorein" griechisch für „sich zurückziehen").

Antonius trug ein Untergewand aus Haaren und ein Obergewand aus Fellen. Als Sohn reicher Bauern wurde er um 250 in dem Dorf Coma in Mittelägypten geboren. Als er im Jahre 356 starb, hatte er das biblische Alter von 106 Jahren erreicht. Auch in dieser Hinsicht war Antonius ein Extremfall. Wie im Mittelalter der Heilige Franz, so wurde auch Antonius durch ein Wort des Matthäusevangeliums getroffen, das sein altes Leben aus der Bahn warf. Beide spürten den Anhauch der Ewigkeit und verschenkten dafür allen weltlichen Besitz. Franz waren Jesu Aussendungsworte an seine Jünger (Matthäus 10,5–15) unter die Haut gegangen, Antonius vernahm im Alter von zwanzig Jahren Jesu Wort an den reichen Jüngling: „Willst Du vollkommen sein, so geh hin, verkaufe, was Du hast, und gib's den Armen, so wirst Du einen Schatz im Himmel haben; und folge mir nach!" (Matthäus 19,21). Antonius beginnt einen schrittweisen Rückzug aus der Gesellschaft. Zuerst lebt er unter Anleitung eines erfahrenen Mannes ein enthaltsames Leben am Rand menschlicher Siedlungen. Er will sensibler werden für Gottes Stimme, die Achtsamkeit für das Heilige üben, sich reinigen und im Kampf gegen die niederen Leidenschaften bewähren. Fünfzehn Jahre lebt er als Eremit und kämpft gegen sein eigenes Herz, wie er vor einem Besucher bekennt: „Wer sich in der Abgeschiedenheit befindet und zur Ruhe kommt, hält sich aus einem dreifachen Kampf heraus: aus dem Kampf des Hörens, des Sprechens und des Sehens, und er wird nur noch gegen eines kämpfen müssen: gegen sein Herz."

Antonius entdeckt die Wüstenstürme der Seele und den Taifun des Herzens. Schwarze Vögel überschatten sein Gemüt, und die Dämonen der Unkeuschheit, der Verzweiflung, des Zornes und der Trägheit suchen ihn heim. Wer vollkommen werden will, muß den Kampf gegen sie aufnehmen. Antonius zieht deshalb noch tiefer in die Einöde, um die innere Wüste zu entdecken und zu bezwingen. Über Jahre hockt er einsam in einem Felsengrab, dem Ort, wo nach Meinung seiner Zeitgenossen ganze Heere von Teufeln hausen. Antonius sucht die Versuchung, weil sich in ihr das Wesen des Menschen offenbart und weil man sie auf dem Weg zu Gott durchschreiten muß. Der spirituelle Triathlon von Fasten, Schweigen und Beten war nur eine Vorbereitung für die entscheidende Begegnung mit dem Hauptgegner. Der Mensch ist ein Wesen, das Versuchungen ausgesetzt ist. Antonius stellt sich ihnen. Er nimmt den Kampf gegen den Teufel auf. In Jahrzehnten der Stille, des Gebets und der Enthaltsamkeit hat sich sein Blick für die Schattenwelt, die sieben Häupter des Drachen an der Seite des Menschen geschärft. Wer den Gipfel des Mount Everest oder des Mont Ventoux erreicht hat, sieht Dinge, die anderen Menschen verborgen bleiben.

Die Versuchungen dürfen nicht nur als ein innerseelisches Erleben verstanden werden, denn sie sind mehr als Psychoanalyse zu erklären vermag. In der Grabeshöhle sind die Teufel so leibhaftig anwesend, wie sie Grünewald auf seinem Isenheimer Altar malt und Hieronymus Bosch oder Martin Schongauer ins Bild setzen. Die Teufel greifen Antonius auch körperlich an, schlagen ihn so heftig, daß er vor Qualen sprachlos zu Boden fällt. Ein anderes Mal wird er ohnmächtig. In wildem Geschrei toben die Teufel und suchen ihn durch die Entfachung sexueller Leidenschaften zu bezwingen. Dann erscheinen die Teufel in der Gestalt von Löwen, Tigern, Stieren, Wölfen und Schlangen und verwunden den Heiligen mit ihren Zähnen, Hörnern und Krallen auf grausamste Weise. Warum läßt Gott diese Versuchung zu? Das uralte Hiobproblem wiederholt sich auch hier in der ägyptischen Wüste. Als nach schrecklichen Attacken der Teufel eine wunderbare Helligkeit endlich die Höhlendecke durchdringt und die bösen Geister vertreibt, erkennt der Heilige Christus und richtet an ihn die Frage: „Wo warst Du, mein guter Jesus? Wo warst Du? Warum bist Du nicht von Anfang an hier gewesen, um mir zu helfen und meine Wunden zu heilen?"

Christus hätte auf seine eigene Versuchung durch den Teufel verweisen können. Das tut er jedoch nach dem Bericht der Legenda Aurea nicht, sondern er antwortet: „Antonius, ich war hier. Aber ich wartete ab, um deinen Kampf zu sehen." In der Wüste gibt es nicht den Kuschelgott der Sonntagsfrömmigkeit. Hier wird keine Religion des Gefühls und der emotionalen Behaglichkeit verkauft. Hier wird der Wahrheit des Lebens ins Auge geblickt. Es gibt den Teufel und seine Versuchungen. Man kann dagegen im Namen der Humanität protestieren, man kann die Existenz des Teufels als Aberglauben abstempeln oder als Ausgeburt einer kranken Seele. Man kann aus dem Glauben an die Güte eines liebevollen Gottes die Wirklichkeit und Macht des Teufels bestreiten. All das sind gute Absichten und edle Motive, die aber rein gar nichts an der von Antonius erfahrenen Wirklichkeit ändern. Vor ihr sind sie naives Wunschdenken.

Das Leben des Menschen ist Versuchung. Die Dämonen der Völlerei, des Hochmutes, der Unkeuschheit, des Geizes, der Verzweiflung, des Zornes und der Trägheit bedrängen jeden Menschen, auch wenn er nicht wie Antonius in der Wüste hockt. Diese Versuchungen bleiben niemandem erspart. Das Ziel der Angriffe auf den Menschen spricht der Teufel in Gustave Flauberts (1821–1880) Roman „Die Versuchungen des Heiligen Antonius" (1874) offen aus: „Bete mich an! und verfluche das Phantom, das du Gott nennst!" Sämtliche Nachstellungen des Teufels zielen darauf, den Menschen von seinem Schöpfer zu entfremden, den Himmel zu verdunkeln und den Blick von der Heimat abzulenken. Es hat überhaupt nur Sinn, vom Teufel im christlichen Sinn zu sprechen, wenn er als widergöttliche Kraft im Leben des Menschen begriffen wird. Gott oder Teufel – vor ihnen steht der Mensch ohne Alternative. Ein Tier kennt keine Versuchung. Die Versuchung trifft den Menschen in all seinen Verunsicherungen, Anfechtungen und Zweifeln. Sie bleibt keinem Menschen erspart, und deshalb muß sie auch der menschgewordene Gott durchschreiten. In der Versuchung sind wir am meisten gefährdet, Gott aus den Augen zu verlieren und damit unsere Bestimmung, den Schatz im Himmel, für den Antonius und Franz alle irdischen Güter verschenkten. Die größte Versuchung besteht darin, daß der Gläubige an der Wirklichkeit Gottes zu zweifeln beginnt und in die Nacht der Seele zu fallen droht.

In der Weltabgeschiedenheit eines Karmelklosters der Normandie wird diese Wüstenerfahrung von einer vierundzwanzigjährigen Nonne gemacht. Thérèse von Lisieux erfährt drei Monate vor ihrem Tod (30. September 1897) die Nacht des Glaubens, in der ihr der Blick auf die himmlische Heimat verdunkelt wird. In einem Brief an Mutter Marie de Gonzague (Juni 1897) ringt sie um eine sprachliche Annäherung an diese im Letzten unsagbaren Versuchungen. „Doch plötzlich verdichten sich die Nebel um mich her, sie dringen in meine Seele ein und umhüllen sie derart, daß ich in ihr das liebliche Bild meiner Heimat nicht mehr wiederzufinden vermag, alles ist entschwunden! Suche ich Ruhe für mein durch all die Finsternisse ringsum ermattetes Herz in der Erinnerung an das lichtvolle Land, nach dem ich mich sehne, so verdoppelt sich meine Qual; die Stimme der Sünder annehmend, scheint die Finsternis mich zu verhöhnen und mir zuzurufen: ‚Du träumst von Licht, von einer mit lieblichsten Wohlgerüchen durchströmten Heimat, du träumst von dem *ewigen* Besitz des Schöpfers all dieser Wunderwerke, du wähnst eines Tages den Nebeln, die dich umfangen, zu entrinnen! Nur zu, nur zu, freu dich über den Tod, der dir geben wird nicht, was du erhoffst, sondern eine noch tiefere Nacht, die Nacht des Nichts.“

Es ist der Teufel, der hier die Gläubige bedrängt. Noch hat das 20. Jahrhundert nicht begonnen, und doch wird in der Weltabgeschiedenheit der Klosterzelle die Stimme vernommen, die über dem kommenden Jahrhundert schweben wird und ruft: Gott ist eine Einbildung, der Himmel ist pures Wunschdenken! Religion ist Illusion! Wenn wir tot sind, sind wir tot. Was kommt? Nichts kommt! Es gibt keine Auferstehung! Das Grab war nicht leer! „Es ist eine bis zum Himmel ragende Mauer, die das gestirnte Firmament verdeckt“, so beschreibt Thérèse ihre Versuchung. „Manchmal freilich erhellt ein ganz kleiner Sonnenstrahl meine Finsternis, dann hört die Prüfung für *einen Augenblick* auf, aber nachträglich läßt die Erinnerung an diesen Lichtstrahl, statt mir Freude zu bereiten, meine Finsternis nur noch dichter werden.“

Worin bestand die Versuchung der Heiligen Thérèse? Sie fühlte sich in

Antonius suchte die Versuchung, weil sich in ihr das ganze Wesen des Menschen offenbart und weil man sie auf dem Weg zu Gott durchschreiten muß. Der spirituelle Triathlon von Fasten, Schweigen und Beten war aber nur eine Vorbereitung für die entscheidende Begegnung mit dem Hauptgegner. In Jahrzehnten der Stille, des Gebets und der Enthaltsamkeit hat sich sein Blick für die Schattenwelt, für die Häupter des Drachen an der Seite des Menschen geschärft. Wer den Gipfel des Mont Ventoux erreicht, sieht Dinge, die anderen Menschen verborgen bleiben.

Matthias Grünewald: Die Versuchung des Heiligen Antonius.
Tafel des Isenheimer Altars, 1510-1515.
Museum Unterlinden, Colmar.

ihrem Innersten angegriffen, sie sah den Kern ihrer Berufung in Frage gestellt. Noch vor ihrem Eintritt in den Orden hatte sie die Erfahrung gemacht, daß sie allein durch ihr Vertrauen auf das Gebet Menschen wie den dreifachen Mörder Pranzini für Gott und den Himmel gewinnen könne. Der Karmeliterorden ist ein reiner Gebetsorden. Die Schwestern aus dem Karmel in Lisieux widmeten sich besonders dem Gebet für die Priester. „Für die Sünder beten, das begeisterte mich, aber für die Priester beten, von denen ich meinte, sie seien reiner als Kristall, das fand ich erstaunlich!" erinnert sich Thérèse. Erst auf einer Romreise habe sie ihre Berufung zum Gebet für die Seelen der Priester verstanden. „Während eines Monats lebte ich mit vielen *heiligmäßigen Priestern* zusammen und sah, wenn ihre hohe Würde sie auch über die Engel erhebt, daß sie dennoch schwache und gebrechliche Menschen bleiben. Wenn nun *heiligmäßige Priester*, die Jesus im Evangelium *‚das Salz der Erde'* nennt, in ihrem Verhalten zeigen, daß sie der Fürbitte dringend bedürfen, was soll man da erst von den lauen sagen? Hat Jesus nicht auch gesagt: *‚Wenn aber das Salz schal wird, womit soll man es würzen?'*"

Antonius hat die Versuchung bewußt gesucht, und er hat sie im Glauben bestanden. Weil er die ganze Wirklichkeit des Lebens kannte, auch die dunkle Seite und den Teufel, konnte er vielen Menschen ein Ratgeber sein. Sie ließen ihn nicht in Ruhe, als er sich nach Jahren des Ringens mit den Teufeln noch tiefer in die Wüste und sein innerstes Tibet zurückziehen wollte. In der dritten Stufe seines Rückzuges bewohnte Antonius ein verlassenes Kastell nilaufwärts in einer Oase am Fuße des Berges Pispir. Von hier aus vollbrachte er Wunderheilungen im Gebet und gab den Pilgern Ratschläge. Ein echter Heiliger wird niemals von anderen Menschen verlangen, daß sie genauso leben wie er, wenn sie nicht dazu berufen sind. Vor Gott sind alle Menschen gleich, aber nicht alle sollen das gleiche tun. Einige hörten wie Antonius den Ruf Jesu zur extremen Nachfolge und siedelten sich in seiner Nähe an. Andere kamen nur auf einem Pilgermarsch in die Wüste, um sich Rat zu holen. Ein Ratschlag des Heiligen lautete: Überspanne den Bogen nicht, sonst zerbricht er! Das bezog Antonius auch auf das Streben nach religiöser Vollkommenheit und rechtem Gottesdienst. „Wenn wir uns über das rechte Maß hinaus anstrengen wollten, dann würden wir ziemlich schnell zerbrechen. Es ist also angebracht, die Anspannung dann und wann zu lockern."

Nicht der Siegertyp, sondern der Versuchte schenkt dem Menschen Hilfe, der selbst von Dämonen bedrängt wird. Seit Hiobs Tagen gehören Krankheit und Tod zu den Erfahrungen, in denen der Gläubige auch eine Anfechtung seines Glaubens erlebt. Eine der schrecklichen, ansteckenden Krankheiten des Mittelalters war die Mutterkornvergiftung. Sie befiel Hände und Füße. Die wurden schwarz-faulig und fielen allmählich ab. Die Krankheit wurde auch Antoniusfeuer genannt wegen der brandartigen Schmerzen und des Heiligen, dessen Hilfe man erbat. Der im elften Jahrhundert gegründete Antoniterorden widmete sich besonders der Krankenpflege. Im Jahre 1330 betraute ihn Papst Johannes XXII. ausschließlich mit der Verehrung des Heiligen Antonius. Eine wichtige Einnahmequelle der Bruderschaft war die Schweinezucht. Die „Schweine des heiligen Antonius" bekamen das Antoniuskreuz (den griechischen Buchstabe Tau, der wie ein „T" aussieht) eingebrannt und trugen eine Glocke um den Hals.

Für das Antoniterkrankenhaus im elässischen Isenheim schuf Matthias Gothart Nithard, genannt Grünewald, einen Altar, auf dem auch der von Teufeln versuchte Antonius dargestellt ist (s. Bildtafel nach S. 176). Wie Rogier van der Weydens Weltgerichtsaltar im Hospices de Beaune, so stand auch der Isenheimer Altar (1512–1516) des Matthias Grünewald ursprünglich im Krankensaal, direkt in der Blickrichtung des Leidenden. Der von Teufeln gepeinigte Antonius liegt auf dem Boden. Ein Teufel zerrt an seinen Haaren, ein anderer am Mantel. Einer versucht seinen Rosenkranz zu stehlen, ein anderer schlägt mit dem Knüppel und einem Eselskinnbacken auf Antonius ein. Die Teufel haben eine monströse Gestalt wie die vom Antoniusfeuer heimgesuchten Kranken. Im Vordergrund ist deshalb ein Gepeinigter dargestellt. Er hat Schwimmfüße, sein Körper ist von Wunden und Pusteln übersät. In einem zerrissenen Sack hält er das Buch des Heiligen. Ihm gegenüber befindet sich ein Pergamentblatt gegen einen Baumstumpf gelehnt. Die lateinische Inschrift lautet übersetzt: „Wo warst Du, guter Jesus, warum bist Du nicht gekommen, um meine Wunden zu heilen?" Wo war Jesus? Das Bild von seiner Kreuzigung gibt den Leidenden eine geheimnisvolle Antwort. Hinter der Kreuzigung zeigt der Wandelaltar Geburt und Auferstehung. Zwischen diesen Polen findet die Versuchung des Heiligen Antonius statt. Es zeigt auch, daß Antonius nicht allein gegen die teuflischen Horden streitet. Denn der Himmel ist geöffnet. Gott erscheint und ein Engel, der Antonius Unterstützung bringt, wie damals, als Jesus in der Wüste vom Teufel versucht wurde.

Die Versuchung Jesu

Im Frühjahr 1994 zeigte das Deutsche Schauspielhaus in Hamburg eine Bühnenfassung von Flauberts „Die Versuchung des heiligen Antonius" („La Tentation de Saint Antoine"). Wie wollte man einem aufgeklärten Großstadtpublikum, dem die Sprache des Dämonischen abhanden gekommen ist, die Wüstenerfahrung des Heiligen vermitteln? Durch den Zuschauerraum war ein Drahtseil gespannt. Noch bevor sich der Vorhang öffnete, schritt ein Artist über das Seil in Richtung Bühne. Nach der Vorstellung wiederholte sich der Drahtseilakt. Auf dem Rücken des Künstlers waren drei Buchstaben zu lesen: „ICH". Damit war die Brücke zwischen Gegenwart und Wüstenväterzeit geschlagen. Versuchung – ein Balanceakt des Ichs zwischen Himmel und Hölle, Gott und Teufel, Über-Ich und Es. Sie hat ihr biblisches Urbild in der Versuchung Jesu.

Folgt man der Darstellung des Lukas (4,1–13), so wurde Jesus direkt nach seiner Taufe vom Heiligen Geist in die Wüste geführt. Niemand hielt sich in dieser Todeswelt freiwillig auf. In der Wüste heulten die Schakale und Dämonen, in die Wüste wurde der Sündenbock getrieben. Aber die Wüste war auch Ort der Läuterung. Vierzig Jahre hatte Moses das erwählte Volk durch den Sinai geführt, damit es mit gereinigter Seele das gelobte Land beträte. Es war eindeutig Gottes Wille, daß sich Jesus hier aufhielt. Welche Motive dabei eine Rolle spielten, wird nicht mitgeteilt. Warum wird der Sohn Gottes vom Teufel versucht? Auch diese Stelle der Bibel gehört zu den großen Geheimnissen der Offenbarung, die keine Gelehrsamkeit vollständig erhellen kann. Soviel aber wird deutlich: Lukas hat nicht irgendeinen kleinen Teufel vor Augen, sondern den Herrn der Welt.

Die Welt war des Teufels, und Jesus ist gekommen, der Herrschaft des Teufels ein Ende zu bereiten. Das ist aber offensichtlich nicht in einem einmaligen Kampf möglich. Johannes der Täufer hatte seiner Gemeinde am Jordan Jesu Kommen mit drastischen Worten angekündigt. Nicht der sanfte Prediger stand ihm vor Augen, sondern der Mann mit der Worfschaufel, der kommen werde, die Tenne zu fegen. Den Weizen werde er aufsammeln und in die himmlischen Kornkammern tragen, die nutzlose Spreu dagegen werde er im unauslöschlichen Feuer der Hölle verbrennen. Die Versuchung Jesu ist der Auftakt zum großen Werk der Trennung von

Spreu und Weizen, das bis auf den heutigen Tag anhält. Nach der Begegnung in der Wüste wird Jesus in der Synagoge von Kafarnaum seine erste Teufelsaustreibung vornehmen (Lukas 4,33–35).

Vierzig Tage und Nächte fastete Jesus in der Wüste und wurde während der ganzen Zeit vom Fürsten dieser Welt versucht. Drei Angriffe des Teufels hat uns Lukas mitgeteilt. Sie zeigen deutlich: Es geht jedesmal ums Ganze, um eine Verhinderung der Menschwerdung Gottes. Die Welt soll nicht von göttlicher Macht und Gegenwart durchdrungen werden. Seit dem Sündenfall war der altböse Feind Herr dieser Welt. Jetzt aber ist die Zeit der Erlösung gekommen. Die Welt soll aus den Klauen des Teufels gerissen und zu ihrem Schöpfer zurückgeführt werden. Diese Heimholung der Schöpfung will der Teufel verhindern. Er versucht es auf zweierlei Weise. Zuerst fordert er Jesus auf: Besinne Dich auf Deine göttliche Natur! Bleibe, was Du bist, bleibe Gott, handle wie ein Gott! Was hungerst Du hier in der Wüste? „Bist du Gottes Sohn, so sprich zu diesem Stein, daß er Brot werde."

Jesus wird später einige Wunder dieser Art vollbringen, um den Ungläubigen Gottes Macht zu demonstrieren. Hier verweigert er sich. Nicht aus Bescheidenheit, auch nicht um zu beweisen, daß er frei von Hochmut oder Eitelkeit ist. Hier steht mehr auf dem Spiel: nämlich die Ernsthaftigkeit und Echtheit der Menschwerdung. Wenn der allmächtige Gott sich in einem echten Menschen – und nicht einem Scheinleib – hier auf Erden zeigt, dann macht dies nur Sinn, wenn es unter allen Umständen durchgehalten wird. Kein Mensch kann Steine in Brot verwandeln. Gott kann es. Für ein Wesen, das eine Welt aus dem Nichtsein ins Leben gerufen hat, wäre dies eine Kleinigkeit. Auch Gottes Sohn hätte auf diese Weise seinen Hunger stillen können. Aber dann wäre die Echtheit der Menschwerdung in Frage gestellt gewesen. Nichts Geringeres hat der Teufel im Sinn. Jesus sollte in der Wüste Gott spielen. Darin lag die erste Versuchung. Sie wiederholt sich am Kreuz, als Jesus aufgefordert wird, hinabzusteigen.

Nachdem es der Teufel in der Wüste beim ersten Angriff nicht erreicht hat, die Menschwerdung Christi zu verhindern, reitet er die zweite Attacke. Der Teufel gibt niemals auf. Man kann mit ihm keine Kompromisse schließen. Jesus wollte nicht Gott spielen, er wollte konsequent in allem Mensch sein. Irdisch sein unter den Bedingungen dieser Welt. Zum Leben in der Welt gehört das Versuchtsein. Deshalb wird Jesus versucht. In einer Zeitreise führt ihn der Teufel alle Reiche dieser Welt vor Augen und bietet ihm die Weltherrschaft an. „Alle diese Macht will ich dir geben und ihre

Herrlichkeit; denn sie ist mir übergeben, und ich gebe sie, wem ich will." Die Sache hat nur einen Haken: Jesus soll den Teufel anbeten, auf seine Seite treten, Gott und den Himmel verraten. Es ist ein Drahtseilakt in der Wüste. Spiele Gott! lautet der erste Akt. Sage Gott ab! der zweite, und der dritte Akt ist überschrieben: Versuche Gott! Der Teufel führt Jesus auf eine Zinne des großen Tempels von Jerusalem, erinnert ihn an das Psalmwort von den Schutzengeln und fordert ihn auf, sich von dem Tempel in die Tiefe zu stürzen, sollte er tatsächlich Gottes Sohn sein. Jesus aber will weder Gott spielen, noch dem Teufel dienen, noch Gottes Macht im gewagten Luftsprung beweisen. Er will Mensch sein unter allen Bedingungen. So weicht der Teufel von ihm, nicht für immer, sondern wie Lukas ausdrücklich betont, nur „eine Zeitlang" (Lukas 4,13).

Der Bericht von der dreifachen Versuchung Jesu hat zu Diskussionen darüber geführt, wie realistisch die Anfechtungen gewesen sein könnten. Johann Kaspar Lavater (1741–1801) deutete in seinen „Predigten über die Existenz des Teufels und seine Wirkungen" (1778) den Sinn der Versuchung Jesu als Aufhebung eines Erfahrungsmangels Gottes. „Das Haupt der Menschen, der Herr der Menschen sollte menschliche Versuchungen erfahren; erfahren, was die allerhöchste Gottheit in ihrer unbeschränkten allgegenwärtigen Wirksamkeit, ohne Menschheit nicht erfahren kann." Ein Gott, der am eigenen Leib erfahren hat, was es heißt, von Anfechtungen heimgesucht zu sein, wirke auf den Menschen vertrauensvoller als ein allmächtiger Herrscher. „Sie, die kranken sterblichen Menschen, brauchten nicht nur einen geschickten Arzt: sondern auch einen, der durch eigene Krankheitserfahrung zutrauenswürdig geworden wäre." Das Wesen jeder Versuchung im christlichen Sinne bringt Lavater auf den Punkt, wenn er schreibt: „Satanische Versuchung ist das, was uns von Gott abführen will." Alles, was von Gott wegführt, alles, was Zweifel, Zwietracht und Zorn ins Verhältnis des Menschen zu Gott sät, ist vom Teufel. Der Schweizer Gottesmann stellt keine konkreten Sündenkataloge auf, er sagt nicht: Dieses Verhalten ist vom Teufel, jenes nicht. Er denkt an Augustins großes Wort „Liebe Gott, und tue, was Du willst!" und bestimmt auf diesem Hintergrund das Wesen der Verführung und des Verführers. „Thu alles, was du willst; – wenn es dich auf keine Weise von Gott abführt; es ist keine Sünde. – Unterlaß alles, alles, was dich von Gott abführt; und wenns noch so unschuldig, noch so erlaubt, noch so gut scheinen möchte; es ist Sünde, es ist Versuchung Satans, es ist Verderben."

Kirche in der Versuchung

Im Zimmer ist es dunkel. Jemand kommt und zündet eine Kerze an. Jetzt sind Gesichter und Gegenstände zu erkennen. Das Kerzenlicht wirft Schatten an die Wand. Wo das Licht der Wahrheit leuchtet, wird die Lüge erkennbar, wo Christus erscheint, um die Menschen zum Glauben zu bekehren, fühlt sich der Satan herausgefordert. Deshalb heißt er Antichrist, denn er ist der Gegenspieler Christi und der Diabolos, der „Durcheinanderbringer" und Sohn des Chaos. Er will die Gemeinde spalten, die Gläubigen verunsichern und sie von Gott wegführen. So ist es kein Zufall, daß der Teufel erst im Neuen Testament mit aller Macht auf den Plan tritt und später den Frommen nachsetzt, heißen sie nun Antonius, Padraig oder Thérèse, sind es namenlose Mönche und Nonnen im Kloster oder ist es die gesamte Kirche. Wo sich die Kirche in einer Krise befindet und um eine neue Gestalt ringt, ist der Versucher und „Durcheinanderbringer" zur Stelle.

Unmittelbar nach dem Zweiten Vatikanischen Konzil berichtete Papst Paul VI. (21. Juni 1963 – 6. August 1978) über die listigen Angriffe des Teufels auf die Kirche. Ja, der Papst verriet sogar, daß „durch eine Ritze der Rauch des Satans in den Tempel Gottes eingedrungen" sei („da qualche fessura sia entrato il fumo di Satana nel tempio di Dio" – Osservatore Romano Nr. 150, 30. Juni/1. Juli 1972). Das war knapp drei Jahre nach der bestialischen Ermordung Sharon Tates durch die Manson-Bande und nach dem blutigen Altamont-Festival, wo Mick Jagger mit seiner Hymne auf Satan („Sympathie for the Devil") das Massenpublikum aufgeheizt hatte. Kein Zweifel: Selten litt die Kirche so stark unter den Angriffen des Teufels wie im ausgehenden 20. Jahrhundert. Paul VI. hatte es vorausgesehen. Die Jahrtausendwende, in der wir heute leben, ist die Zeit der Versuchung. Sie nahm damals in Rom ihren Anfang.

Was war geschehen? Einer Eingebung des Heiligen Geistes folgend, hatte Johannes XXIII. das Zweite Vatikanische Konzil (11. Oktober 1962 – 8. Dezember 1965) nach Rom einberufen, um über eine weltweite Erneuerung der Kirche zu beraten. Frischer Gottesbraus sollte die alten Gemäuer durchwehen und neuer Glaubenseifer einkehren. Die Kirche war aufgefordert, sich vorsichtig der modernen Welt zu öffnen, ohne sich ihr anzupassen. Durch diese Öffnung sollten die Ausbreitung des Christentums und eine Vertiefung der Einheit gefördert werden. Johannes XXIII. starb am 3. Juni 1963. Er hatte nur die erste von vier Sitzungsperioden des Konzils miterlebt. Jetzt trat Paul VI. seine Nachfolge auf dem Stuhl Petri an. Unter den würdigen greisen Erzbischöfen und Kardinälen saßen auch junge, sehr modern denkende Geistliche. Einer von ihnen war der Schweizer Hans Küng. Nach dem Ende des Konzils glaubte Paul VI. feststellen zu müssen, daß mit Theologen wie Hans Küng der Widersacher selbst unter den Vätern des Konzils gesessen habe.

Denn kaum war das Konzil beendet, zeigte es Wirkungen, die der Papst so nicht gewünscht hatte. Liberale Kräfte in der katholischen Kirche beriefen sich in einer Weise auf das Konzil, daß sich der Vatikan zu drastischen Korrekturen genötigt sah. Der Rauch des Satans war in den Tempel Gottes eingedrungen: Das glaubten auch konservative Gegner des Konzils, die seine Reformen, besonders die Abschaffung der lateinischen Liturgie und die Einführung der Stehkommunion als Teufelswerk verdammten. Statt ökumenischer Einheit hatte das Konzil Unruhe in die weltweite Gemeinde gebracht. Wissenschaftliche Theologen pochten auf das Recht einer rationalen, von Rom und seinen Dogmen freien Auslegung der Bibel. Ultrakonservative, wie der Erzbischof Marcel Lefebrve, beharrten auf dem Althergebrachten. Den einen gingen die Reformen des Konzils zu weit, den anderen nicht weit genug. Die große Einheit der weltumspannenden großen Mutter Kirche drohte zu zerbrechen, der „Durcheinanderbringer“ schien erfolgreich Verwirrung gestiftet zu haben.

Es begann die Zeit der großen Lehrprüfungsverfahren und Abgrenzungen gegen Traditionalisten und allzu liberale Theologieprofessoren. Marcel Lefebrve wurde die Befugnis, Priester zu weihen, entzogen. Er hielt sich nicht an das Verbot. Offener Ungehorsam gegen Rom an allen Fronten: Das Buch „Abschied vom Teufel“ (1969) des Tübinger Theologieprofessors Herbert Haag wurde abgelehnt, dann kamen die Werke von Hans Küng, später der „Fall Drewermann“. Küngs Bücher „Die Kirche“ (1967) und „Unfehlbar? Eine Anfrage“ (1970) wurden Gegenstand eines römischen Lehrverfahrens, das am 15. Februar 1975 mit dem Entzug der kirchlichen Lehrbefugnis endete. Mit der Erklärung „Mysterium ecclesiae“ (24. Juni 1973) hatte die Glaubenskongregation die Unfehlbarkeit der Kirche erneut betont und Küng widersprochen. Jedesmal erlitt das Image der Kirche in der Öffentlichkeit einen großen Schaden. Denn aus dem Ketzer war ein Medienstar geworden. Er schwieg nicht und beugte sich nicht unter die römischen Anordnungen. Bedeutete in früheren Zeiten die Indizierung eines Buches oder der Entzug der Lehrerlaubnis eine Schmach für den Autor, so wurden sie jetzt zum unfreiwilligen Werbefeldzug, der die Verkaufszahlen hochtrieb und aus theologischer Fachliteratur Bestseller machte. Die großen Zeitungen und Magazine standen oftmals mit teuflischer Häme hinter den Gemaßregelten.

Mit dem Zweiten Vatikanischen Konzil hatte sich die Kirche selbst unfreiwillig entzaubert. Sämtliche Tabus schienen gebrochen, und es begann die Zeit einer Papst-Schelte, wie sie die Öffentlichkeit seit der Reformation nicht mehr vernommen hatte. Paul VI., den die Medien gerne als „Pillen-Paule“ verspotteten und dessen Enzyklika „Humanae vitae“ (25. Juli 1968) wie ein Fels von der Brandung der sexuellen Befreiung umspült wurde, hatte am Nachmittag des 29. Juni 1972 aus doppeltem Anlaß eine Messe im Petersdom gefeiert. Es war das Fest der Apostel Petrus und Paulus, also der Grundpfeiler der katholischen Kirche, und zugleich der elfte Jahrestag (21. Juni) seiner eigenen Ernennung zum Papst. Er blickte zurück auf das Konzil und erinnerte an die Hoffnungen, die es begleitet hatte. Einen sonnigen Morgen hatte man für die Kirche erhofft, gekommen waren Tage, wo die schwarzen Vögel über dem dunklen Himmel kreisten. Zweifel und Unsicherheit hätten sich unter Christen ausgebreitet. Der Papst sah den Widersacher Christi und der Kirche, den „Durcheinanderwerfer“ Satan am Werk, und er war überzeugt, „daß etwas Außernatürliches in die Welt gekommen ist, gerade um die Früchte des Ökumenischen Konzils zu stören und zu ersticken, und um zu verhindern, daß die Kirche in den Hymnus der Freude ausbreche, das Bewußtsein ihrer selbst in Fülle wieder erlangt zu haben“.

Knapp fünf Monate später vertiefte Paul VI. diese düsteren Einsichten in die Lage der Kirche durch eine Pilgeransprache im Rahmen der Mittwoch-Generalaudienzen (15. November 1972). Sie wurde in deutscher Übersetzung am 24. November 1972 im „Osservatore Romano“ veröffentlicht und fand weltweite Aufmerksamkeit. Die Ansprache beginnt mit einer Frage: „Was braucht die Kirche heute am dringendsten?“ Ein Drittes Vatikanisches Konzil mögen viele Gläubige darauf antworten. Oder eine Reform der Sexualethik, die Freigabe der Pille, die Aufhebung des Pflichtzölibates, die Frauenordination. Der Papst weiß, daß er eine unpopuläre Antwort geben wird und macht deshalb eine vermittelnde Einleitung. „Unsere Antwort soll euch nicht erstaunen, nicht einfältig oder geradezu abergläubisch und unrealistisch vorkommen: Eines der größten Bedürfnisse der Kirche ist die Abwehr jenes Bösen, den wir den Teufel nennen." Da sind die Reaktionen der Öffentlichkeit vorweggenommen: Unverständnis, Kopfschütteln, Vorwurf des dunklen Aberglaubens, antiaufklärerischen Denkens, der Dummheit und Ignoranz. Anfang der siebziger Jahre kennt man den Teufel aus der Rockmusik, aus Horrorfilmen und Romanen, aber man versteht die Sprache des Glaubens nicht mehr. Es dreht sich nicht um eine Verteufelung der Moderne, um Ablehnung der Psychoanalyse, Soziologie und anderer Wissenschaften, die eigene Theorien über das Böse aufstellen, sondern um eine Rückbesinnung auf die gegengöttliche Macht, die bereits Jesus selbst verführen wollte, eine Sensibilisierung für die schwarzen Vögel, die den Himmel Gottes verdunkeln.

Deshalb erinnert Paul VI. ausführlich an die biblischen Aussagen vom Wesen und Wirken des Teufels, dem „Gott dieser Welt" (2. Korintherbrief 4,4), dem „Vater der Lüge" und „Mörder von Anfang an" (Johannes 8,44–45). Die Rede vom Teufel, da stimmt Paul VI. ganz mit Luthers Theologie überein, ist keine Marginalie im Christentum, sondern ihr kommt eine zentrale Rolle zu. Leider fliehe die Theologie vor der wichtigen Aufgabe, die Teufelslehre neu und zeitgemäß zu formulieren. Sie sei „ein sehr wichtiger Abschnitt der katholischen Lehre". Immerhin wagt der Papst einige Hinweise auf die Bereiche, wo der Teufel in den siebziger Jahren sein Unwesen treibe. Sein Wirken sei überall dort anzunehmen, „wo die Leugnung Gottes radikale, scharfe und absurde Formen annimmt, wo die Lüge sich heuchlerisch und mächtig gegen die offenkundige Wahrheit behauptet, wo die Liebe von einem kalten, brutalen Egoismus ausgelöscht wird, wo der Name Christi mit bewußtem und aufrührerischem Haß bekämpft wird, wo der Geist des Evangeliums ins Reich der Märchen verbannt und verleugnet wird, wo die Verzweiflung das letzte Wort behält." Wie kann sich die Christenheit, denn an sie richtet sich die Ansprache, gegen die Versuchungen des Teufels verteidigen? Die päpstliche Anwort steht erneut in Einklang mit lutherischer Lehre: „Die Gnade ist und bleibt die entscheidende Verteidigung."

Am 13. August 1986 nimmt der Nachfolger Paul VI. direkten Bezug auf die Ansprache. Johannes Paul II. (seit 16. Oktober 1978) zitiert ausführlich dogmatische und biblische Aussagen über den Teufel, unter anderem den ersten Johannesbrief: „Die ganze Welt steht unter der Macht des Bösen" (5,19) und beschreibt die Lage der Kirche in den achtziger Jahren. Der „Zustand des Kampfes" gehöre „zum Leben der Kirche". Ihr Gegner, der Teufel, zähle zu jenen Geistern, „die radikal und unwiderruflich Gott und sein Reich zurückgewiesen, sich Gottes Herrscherrechte angemaßt und versucht haben, die Heilsökonomie und die Ordnung alles Geschaffenen umzukehren." Der Teufel ist also da am Werke, wo der Mensch in die „Haltung der Rivalität, der Widersetzlichkeit und der Opposition gegen Gott" verfallen sei, wo die Wahrheit Gottes abgelehnt werde. Der Papst erinnert daran, daß der Teufel gerne unerkannt bleiben will, um untergründig gegen Gott zu arbeiten. „Der Einfluß des bösen Geistes kann ganz tief im Dunkeln verborgen am Werk sein; es entspricht ja seinen Interessen, unerkannt zu bleiben. Die besondere Gewandtheit des Teufels in dieser Welt besteht darin, die Menschen dazu zu verführen, seine Existenz zu leugnen, und zwar im Namen des Rationalismus und eines jeden derartigen Denksystems, das alle möglichen Ausflüchte sucht, um ja nicht das Wirken des Teufels zugeben zu müssen."

Wie nicht anders zu erwarten, reagierten Theologieprofessoren auf die Ansprache mit scharfer Ablehnung. Vom Rückfall ins Mittelalter war die Rede, und in vertrauter Weise spottete der „Spiegel" (22. Dezember 1986): „Wojtyla, des Teufels neuer General", nannte den Papst „Schreckenswandmaler Johannes Paul II." und „schwärmerischer Parteigänger einer Satanologie". Die christliche Rede vom Teufel und seinen Versuchungen wird von vielen Menschen als anstößig empfunden. Wäre es deshalb nicht besser, die Kirche gäbe sie auf und überließe Satan den Drehbuchautoren für Horrorfilme und den Songschreibern der Heavy-Metal-Szene? Menschen können die Wahrheit verschweigen, unterdrücken, verleugnen oder ins Lächerliche ziehen: Wahrheit bleibt Wahrheit. Die Kirche hat den Teufel nicht erfunden und sie kann ihn nicht aufgeben, ohne das Fundament der biblischen Lehre zu zertrümmern, auf dem ihr Bau errichtet wurde. In dem berühmtesten Gebet der Christenheit, das Jesus selbst seine Jünger gelehrt hatte, wird Gottes Schutz gegen die Versuchungen des Teufels erbeten: „Und führe uns nicht in Versuchung, sondern erlöse uns von dem Bösen." Nicht *das* Böse, sondern *der* Böse ist hier gemeint, wie bereits Martin Luther in seinem „Der Große Katechismus" (1529) dargelegt hat.

Der altböse Feind

Es war im Herbst des Mittelalters. Das Gesicht der Mutter Kirche hatte Falten bekommen, die Farben ihrer Kleidung waren verblaßt, und was die alte Dame ihren Söhnen und Töchtern über den Vater im Himmel erzählte, schien manchmal widersprüchlich und verworren. Zu lange wartete sie bereits auf die Wiederkunft ihres Bräutigams. Nach der Hochzeit, so erzählte sie, sei er in den Himmel aufgefahren, wo er jetzt zur Rechten Gottes throne. Von dort werde er wiederkommen, zu richten die Lebenden und die Toten. Es gab Tage, da drohte sie: „Wartet, bis der Vater nach Hause kommt!" Dann hatten die Kinder Angst, waren für eine Weile artig und folgten der Mutter aufs Wort. In diesen Tagen konnte sie von ihnen alles verlangen. Die Kinder kuschten, sobald es hieß: „Es ist der Wille eures Vaters, daß Ihr mir gehorcht!" Im Laufe der Jahrhunderte hatte sie Unterschiedliches über den Willen des Vaters erzählt. Mal sollte er dies, mal das gesagt haben. Dann schien es, als erinnerte sie sich nicht mehr an die ursprünglichen Worte.

Das beunruhigte eines ihrer Kinder in besonderem Maße. Es fühlte sich in seiner Haut unwohl, hatte alles getan, was man tun mußte, damit der Vater vom Himmel wohlgefällig hinabschaute und fand doch keinen Seelenfrieden. „Mütterchen Kirche, erzähle uns, wie es im Anfang war, als Christus Dich zu seiner Braut erwählte! Wie war er, Dein Bräutigam? Was hat er Dir wirklich gesagt? Glaubst Du noch an seine Rückkehr?" Das fromme Kind fühlte sich versucht, angegriffen, in seiner Substanz in Frage gestellt. Es konnte unternehmen, was immer es wollte, fasten, beten, sich selbst kasteien, viele gute und fromme Werke tun, Almosen geben: Nie beruhigte sich sein Gewissen, nie hatte es das Gefühl, vom Vater angenommen zu sein. Schreckliche Angst lastete über dem Tag des Gerichtes und der Strafe, da Vater aus dem Himmel zurückkehren werde. „Du bist das Brot nicht wert, das Du ißt." dachte der Sohn, und wenn ein Pferdewagen an ihm vorbeirollte, durchschoß es ihn: „Gleich springt ein Rad vom Wagen, überrollt mich und tötet mich. Das hätte ich verdient!" Mutter und Geschwister achteten und bewunderten ihn wegen seiner Frömmigkeit, er aber fühlte sich innerlich tot, wie ein Besessener und Gefangener einer fremden Macht, die sich zwischen ihn und den Vater stellte. Später, als er befreit worden war, dichtete er ein Lied, in dem er auf jene Tage der Versuchung zurückblickte:

„Dem Teufel ich gefangen lag,
im Tod war ich verloren,
mein Sünd mich quälte Nacht und Tag,
darin ich war geboren.
Ich fiel auch immer tiefer drein,
es war kein Guts am Leben mein,
die Sünd hat mich besessen."

Welcher Theologe der Christenheit hat so deutlich die Rolle des Teufels als Widersacher Christi und Feind des Glaubens betont wie Martin Luther (1483–1546)? Beim Studium des Römerbriefes entdeckte dieser unglückliche Sohn der Mutter Kirche die ursprüngliche Botschaft des Vaters: Alles ist Gnade, alles ist Christi Werk, aller Friede kommt aus dem Glauben. Alles, was der Gnade entgegensteht, alles, was Christus widerspricht, alles, was den Glauben in Zweifel zieht, kommt dagegen vom Teufel. Gott oder Teufel! Es gibt für den Menschen keinen dritten Weg. Der Mensch gleicht einem Reittier. Entweder wird er von Gott oder von Satan geritten. Martin Luther hatte den ursprünglichen Klang der biblischen Botschaft wieder vernommen. Der Mensch hatte Gott verloren. Er war wie der Teufel gefallen und lag verstrickt in den Fesseln der Sünde. Wie konnten Schöpfer und Geschöpf, Erlöser und Sünder wieder zueinanderfinden, wie konnte der Riß im Universum geheilt werden? Luthers Antwort lautete: Allein durch den Glauben an Christus („sola fide"), allein durch die Gnade („sola gratia") und allein durch die Bibel („sola scriptura"). Alles andere war vom Teufel.

Mit der Erlösung aus der Vertrauenskrise hört die Versuchung aber nicht auf. Im Gegenteil! Anfechtungen, Glaubenszweifel, Beunruhigungen des Gewissens plagen Luther ein Leben lang. Da geht es ihm wie allen Menschen. Und es wundert nicht, daß gerade die Übersetzung der Bibel auf der Wartburg den Teufel auf den Plan ruft. Daß Luther mit dem Tintenfaß nach ihm geworfen haben soll, stimmt jedoch nicht. In seinem reformatorischen Kampflied „Ein feste Burg ist unser Gott" singt er vom *Wort Gottes*, das allein den Teufel niederstrecken kann.

„Und wenn die Welt voll Teufel wär
und wollt uns gar verschlingen,
so fürchten wir uns nicht so sehr,

es soll uns doch gelingen.
Der Fürst dieser Welt,
wie saur er sich stellt,
tut er uns doch nicht;
das macht, er ist gericht'.
Ein Wörtlein kann ihn fällen."

Was wirklich auf der Wartburg in Thüringen geschah, erzählte Martin Luther in seinen Tischgesprächen immer wieder gerne. Auf der Rückkehr vom Wormser Reichstag (1521) ließ ihn sein eigener Landesfürst in Schutzhaft nehmen, denn der päpstliche Bannstrahl hatte Luther getroffen, und die Reichsacht war über ihn verhängt worden. Mit seinen kritischen Fragen an Mutter Kirche hatte sich der Augustinermönch Martin zwischen alle Stühle gesetzt und mußte um sein Leben bangen. Da zog ihn sein Gönner vorübergehend aus dem Verkehr und versteckte ihn auf der Wartburg in Eisenach, wo einst die Heilige Elisabeth von Thüringen in der Nachfolge des Heiligen Franz von Assisi lebte. Noch Richard Wagners „Tannhäuser" erinnert an den Wettstreit der Minnesänger, den Sängerkrieg auf der Wartburg, der hier oben stattgefunden haben soll. Poesie und Christentum, radikaler Geist der Nachfolge Jesu und deutliche Worte waren seit altersher zwischen den Gemäuern beheimatet. Hier oben im Reich der Luft und näher dem Himmel schuf Luther mit seiner Übersetzung des Neuen Testamentes die frühneuhochdeutsche Sprache. September 1522 („Septembertestament") erschien das Werk mit einer Erstauflage von 3000 Exemplaren, die trotz des hohen Preises sofort vergriffen war. 85 Auflagen erlebte es in den folgenden zehn Jahren bis zur Veröffentlichung der vollständigen Lutherbibel (1534). Davon druckte die Wittenberger Druckerei von Hans Lufft in fünf Jahrzehnten über 100 000 Exemplare. Die Zahl der Raub- und Nachdrucke anderer Druckereien überstieg bald die Millionengrenze.

Noch war das Jahrhundertwerk nicht vollbracht. Niemand durfte von seinem Aufenthalt wissen, außer dem Schloßhauptmann Hans von Berlepsch und zwei Edelknaben, die Luther zweimal am Tag Essen und Trinken in die Kammer brachten. Von ihnen erhielt er auch einen Sack mit Haselnüssen, die er in Übersetzungspausen knackte. Aus Schutz vor Mäusen wurde der Sack in einem Holzkasten verschlossen. Dann kam die Nacht des Teufels. Luther hatte sich gerade entkleidet, das Kerzenlicht ausgeblasen und zu Bett gelegt. Er wird Vaterunser, Glaubensbekenntnis und den Abendsegen gebetet haben. Möge Gott ihn im Namen Jesu Christi in der kommenden Nacht gnädig behüten, seinen heiligen Engel neben das Bett kommandieren, damit der böse Feind ihn nicht bedrängen kann! Dann lag er allein. Wirklich?

Zehn Monate dauerte die Einsamkeit auf der Burg. Als Mönch kam er hierher. Glattrasiert und mit Tonsur. Der Fürst verlangte, daß er sich einen Bart und das Haupthaar wachsen ließe und ritterliche Kleidung anlegte. Junker Jörg hieß Luther nun. Niemand erkannte ihn. Selbst der Freund Lucas Cranach nicht, als man ihn eines Tages auf die Burg brachte, den fremden Edelmann zu portraitieren. Luther lebte im Reich der Luft und der Vögel. Dreihundert Tage Einsamkeit, in denen oftmals die schwarzen Vögel der Seele über ihm kreisten.

Nacht herrscht und eine Stille, daß er das Ohrensausen in seinem Kopf hört, als läuteten die Glocken der Burgkapelle. Da plötzlich spürt Luther: Er ist nicht allein in seinem Zimmer. Jemand macht sich an der Holzkiste zu schaffen, greift nach den Nüssen und donnert eine nach der anderen gegen den Deckenbalken, daß sie, von dort zurückprallend wie Flummis, durch das Zimmer springen. Dann wird Luther samt seinem Bett durcheinandergerüttelt. Wie reagiert der Gottesmann auf diese schaurigen Vorkommnisse? „Aber ich fragte nichts darnach", erinnert er sich fünfundzwanzig Jahre später. Er läßt sich nicht aus der Ruhe bringen und schläft ein. Stimmt das, Luther!? Erzählst Du die Wahrheit, oder verklärst Du die Vergangenheit? Die Haselnüsse fliegen durch Dein Zimmer, Dein Bett wird durcheinandergerüttelt, und Du schläfst in Gottes Frieden ein?! Später in der Nacht sei er durch ein fürchterliches Poltern auf der Treppe geweckt worden. Ein Eisenschloß und eine Kette sicherten den Weg zu seinem Zimmer. Niemand konnte hinaufgelangen. Doch das Poltern wollte kein Ende nehmen, so als würfe jemand sechzig Fässer die Treppe hinab. Luther erhebt sich aus dem Bett und sieht nach. Die Tür ist verriegelt, die Treppe frei. Niemand zu sehen. Wieder will Luther gelassen reagiert haben. „Bist du es, so sei es!" habe er gesagt, sich dem Herrn Jesus Christus befohlen und wieder ins Bett gelegt.

Einige Tage später kommt die Frau des Schloßhauptmannes Berlepsch von einer Reise zurück. Hausfrauen haben eine gute Nase für atmosphärische Veränderungen. So wittert sie Luthers Anwesenheit auf dem Schloß und begehrt ihn zu sehen. Es wird ihr verwehrt. Luther ist inzwischen ein neues Zimmer zugewiesen worden. Berlepschs Frau übernachtet in der Kammer mit dem Poltergeist. Der läßt nicht lange auf sich warten. „Da hats die Nacht über ein solch Gerümpel in der Kammer gehabt, daß sie gemeint hätte, es wären tausend Teufel drinnen." Warum erzählt Luther von den erneuten Versuchungen Satans? Sie beweisen, daß er in der Nacht des Teufels keiner Einbildung erlegen war. Der Teufel existiert, daß kann die Frau des Schloßhauptmannes bestätigen. Wie man sich gegen ihn zur Wehr setzt, zeigt Luther durch sein Verhalten: Der Christ befehle sich Gott und lasse den Teufel poltern! Kein Exorzismus, kein Ritual der Teufelsaustreibung ist nötig. „Aber das ist die beste Kunst, ihn zu vertreiben, wenn man Christum anruft und den Teufel veracht; das kann er nicht leiden." Ähnlich spricht auch der Vater zu seinem Sohn: Wenn ihn die Mitschüler in der Pause ärgern, solle er sich nicht provozieren lassen. „Beachte sie einfach nicht!" Luther kommt immer wieder auf diese Methode der Nichtbeachtung des Teufels zu sprechen. Auch in seiner Klosterzelle sei er durch das Poltern des Teufels mitten in der Nacht geweckt worden. Als er die Quelle des Kraches erkannt hatte, sei er sogleich beruhigt gewesen. „Aber da ich vermarkt, daß ers war, acht ichs nichts und schlief wieder ein."

Leben heißt in Versuchung sein. Niemand wirft seine alte Lebensgeschichte einfach über Bord, wenn er durch Anfechtungen zu neuem Glauben geschritten ist. Nach jeder neuen Geburt bleiben Schwangerschaftsnarben auf Körper und Seele zurück. Die Menschen, so Martin Luther in seiner Deutung der sechsten und siebten Bitte des Vaterunsers („Und führe uns nicht in Versuchung, sondern erlöse uns von dem Bösen") „tragen den alten Adam am Hals". Der reize sie täglich zu Unzucht, Faulheit, Haß, Neid, Feindschaft, Untreue, Fressen, Saufen, Geiz und Hinterlist. Durch diese Empfänglichkeit für Laster und Bosheit versuche der Teufel, Macht über den Menschen zu gewinnen und ihn zur Verachtung der göttlichen Gnade zu führen. Warum legt Gott dem Satan nicht einfach das Handwerk? Die uralte Frage des Hiob findet auch hier keine Antwort. Der geheimnisvolle Gott schickt den Teufel und zugleich die Medizin gegen ihn. Er ist Sender der Seuchen und ihr Arzt. Keine Macht der Welt kann gegen den Teufel helfen. „Darum haben wir auf Erden nichts zu tun, als ohne Unterlaß gegen diesen Hauptfeind zu beten. Denn wenn uns Gott nicht erhielte, wären wir keine Stunde vor ihm sicher." Der Teufel schläft niemals. Für Luther richten sich sämtliche Bitten des Vaterunsers gegen diesen Hauptfeind des Menschen. „Denn dieser ist's, der all das, was wir bitten, unter uns verhindern will; Gottes Namen oder Ehre, Gottes Reich und Willen, das tägliche Brot, das fröhliche, gute Gewissen".

Heinrich Faust

Manchmal wird ein strebsamer Lehrling oder eine brave Schülerin vom Teufel geritten. Dann ist im Betrieb und auf der Schule der Teufel los. Das können für die besorgten Eltern höllische Tage sein, aber sie müssen nicht gleich den Teufel an die Wand malen. In Teufels Küche kommt jedoch, wer mit ihm paktiert und dabei seine Seele verpfändet. Da hört der Spaß auf, und der Wortspiele ist ein Ende.

Was geschieht, wenn der Heimgesuchte dem Teufel die Hand reicht? Ihm geht es blendend. Zumindest für einige Zeit. Er ist im Rausch des Erfolges, fühlt sich angeturnt, „eight miles high". Versuchung und Teufelspakt liegen nahe beieinander, wie das Beispiel Jesu zeigt. In der zweiten Attacke forderte der Diabolos seine Anbetung und Anerkennung als Gott dieser Welt. Als Gegengabe versprach er Jesus irdische Macht, Herrlichkeit und Reichtum. Da wird sichtbar, in welchen Rängen die Freunde des Teufels verkehren. Ihnen geht es gut, verteufelt gut sogar. Sie stehen auf der Siegerseite des Lebens. Nicht immer, aber immer öfter. Doch hat alles seinen Preis. Wer hier auf Erden des Teufels war, wird es drüben in der jenseitigen Welt bleiben.

Der Teufel wirkt wie eine Droge. Er steigert das Lebensgefühl. Die Zeit wird verdichtet und intensiver erlebt. Keine Langeweile und innere Leere mehr, sondern Leben pur. „Große Zeit, tolle Zeit, ganz verteufelte Zeit, in der es hoch und überhoch hergeht", und eine Überwindung der Mittelmäßigkeit verspricht der Teufel dem Musiker Adrian Leverkühn. Doch später kommt wie bei vielen Leistungssportlern die Rechnung. Die Bänder sind überdehnt, die Nerven zerrüttet. Steil stieg die Karriere des jungen Mannes im Bankwesen. Der Pakt mit dem Erfolg war durch den Infarkt besiegelt worden. Vergeblich warnten Lehrer, Erzieher, Eltern und Freunde vor der Droge. Wer sich dem Teufel Heroin, Nikotin oder Alkohol verschrieben hat, ist auf dem Highway zur Hölle. Nur eine Macht, die stärker als Satan ist, kann den Abstieg in die Unterwelt noch bremsen.

Seit Christus in die Welt gekommen ist, sind die Tage des Teufels gezählt. Er „weiß, daß er wenig Zeit hat" (Offenbarung 12,12), deshalb versucht er, sie zu nutzen und möglichst viele Menschen auf seine Seite zu ziehen. Ohne Vorwarnung ist der Zeitvirus da. Die Zeit wird knapp. Das Gefühl,

„Gott aber, dem Meister aller Meister, darf man zutrauen, daß er auch aus dem gemeinsten Stoff noch etwas machen kann. Der Baum, der schlechte Früchte bringt, wird ausgehauen und verbrannt; so unterhält er immerhin das reine Element des Feuers; ja, wenn er nur liegt und fault, hilft er neues Wachstum ernähren. Die Natur verwahrt und verwertet jedes Atom; der große Künstler formt aus dem Antlitz eines Mörders ein herzerschütterndes Bild, - und die Gottheit sollte vergeuden?" (Hans Carossa).

zu wenig Zeit zu haben, schürt die Bereitschaft, mit dem Teufel zu paktieren. Ein Mann geht auf die Fünfzig zu. Er hat alles erreicht, was im bürgerlichen Leben Anerkennung bringt: eigenes Haus, gesunde Kinder, die jetzt Abitur machen, hübsche Frau und beruflichen Erfolg. Plötzlich fällt er in ein Loch, kann sich am Erfolg nicht mehr erfreuen. Im Gesicht seiner Frau sieht er nur die Falten und im Spiegel die Brücken seines Gebisses. Er starrt auf den knackigen Po der Freundin seines Sohnes und erschrickt beim Baden vor der erschlafften Bauchmuskulatur und dem leichten Brustansatz des eigenen Körpers. Er sucht die verschwundene Zeit. Wer schenkt ihm die Jugend zurück? Der Mensch ist ein Kind der Zeit, doch seine Wünsche stammen aus der Ewigkeit. Jetzt ist die Stunde des Verführers da. Er lügt das Blaue vom Himmel, verkauft Feuchtigkeitscremes und Tönungsshampoos, verspricht bei Unterzeichnung des Vertrages ewige Jugend und sprengt die Ehe.

Alle Menschen, die mit dem Teufel paktiert haben, befanden sich in einer Krisensituation und wollten die kurze Lebenszeit intensiver erleben. Das gilt auch für den berühmtesten Teufelsbündler, dessen Geschichte Johann Wolfgang von Goethe (1749–1832) erzählt. Man sage nicht, der „Faust" sei nur Dichtung, pure Erfindung und mehr nicht. Das Schicksal des Heinrich Faust ist eine *Verdichtung* des modernen Lebens. In seinem extremen Lebenslauf spiegeln sich unsere Versuchungen und Bündnisse mit dem Bösen, die restlose Ausbeutung der Schöpfung und rastlose Zerstörung des Lebendigen. Goethe kannte die Geschichte vom Teufelsbündler Faust seit seiner Kindheit in Frankfurt. Siebzig Jahre Autorschaft widmete er der Gestaltung des Stoffes.

Wie kommt ein Mann dazu, mit dem Teufel zu paktieren? Heinrich Faust ist ein kluger, gelehrter Arztsohn, vielfach studierter Doktor, ausgebildeter Mediziner, Jurist, Philosoph und Theologe, von den Bürgern geachtet und von seinem Assistenten bewundert. Niemand ahnt, daß er todunglücklich ist. Bis zur Midlife-Crisis hatte er sein Leben ausschließlich den Wissenschaften gewidmet. Zu religiösen oder familiären Bindungen war dieser Single unfähig. Jetzt wird er alt, die Lebenssäfte fließen träger. Viel Wissen hat Faust erworben, aber keine Weisheit erlangt. Ein entwurzelter moderner Mensch. Seine esoterische Phase hat er hinter sich. Zum New-Age-Jünger fehlt ihm die Naivität. Jetzt spielt er mit Selbstmordgedanken. Das ist die Bühne innerer Leere, auf der Satan erscheint. Nicht in Gestalt einer drallbusigen Jurastudentin mit Strapsen und String unter dem engen schwarzen Minirock, sondern im Fell eines schwarzen Pudels, dem Lieblingstier der Weltverneiner.

Faust schließt den Pakt und besiegelt ihn mit seinem Blut. Die Bedingungen kümmern ihn nicht. Er hat nichts zu verlieren. Der Teufel bietet ihm rastlosen Einsatz auf Erden an, im Jenseits müsse ihm dafür Faust zu Diensten stehn. Für Faust zählt die Gegenwart und das Leben auf der Erde. Der gefallene Engel und der entwurzelte Mensch schließen einen Pakt, eine Solidarität der Außenseiter. Da kann nichts Gutes draus werden. Beide sind ewige Neinsager, Skeptiker, und wenn sich zwei von ihrem Schlage zusammentun, dann wächst daraus Unheil für das Gemeinwohl. Der Teufel vermittelt Faust eine Verjüngungskur und entfacht seine Libido. Schnell ist ein Mädchen zur Stelle und wird ins Unglück gestürzt: Verführung, Schwangerschaft, Kindsmord, Brudermord, Muttermord – die Spur des Teufels führt quer durch Europa und die Zeiten. Experimente am Menschenleben, Machtstreben und Wirtschaftskriminalität, kühne Deichbaumaßnahmen und Expansion des Besitzes, heimtückische Ermordung eines alten Ehepaares, weil es von seinem angestammten Grundbesitz nicht weichen will, um Fausts Bauplänen Raum zu geben: Wie die Urgeschichte der Genesis läßt auch dieser moderne Teufelspakt keine Bosheit aus.

Wer mit dem Teufel paktiert, gehört in die Hölle. So hatte es die Kirche seit Jahrhunderten gelehrt, und so glaubte es das Volk. Wirklich? Bleibt nicht im Menschen ein Rest vom Traum der Versöhnung und Erlösung, die auch dem schlimmsten Sünder zuteil werden kann? Hat nicht der Böseste eine schwache Stimme des Gewissens, die ihm sagt: „Es ist nicht richtig, was Du tust!“ Faust kennt Momente der Gewissensanwandlung und der Verzweiflung, sie führen ihn aber nicht von seinem Höllenweg ab. Kein Zweifel, er ist ein todsicherer Kandidat der Hölle. Als er im Alter von beinahe hundert Jahren stirbt, will der Teufel seine Seele schnappen. Doch da kommen Engel und retten sie. Langsam steigt Fausts unsterbliche Seele in den Himmel hinauf, wo es nach einer Läuterung zu einem Wiedersehen mit der Geliebten kommt. Am Ende steht bei Goethe die Allversöhnung und Wiederherstellung der gefallenen Schöpfung. Alles ist im Himmel vereint, so wie es der junge Goethe beim Kirchenvater Origenes gelesen hatte. Ist das gerecht und vor allen Dingen nicht zu billig? Als wäre das Leben ein rheinischer Karneval, wo die fröhlichen Sünder schunkelnd singen: „Wir kommen alle, alle, alle in den Himmel, weil wir so brav sind!“

Das menschliche Leben hat ein Vorspiel und ein Nachspiel im Himmel. Auch über Faust hatten Gott und Teufel im Himmel gesprochen. Der Teufel war als Widersacher, Querulant und Stänkerfritze mitten in den Gesang der Engel geplatzt. Michael, Gabriel und Uriel sangen von der Herrlichkeit der Schöpfung und ihrem wunderbaren Geheimnis. Satan widersprach, stellte die Harmonie des Weltganzen in Frage und spielte sich dabei als Anwalt des Menschen auf. Als Gegenbeispiel brachte Gott ausgerechnet Faust ins Spiel, keinen frommen Christen, keinen Zufriedenen, sondern einen zerrissenen Menschen, einen Zweifler und Selbstmordkandidaten. Ein völlig anderer Typos als Hiob, der fromme Duldner. Ein Mensch voller Unruhe, rastlos strebend nach neuer Erfahrung. Gerade er soll den Beweis der harmonischen Schöpfung erbringen. Am Ende, da ist Gott gewiß, werde der Mensch aus der Dunkelheit der Welt und des Irrtums in die Klarheit der Erkenntnis geführt sein. Nicht die Frömmigkeit, das Gebet, die Sündenfreiheit und Tugendhaftigkeit führen zur Erlösung, sondern das Streben. Die Engel (Verse 11934–41) singen von diesem „Stairway to heaven“:

„Gerettet ist das edle Glied
Der Geisterwelt vom Bösen,
Wer immer strebend sich bemüht,
Den können wir erlösen.
Und hat an ihm die Liebe gar
Von oben teilgenommen,
Begegnet ihm die selige Schar
Mit herzlichem Willkommen.“

Was ist ein Teufelspakt? Goethe hatte in seinem Weltbuch Beispiele gegeben und eine in die Moderne übersetzte Urgeschichte geschrieben. Wie die Sünde, so ist der Teufelspakt eine Überschreitung der moralischen und technischen Grenzen, die dem Menchen zu seinem eigenen Schutz gesetzt sind. Aber das Streben nach Grenzüberschreitung ist uns seit dem Sündenfall eingeboren und vererbt sich von Generation zu Generation. Früher, als Eltern und Priester den Kindern noch die religiöse Sprache lehrten, nannten sie diesen unheilvollen Drang die Erbsünde. Die Erbsünde liegt gleichsam in unseren Genen, sie macht unser Wesen aus, und wir müssen unseren Kindern und Enkelkindern zeigen, wie sie damit leben können, ohne die Schöpfung zu vernichten. In uns spiegelt sich die Unendlichkeit des

Weltalls wieder. Wie Riesen wachsen wir ins Übermenschliche. Wegen der fehlenden moralischen Wertung meinten viele Leser des „Faust", der Teufelsbündler sei am Ende zu gut weggekommen.

Zu diesen Skeptikern gehörte Thomas Mann (1875–1955). Als er seinen Roman „Doktor Faustus" (15. März 1943–29. Januar 1947) niederschrieb, erlebte er aus dem sicheren californischen Exil den Höllensturz Deutschlands, die Befreiung der Konzentrationslager und die erste Atombombenexplosion in Hiroshima. Deutschland hatte mit dem Teufel paktiert, es war zum Land der Dämonen geworden. Beispiellose Verbrechen waren verübt worden. Da konnte es kein Erbarmen geben! Und „was nur immer auf deutsch gelebt hat, steht da als ein Abscheu und als Beispiel des Bösen". Die Bevölkerung von Weimar, der Stadt Goethes, Herders, Schillers, wird von amerikanischen Soldaten vor die Krematorien des nahegelegenen Konzentrationslagers auf dem Ettersberg geführt, „Bürger, die in scheinbaren Ehren ihren Geschäften nachgingen und nichts zu wissen versuchten, obgleich der Wind ihnen den Gestank verbrannten Menschenfleisches von dorther in die Nasen blies". Seinen „Doktor Faustus" versteht Thomas Mann deshalb als pädagogische Maßnahme und Aufklärungsbuch über das Böse in und außerhalb des Menschen. Deutschland war nicht der verführte Unschuldsengel. Das Dämonische gehörte vielmehr zu seinem Wesen. Vor ihm erschaudert der Dichter und sucht – Michelangelos Weltgericht in der Sixtinischen Kapelle vor Augen- Zuflucht im Gebet:

„Deutschland, die Wangen hektisch gerötet, taumelte dazumal auf der Höhe wüster Triumphe, im Begriffe, die Welt zu gewinnen kraft des einen *Vertrages*, den es zu halten gesonnen war, und den es mit seinem *Blute gezeichnet* hatte. Heute stürzt es, von *Dämonen umschlungen*, über einem Auge die Hand und mit dem andern ins Grauen starrend, hinab von Verzweiflung zu Verzweiflung. Wann wird es des Schlundes Grund erreichen? Wann wird aus letzter Hoffnungslosigkeit ein Wunder, das über den Glauben geht, das Licht der Hoffnung tragen? Ein einsamer Mann faltet seine Hände und spricht: Gott sei euerer armen Seele gnädig, mein Freund, mein Vaterland."

KAMPF

TEUFELSAUSTREIBUNGEN

„Die Priester üben fast nie ihre Macht als Exorzist aus, denn es fehlt ihnen der Glaube, und sie haben existentielle Angst, den Dämon zu verärgern. Die Folge davon ist, daß die angeblichen Hysteriker, mit denen die Kliniken überfüllt sind, unwiederbringlich ihren ärgsten Feinden überlassen werden."

Léon Bloy

Heilung durch das Wort

Monika aus Hohenhameln leidet unter Schlafstörungen und Nackenverspannungen. Manchmal, so erklärt sie ihrem Hausarzt, schrecke sie schweißgebadet mitten in der Nacht jäh auf und könne trotz großer Müdigkeit nicht wieder einschlafen. Tagsüber fühle sie sich dann wie gerädert. Der Landarzt mißt den Blutdruck und erstellt ein EKG, erkundigt sich nach den Eß- und Trinkgewohnheiten, sagt gutmütig: „Wir müssen abnehmen." Das familiäre Umfeld der Lehrerin und vierfachen Mutter ist ihm bekannt. Auf den Dörfern kennt jeder jeden. Eine organische Ursache der Schlafstörungen kann er nicht ausfindig machen. Das wußte er bereits vor der Untersuchung. Der „Herr Doktor" verschreibt seiner Patientin ein Muskelrelaxans und Analgetikum zur Beruhigung der Nerven. Drei Jahre später wird eine Kur in der psychosomatischen Klinik in Bad Pyrmont genehmigt. Hier entdeckt Monika in langen Gesprächen mit ihrem Therapeuten die Ursache ihrer schlaflosen Nächte, Angstzustände und Verspannungen. Sie hätte es selbst wissen können, wenn sie die Botschaft ihrer Alpträume ernster genommen hätte.

Ihr träumte immer wieder, sie wache morgens auf, bereite Kindern und Ehemann das Frühstück, wasche den Schwiegervater, begleite ihre Schwiegermutter zum Wagen, fahre sie in die Schule, erstelle dort eilig einige Kopien aus dem Biologiebuch und haste atemlos in den Unterricht, wo die Schüler bereits über Tische und Bänke stoben. Zwischendurch müsse sie den Biologieraum verlassen, gebe der Lerngruppe zur Beschäftigung eine Stillarbeit und eile in die Teeküche, wo sie ihrer Schwiegermutter Schinken und Rührei bereite. Diese bestehe darauf mit der Begründung, ihr lieber Sohn habe ihr vor der Eheschließung immer dieses Frühstück gerüstet, so wie sie es in der Kindheit für ihn getan habe. Wenn Monika ihre Schwiegermutter fragte, warum sie ausgerechnet hier in der Schule bedient werden wolle, erhielt sie zur Antwort lediglich den Vorwurf der Undankbarkeit. Monika lebte in ständiger Angst, entdeckt zu werden. Wie sollte sie die Anwesenheit der Schwiegermutter vor dem Schulleiter und den Kollegen rechtfertigen?

Damit niemand ihrer Lehrerkollegen während der Pausen die Teeküche beträte, meldete sie sich freiwillig zum Küchendienst und bereitete täglich Kaffee und Tee. Zuerst war alles nur ein Alptraum. Dann erlebte Monika, wie sich die Grenze zwischen Traum und Wirklichkeit verschob. Plötzlich sah sie Ameisen durch den Biologieraum laufen, das Skelett bewegte sich, und das ausgestopfte Faultier über der Eingangstür haarte, daß es ihr den Atem abschnürte. „Mutter, ich komm' ja!" rief sie und verließ den Raum. Dann meinte sie, Menstruationsgeruch zu riechen, der auch bei geöffnetem Fenster nicht weichen wollte. Sie sah vor dem Experimentiertisch Blutflecken und suchte die Toilette auf. Schüler und Kollegen begannen, über sie zu tuscheln, der Direktor bat sie in sein Dienstzimmer.

Monikas Schwiegermutter war eine sehr rüstige Frau, keineswegs pflegebedürftig. Aber Monika hatte das Gefühl, sie säße ihr ständig wie ein Alp im Nacken. Dann war es ihr, als hätte sie keinen eigenen Willen mehr. Sie fühlte sich von ihrer Schwiegermutter in Besitz genommen. In den fünfziger Jahren hatten sie und ihr Mann das Haus gebaut. Die Schwiegereltern wohnten oben im Dachgeschoß, sie im Erdgeschoß, und ihre beinahe erwachsenen Söhne hatten sich inzwischen ein eigenes Reich im Keller geschaffen, wo sie sich bis spät in die Nacht „Ice Cube" und anderen Rap reinzogen und mit ihren Freundinnen auf der Couch herummachten. „Wer bin ich?" Es gab Tage, da fand Monika sich selbst nicht mehr. Mit ihrem Mann konnte sie nicht sprechen. Er verwies auf die Überschreibung der Haushälfte, die seine Eltern geleistet hatten. Die Jungen schalteten bei einer Aussprache auf Durchzug, die Schwiegermutter würfe Undankbarkeit vor. Manchmal wünschte sie, es käme einer, der sie von allen Lasten befreite und ihren gekrümmten Rücken wieder aufrichtete, damit sie wieder den offenen Himmel sähe.

Therapien sind Befreiungsversuche. Sie wollen den bedrängten Menschen wieder zur Wahrnehmung seiner selbst führen und das Ich stärken. Dazu führen sie ihn zurück in die Kindheit und manchmal weit darüber hinaus in jene Grenzbereiche, wo die Worte versagen. Wie gelingt eine Befreiung des Menschen? Darauf gibt es keine Antworten, sondern nur *Annäherungen*.

Viele Wege mögen zur Befreiung führen, einige sind unwirksam, andere schädlich. Kein Taucher springt ohne vorherige Kontrolle seiner Ausrüstung ins offene Meer, kein Höhlenforscher steigt ohne Lampe ins Erddunkel. Vor dem Abstieg in die Seelentiefe sollte jeder für sich die Fragen beantworten: „Kannst Du in den Spiegel Deiner Seele blicken? Bist Du stark genug, Deinen Anblick zu ertragen? Wie wirst Du reagieren, wenn die erbärmliche Wahrheit sichtbar wird und Deine Lebenslüge ans Licht tritt? Wäre es dann nicht besser gewesen, Du hättest sie im Unentdeckten gelassen? Wirst Du stark genug sein, der Wahrheit ins Auge zu blicken?" Die geeignete Therapie und der richtige Therapeut sind wichtig – und Gelassenheit, denn was sich über Jahre und Jahrzehnte in die Seele eingeschlichen hat, ist nicht mit einem Gespräch gebannt. Manche Krankheit der Seele ist so unheilbar wie Krebs und Aids.

Alle modernen Therapieformen weisen zurück auf Sigmund Freud (1856–1939), den Ahnherrn der Psychoanalyse, auch wenn die einzelnen Schulen untereinander so zerstritten sind wie die christlichen Konfessionen im Laufe ihrer Geschichte. Freud war im Winterhalbjahr 1885–86 bei dem berühmten französischen Nervenarzt Jean Martin Charcot (1825–1893), Klinikchef der Salpêtrière in Paris, nicht nur zur Schule gegangen, er hatte in ihm einen Lehrer gefunden. Das berühmte Bild von André Brouillet, das Charcot bei der Demonstration eines Falles von Hysterie zeigt, hing in Freuds Behandlungszimmer in Wien und nach seiner Flucht vor den Dämonen der Hitlerbarbarei in London. „Nach manchen Vorlesungen gehe ich fort wie aus Notre-Dame, mit neuen Empfindungen vom Vollkommenen", berichtet der junge Freud (24. November 1885) seiner Verlobten Martha Bernays. Charcot hatte reich geheiratet, das verschaffte ihm Ansehen in der mondänen Gesellschaft. „Charcot war ein armer Teufel, ihr Vater soll ungezählte Millionen besitzen", heißt es in einem weiteren Brief an die Verlobte (20. Januar 1886). Martha Bernays (1861–1951), Enkeltochter eines Oberrabbiners aus Hamburg, war wie Sigmund Freud ohne Vermögen.

In seinem berühmten Salon am Boulevard Saint Germain empfing Charcot die Pariser Prominenz. Dienstagvormittags fanden öffentliche Vorlesungen und Demonstrationen von Patienten statt, darunter Auftritte der jungen Hysterikerin Augustine, die unter dem hypnotischen Einfluß ihres Arztes sämtliche Phasen eines großen Anfalls vor dem Publikum zeigen konnte. Guy de Maupassant und andere Schriftsteller, Schauspieler oder Journalisten ließen es sich nicht entgehen, Charcot eine gelähmte Nonne mit den biblischen Worten: „Stehe auf und wandle!“ heilen zu sehen. Vor ihren Augen vollzog sich ein grundlegender Wandel in der Deutung und Behandlung schwerer seelischer Leiden. Anstelle des Priesters trat der Nervenarzt. Die Aura des heiligen Mannes wurde auf den „Gott in Weiß“ übertragen. Selbst der Atheist Freud vergleicht den Vorlesungssaal mit einer Kathredrale und die äußere Erscheinug seines verehrten Lehrers mit der eines Weltgeistlichen. Charcot hatte mit Hilfe der Hypnose geheilt, Freud dagegen kehrte zur alten Verhörmethode der Teufelsaustreiber zurück. Tief verborgen im Menschen lag das Geheimnis der Krankheit. In Gespräch und freier Assoziation auf der Couch des Therapeuten konnte es ergründet werden, vorausgesetzt, der Heiler kannte die Namen der Teufel. Freuds Dämonen heißen Kastrationsangst, Ödipuskomplex und Penisneid. Seine *Psychoanalyse* wurde zum *Exorzismus des 20. Jahrhunderts*. Sie deckte die Dämonen des Unbewußten auf und versuchte, den Menschen von ihnen zu befreien. Auch Monika erkannte, daß die Ursache ihrer Verspannungen, Schlafstörungen und Zwangsvorstellungen weder in dem Verhalten ihrer Schwiegermutter noch dem der Kinder begründet lag, sondern weit zurückführte zu den Dämonen ihrer Kindheit.

Jesu Teufelsaustreibungen berichten von Heilungen der Seele und des Körpers, sie zeigen Menschen, die durch das Wort befreit werden von den bösen Mächten, die ihr Ich in Besitz genommen haben. Im extremen Bild dieser Leidenden halten sie *allen* Menschen einen Spiegel vor. Als Gleichnisse der Gefangenschaft und Gottferne erzählen sie von der Gotteskrankheit des Unglaubens. Die weltliche Therapie versucht, den Menschen wieder auf ein neues Fundament des Selbstvertrauens zu setzen. Dagegen kann sich die religiöse Therapie neues Selbstvertrauen nur im Zusammenhang eines wiedergewonnenen Vertrauens auf Gott vorstellen. Nach einem Jahrhundert psychotherapeutischer Erfahrung stehen wir jetzt in der Jahrtausendwende vor einer Rückkehr zur religiösen Urform der Heilung durch das Wort, das die schwarzen Vögel der Seele bannt. Denn endgültige Befreiung kann es für uns nur geben, wenn wir wieder zu unserem Ursprung, dem Uterus der Menschheit zurückkehren: Das ist Überzeugung des christlichen Glaubens, den er mit den Schwesterreligionen Judentum und Islam teilt. Ohne Glaube gibt es keine wirkliche Heilung. Der Mensch kommt von Gott und kehrt zu ihm zurück. Wer diese Rahmung des Lebens übersieht, verkennt das Wesen des Menschen. Was den Menschen krankmacht, ist sein Unglaube. Dies ist die Diagnose des Neuen Testamentes. In ihrer positiven Umkehrung lautet sie: „Alle Dinge sind möglich dem, der da glaubt" (Markus 9,23).

Was wird in der religiösen Therapie geheilt? Der Unglaube, das verlorene Gottvertrauen, die offene Wunde der Sünde, das gestörte Verhältnis zwischen Vater und Tochter, der Riß, der seit Adams Fall die Schöpfung teilt. Die Psychotherapie vermutet die Ursache des Leidens in der Kindheit des Patienten, im Trauma der Geburt oder vorgeburtlichem Streß. Auch hier hat sie von der religiösen Therapie gelernt, denn zwei Tätigkeiten bestimmen das Leben und Wirken Jesu nach seiner Versuchung durch den Teufel: Als Religionslehrer erzählt er Gleichnisse von Gottes neuer Schöpfung, als Heiler vertreibt er die Dämonen aus dem Tempel der Seele, damit Gott wieder Einzug in sein Eigentum halten kann. Dämonenaustreibungen sind daher öffentliche Demonstrationen der Macht des Glaubens. An ihnen sollen die Menschen den Anbruch der Wendezeit erkennen. „Wenn ich aber die bösen Geister durch den Geist Gottes austreibe, so ist ja das Reich Gottes zu euch gekommen" (Matthäus 12,28). Um das Haus der Seele herrscht ein ständiger Kampf zwischen Christus und Satan, den Urbildern von Über-Ich und Es. Davon erzählt jede Heilungsgeschichte.

Der Mann von Gerasa, dessen Heilung uns Markus (5,1–20) überliefert, säße heute ohne Aussicht auf Entlassung in der geschlossenen Psychiatrie. Die Tage lebte er dahin in einer Gummizelle. Freigang hätte er nur in einer Zwangsjacke. Die Nervenärzte verabreichten ihm Psychopharmaka und Elektroschocks. Niemand wüßte von seinem Schicksal. Gerasa ist der Name einer Stadt in der Region Dekapolis, die von römischen Soldaten besetzt ist. Doch der Kranke leidet nicht nur unter der politischen Besatzung und den römischen Dämonen. Er gilt als hochgradig schizophren und steckt voll destruktiver Energie. In Grabhöhlen bei den Dämonen haust er oder steigt auf Berge zu den Göttern, schreit ohne Unterlaß und schlägt sich selbst mit Steinen. Ihm ist die Mitte abhanden gekommen. Verlorenes Ich, zersprengt von Selbsthaß und Selbstzerstörung, untergangsgeweiht. Opferlamm gottloser Mächte. Modernes Ich. Vergeblich hatten die Städter den Kranken durch Fesselung zu schützen versucht. Mit übernatürlicher Kraft zersprengte er selbst eiserne Ketten. Ein Mensch mit einem unreinen Geist sei von den Gräbern herkommend auf Jesus zugelaufen, berichtet Markus. Verlorenes Ich, rastlos umherirrender Mensch. Wer läuft? Es läuft! Er wird getrieben. Wo Ich war, herrscht jetzt Es. Es läuft in ihm. Es fällt vor Jesus nieder.

Alte Gegner treffen aufeinander, Versucher und Versuchter, Satan und Christus. Kampfstimmung herrscht. Hier wird nicht diskutiert und nicht verhandelt. Kompromisse gibt es nicht. Der Fall Hiob wird sich nicht wiederholen. Erlösung naht. Entweder Du oder ich! Gott oder Satan. Der Mensch ist ohne Alternative. Von Ferne hatten sich die unversöhnlichen Gegner erkannt. Jesus hatte dem unreinen Geist zugerufen, er solle sofort das Haus der Seele räumen. Deshalb kommt der Gegner hergelaufen und schreit: „Was willst Du von mir, Jesus, Du Sohn Gottes, des Allerhöchsten? Ich beschwöre Dich bei Gott: Quäle mich nicht!" Es sind Ausweichmanöver. Der Bösewicht appelliert an das Mitleid. Er spielt seine Macht herunter. Jesus durchschaut den Lügner, fordert ihn auf, seinen Namen zu nennen. Name ist Macht. „Legion heiße ich; denn wir sind viele", antwortet die Stimme. Verlorenes Ich. Jetzt wird das Ausmaß seiner Entfremdung deutlich. Sechstausend römische Soldaten zählt eine Legion, sechstausend Mann stark ist die Besatzungsarmee im Haus der Seele. Wer hält das aus? Es herrscht, wo Ich war. Da spiegelt sich eins im anderen, die Innenwelt des Kranken und die Außenwelt. Der Riß in den sozialen, politischen und religiösen Beziehungen wird von dem Besessenen besonders stark empfunden, er leidet seelisch und körperlich unter einer Zeit, die aus den Fugen geraten ist. Deshalb ist jeder Besessene ein *Spiegel* der religiösen Lage seiner Lebenszeit. Das wollen wir nicht vergessen, wenn wir modernen Fällen von Besessenheit begegnen.

Sechstausend Dämonen, sechstausend Neurosen, sechstausend Stimmen. Wo ansetzen mit der Heilung? Wann beginnen mit der Befreiung? Nur eine Lösung gibt es: das Haus der Seele muß sofort und vollständig geräumt werden. Jesus erlöst den Mann aus Gerasa. Bekleidet, bei vollem Bewußtsein, ruhig und zufrieden neben Jesus sitzend, finden ihn die Städter. Der Geheilte. Erlöstes Ich, befreites Ich, wiedergeborenes Ich. Was passiert jetzt? Umarmungen, Dankbezeugungen und ein Freudenfest? Das Gegenteil ist der Fall. Gottesfurcht ist über die Menschen gekommen, sie bitten den Mann aus Nazaret, die Gegend zu verlassen. Aber der Geheilte will Jesus nachfolgen. Jesus verwehrt es ihm mit dem Hinweis, er solle hier vor Ort von der Befreiung erzählen. Es war etwas geschehen, das alle Menschen erschüttert hatte. Die Dämonen hatten Jesus um Erlaubnis gebeten, beim Ausfahren aus dem Mann einen neuen Zufluchtsort in einer Schweineherde nehmen zu dürfen. Jesus hatte es ihnen erlaubt. Schweine galten den Juden als unreine Tiere und wurden in der Dekapolis zur Versorgung der römischen Besatzungsmacht gezüchtet. Am Berghang oberhalb des Sees durchwühlten zweitausend römische Säue den Boden. Die Dämonen fuhren in sie. Die Säue stürmten den Abhang hinunter, stürzten in den See und ersoffen. Die Schweinehirten rannten in die nahegelegene Stadt und verständigten die Bewohner. Wovor hatten sie Angst? Vor der Macht der Befreiung? Vor der römischen Reaktion? War es die Angst vor der Freiheit, der Menschen das Gefängnis vorziehen?

Zur Vorbereitung seines Auftretens in den Dörfern und Städten Galiläas hatte Jesus einen Kreis von zweiundsiebzig Jüngern ausgesendet. Jeweils zu zweit zogen sie übers Land, predigten und trieben Dämonen aus. Der Kampf ging weiter! Als sie zurückkehrten und von gelungenen Heilungen berichteten, stieß Jesus den visionären Jubelruf vom Ende der bösen Zeit aus: *„Ich sah den Satan vom Himmel fallen wie einen Blitz"* (Lukas 10,18). Aber es gab auch andere Erfahrungen mit dem satanischen Gegner. Mancher Fall erwies sich als so hartnäckig, daß die Jünger scheiterten. Nichts aber ist schlimmer als eine mißlungene Dämonenaustreibung. Wie bei einer nicht auskurierten Krankheit oder abgebrochenen Penicillinbehandlung folgt ein Infekt dem anderen: der Bronchitis die Mittelohrentzündung und schließlich die Pneumonie, der Hautrötung die Akne vulgaris. Ständig muß die Dosis erhöht werden. Im schlimmsten Fall droht eine Resistenz gegen das Medikament. Ist ein unreiner Geist ausgetrieben, so bleibt das geheilte Haus der Seele anfällig für neue dämonische Viren. Der alte Krankheitserreger „nimmt mit sich sieben andere Geister, die böser sind als er selbst; und wenn sie hineinkommen, wohnen sie darin; und es wird mit diesem Menschen hernach ärger, als es vorher war" (Matthäus 12,45).

An einem besonders schweren Fall von Besessenheit hatten die Jünger erfolglos herumgedoktert. Später werden sie wissen, daß hier nur das Gebet geholfen hätte. Aber mit dem Glauben haperte es bei allen Beteiligten, dem Vater des Besessenen und den Heilern. Der besessene Knabe (Markus 9,14–29) zeigt klassische Symptome des großen hysterischen Anfalls der Epileptiker, wie sie Jean-Martin Charcot beschrieben hat: Starke Bewegungen des gesamten Körpers unter schrecklichen Verrenkungen der Gliedmaßen, Atemstillstand, verquollenes Gesicht, verdrehte Augen, Zerreißen der Kleidung, Zerkratzen von Gesicht und Körper, Abwehr jeder Hilfe durch Beißen und Schlagen mit Kopf und Fäusten, Halluzinationen, Grimassenschneiden, Muskelverkrampfungen, markerschütternde Schmerzensschreie, die selbst dem abgehärtetsten Nervenarzt erschütternd nahegehen.

Petrus, Jakobus und Johannes durften auf dem Berg Tabor Zeugen der Verklärung Jesu sein. Nach dem Abstieg stießen sie auf den restlichen Jüngerkreis, umringt von einer aufgebrachten Menge. Während ihrer Abwesenheit mußte sich etwas Schreckliches ereignet haben. Es war den Gesichtern anzusehen. Vergeblich hatten die Jünger versucht, einen besessenen Knaben zu heilen. Jetzt tritt der Vater vor Jesus und schildert das entsetzliche Schicksal seines Kindes. Während der Anfälle, die ihn seit frühester Kindheit plagen, leide der Sohn unter Sprachlosigkeit, von unsichtbarer Hand werden ihm Schläge verpaßt, er werde auf den Boden niedergerissen, Schaum trete ihm vor den Mund, er knirsche mit den Zähnen und falle in eine Starre. Dann versuche der Dämon, das Kind in den Selbstmord zu stürzen, werfe es ins Feuer oder Wasser. Das sind die Symptome, die Josef Michel sofort vor Augen hat, als er bei seiner Tochter Anneliese den ersten epileptischen Anfall erlebt. Auch sie treiben Suizidgedanken an die Mainschleuse bei Klingenberg. An ihrer Heilung werden die Priester ebenso scheitern wie damals die Jünger. Jesus gerät über den mißglückten Exorzismus in Zorn und verurteilt sie vor aller Öffentlichkeit wegen ihres schwachen Glaubens: „O du ungläubiges Geschlecht, wie lange soll ich bei euch sein? Wie lange soll ich euch ertragen?" (Markus 9,19).

Dann wird der Knabe vorgeführt. Sofort bäumt sich der Widersacher auf und zwingt sein wehrloses Opfer mit einem epileptischen Anfall zu Boden. „Und er fiel auf die Erde, wälzte sich und hatte Schaum vor dem Mund" (Markus 9,20). Jesus möge sich der Familie erbarmen, wenn er Macht über die Geister besitze. Alles sei dem möglich, der glaubt, erwidert Jesus. Der Vater schreit auf, denn der Sohn ist ja während des Anfalls taub und stumm. Beide sind eins, der Vater und der Sohn, beider Glaube liegt danieder, beide sind zermürbt von dem, was sie gefangenhält. „Ich glaube; hilf meinem Unglauben!" (Markus 9,24). Ein Wörtlein kann den Satan fällen. Als der Dämon weicht, zeigt er noch einmal seine zerstörerische Kraft, daß die Umstehenden glauben, der Knabe sei während der Austreibung gestorben, denn für eine Zeit liegt er da wie tot. Doch wie Gott den Adam ins Leben rief, so reicht Jesus jetzt dem Knaben die Hand und richtet ihn zu neuem Leben auf. Die lange Krankheit der Gottesferne ist geheilt.

Ein verlorener Sohn

Als Bettina von Brentano den Dichter Friedrich Hölderlin (1770–1843) besuchen wollte, bekam sie von ihrem Bruder Franz eine klare und barsche Abfuhr erteilt. „Du bist nicht recht gescheut, was willst Du bei einem Wahnsinnigen? willst Du auch ein Narr werden?" Sind seelische Krankheiten ansteckend? Springt die Depression von einer Seele zur anderen? Überschatten die schwarzen Vögel auch den Geist des Besuchers? Viele Menschen glauben dies und meiden den Umgang mit Gemütskranken.

Alle im Dorf wissen es. Monika hat wieder „ihren Rappel". Sie läßt sich krankschreiben, nimmt Musaril-Tabletten, bekommt Imap-Injektionen und ist tagelang nicht zu sehen. Ihre Freundinnen wagen es nicht, sie zu besuchen. Sie fühlen sich ohnmächtig. Bettina hatte nächtelang nicht schlafen können, als sie von Hölderlins Schicksal erfuhr. Der größte elegische Dichter Deutschlands galt als verrückt. Sein Freund Isaak von Sinclair (1775–1815) hatte ihn in einer Bauernhütte bei Hanau untergebracht. Dort schlief er bei offenen Türen oder begleitete stundenlang das Murmeln des Baches durch die Rezitation griechischer Oden. Sprache der Mutter, Urlaute aus dem Uterus. Prinzessin Auguste von Hessen-Homburg hatte ihm einen Flügel geschenkt. Er zerschnitt einige Saiten, bevor er auf dem Instrument spielte. Der Flügel ist ein Gleichnis für das gestörte Saitenspiel der Seele. Worüber der Kranke nicht sprechen kann, darüber verständigt er sich mit der großen Gebärde. Bettina glaubt sie zu verstehen. Der Hölderlin ist nicht verrückt! Sie will im Kloster ein Gelübde für Hölderlin ablegen, ist überzeugt, „ja gewiß weiß ich, daß die zerbrochnen unbesaiteten Tasten seiner Seele dann wieder anklingen würden". Der Bruder teilt ihren Optimismus nicht. Es gibt Grenzfälle, Verletzungen der Seele, die hier auf Erden nicht heilbar sind. Nicht jede zerrissene Saite kann ersetzt werden. Töne fehlen. Und wer sich einfühlend in die Welt des Wahns, der Besessenheit oder Bewußtseinsspaltung begibt, der läuft Gefahr, darin umzukommen oder selbst als verrückt zu gelten.

So wird auch gegen Jesus der Vorwurf erhoben, er stehe mit dem Teufel im Bunde. Beelzebul, Herr der Fliegen, nennen ihn die jüdischen Schriftgelehrten und klagen ihn öffentlich an: „Er hat den Beelzebul!" „Er treibt die bösen Geister aus durch ihren Obersten!" (Markus 3,22). Der Verdacht, hinter der Maske des Heilers könne der Verführer selbst stecken, scheint nicht unbegründet. Niemand bestreitet, daß sich unter den Therapeuten auch Scharlatane, Verrückte, machthungrige Typen und Kranke wie der Psychiater Hannibal Lector („Das Schweigen der Lämmer") befinden können, die ihre Macht in heimtückischer Weise mißbrauchen. Unter dem wahnhaften Vorwand der Dämonenaustreibung begehen Menschen schlimmste Verbrechen. Am 15. Dezember 1994, drei Wochen vor der Amtseinführung von Ludwig Averkamp als erstem Erzbischof der Diözese, wird in der Hamburger Marienkirche eine Rentnerin während der Morgenmesse mit einem Beil erschlagen. Die zweiundvierzigjährige Gewalttäterin läßt sich widerstandslos festnehmen. Ihr Opfer sei vom Satan besessen gewesen. Seit über einem Jahr habe sie sich auf die Tat vorbereitet. Jetzt fühle sie sich erlöst. Gleichzeitig werden perverse Dämonenaustreibungen aus einer charismatischen Gemeinde bekannt. In Frankreich prügelt ein junger Moslem seine Schwester, im Kairoer Armenviertel Basatin drangsalieren zwei Mädchen ihre Mutter zu Tode (FAZ, 21. September 1994). Die Fälle häufen sich in der islamischen Welt. Die algerische Schriftstellerin und Filmregisseurin Hafssa Sinai Kudil greift in ihrem Film „Die Verfluchte" auf einen authentischen Fall zurück. Nach seiner Rückkehr zum muslimischen Glauben und einer fundamentalistischen Kehre meint ein algerischer Mann in seiner Frau eine Erscheinung des Teufels zu sehen und prügelt sie mit seinen Freunden halbtot (FAZ, 8. August 1994).

Der extremen Beispiele gibt es viele, und die Meldungen nehmen täglich zu, weil die westliche Welt in religiösen Fragen orientierungslos geworden ist. Niemals hätte sich Jesus der Zusammenarbeit mit Neuropsychiatern, Psychopathologen, Parapsychologen und Psychologen gegenüber verschlossen. Seine Heilungen von Besessenen beruhen auf einer religiösen Deutung der Persönlichkeitsspaltung. Besessenheit ist eine religiöse Krankheit, die wir Gottesferne oder Gotteskrankheit genannt haben. Jesus heilt die zerrissenen Saiten der Seele, den Glaubensdefekt, der sich seit Adams Fall von Geschlecht zu Geschlecht „vererbt" hat. Das Ende der Gotteskrankheit wird angekündigt. Die Zeit der Heilung der Seele beginnt. Das ist der Kern aller Heilungsgeschichten. „Wie kann der Satan den Satan austreiben?" (Markus 3,23), mit dieser rhetorischen Frage beantwortet Jesus den Vorwurf, er stehe mit dem Teufel im Bunde. Die Gottesferne kann nur durch neuen Glauben geheilt werden, und um diesen zu erlangen, bedarf es des religiösen Heilers. Würde Monika diese Hilfe des Glaubens ablehnen, wenn der Dorfpfarrer auf sie zukäme? Der Schmerz der Gottesferne mag gerade von seelisch Kranken, Schizophrenen, Epileptikern und Depressiven als besonders quälend empfunden werden. Einen erschütternden Einblick in diese Welt gibt der Lebenslauf von Jakob Michael Reinhold Lenz (1751–1792).

Ein Dichter ohne den gewünschten Erfolg, ein unzufriedener Lehrer, ein Mann, der seinen Freund Goethe vor den Kopf gestoßen und mit seinem Vater gebrochen hatte, ein eifersüchtiger Mensch voller Ängste und Selbstzweifel, so kommt der mittellose Lenz am 20. Januar 1778 im Vogesendorf Waldbach (Valdersbach) bei Pfarrer Johann Friedrich Oberlin an. Schweizer Freunde hatten ihm die Adresse empfohlen. Der fortschrittliche und rastlos tätige Gottesmann Oberlin war für seine sozialreformerischen Ideen weithin bekannt. Selbst der atheistische Pariser Revolutionskonvent vom 9. Dezember 1795 (19. Frimaire des Jahres III) zollte ihm seine Anerkennung. Viele Zeitgenossen suchten bei Oberlin Rat und Hilfe. Lenz aber erwartete Übermenschliches von ihm. Er wollte im Steinachtal zur Ruhe kommen und von der Gotteskrankheit geheilt werden. Das Gegenteil wird der Fall sein. Am 8. Februar 1778 führen ihn drei starke Männer in Ketten gelegt aus dem Dorf. Oberlin hat über den Aufenthalt berühmt gewordene Aufzeichnungen gemacht, in denen er seine Sicht der schrecklichen Ereignisse festhält. Er weiß, daß er mit einem Grenzfall der Verstehbarkeit in Berührung gekommen ist. Oberlin vernimmt Funksignale einer abstürzenden Seele, ohne ihre Botschaft entschlüsseln zu können.

Lenz wird im Schulhaus untergebracht. Oberlin kennt seine Dichtungen. Lenz will auf sie nicht angesprochen werden. Hier im Steinachtal sucht er keine Anerkennung als Dichter. In der Nacht hört ihn Oberlin laut reden, dann vernimmt er die Stimme des Schulmeisters. Er steht auf und erfährt, Lenz habe sein Zimmer verlassen und sich in den Brunnentrog gestürzt, wo er wie eine Ente geplanscht hätte. Er sei es gewohnt, erklärt der unheimliche Gast, im kalten Wasser zu baden. Als Oberlin einige Tage später ahnungsvoll eine Reise in die Schweiz abbricht und ins Pfarrhaus zurückkehrt, erfährt er eine weitere seltsame Geschichte, die sich während seiner Abwesenheit ereignet hat. Lenz, am Fuß verletzt von seiner Wanderung über die Vogesen, sei in den Nachbarort Urbach (Fouday) gehumpelt, um ein totes Kind wieder aufzuwecken. Er habe sich dazu durch eine Bußübung, eintägiges Fasten und die Bestreichung seines Gesichtes mit Asche vorbereitet. Das Kind hieß Friedericke, so wie Goethes Sessenheimer Geliebte, die Pfar-

„Wie könnte ich denn, Herr, mich damit abfinden, daß ein einziger von denen, die Du wie mich nach Deinem Bild und Gleichnis geschaffen hast, verlorenginge und Deinen Händen entglitte? Nein, auf gar keinen Fall will ich einen einzigen meiner Brüder zugrunde gehen sehen, einen einzigen derer, die mir durch eine gleiche Geburt zur Natur und zur Gnade geeint sind. Ich will, daß sie alle dem alten Feind entrissen seien, daß Du sie alle zur Ehre und zur großen Verherrlichung Deines Namens gewinnst" (Katharina von Siena).

Lucas Cranach der Ältere: Gesetz und Gnade, um 1535.
Rechte Tafel, Detail (Auferstehung und Himmelfahrt).
Römisch-Germanisches Nationalmuseum, Nürnberg.

rerstochter Friedericke Brion. Auch Lenz glaubt sie zu lieben. Er wandelt in Spuren. Da er sich selbst nicht finden kann, muß er ein anderer sein. Er greift zu hoch, mißt sich mit Goethe und scheitert. Bei Oberlin hat er seine Identität als Dichter abgelegt. Lenz war Pfarrerskind, hatte Theologie durchaus studiert. Jetzt sucht er religiöse Heilung und verfällt in alte Fehler. Wieder legt er sich ein fremdes Gewand um, das für ihn zu groß geschneidert ist.

Jesus hatte den toten Lazarus ins Leben zurückgerufen. Vom ranghöchsten Apostel wird berichtet, man hätte Kranke auf die Straßen hinausgetragen, „damit, wenn Petrus käme, wenigstens sein Schatten auf einige von ihnen fiele. Es kamen auch viele aus den Städten rings um Jerusalem und brachten Kranke und solche, die von unreinen Geistern geplagt waren; und alle wurden gesund" (Apostelgeschichte 5,15–16). Als in Joppe die Jüngerin mit dem lieblichen Namen Reh (Tabita) an einer unbekannten Krankheit starb, ging Petrus in ihr Haus, kniete allein im Sterbezimmer nieder, betete, wandte sich dem Leichnam zu und rief die Tote wieder ins Leben zurück: „Tabita, steh auf!" (Apostelgeschichte 9,40). Gibt es heute noch die heilende Kraft des Gebetes? Oder sind die Zeiten vorbei, wo der Glaube Berge versetzen und Tote ins Leben zurückrufen konnte? Lenz ist ein kranker Helfer. Ein moderner Fall. Er will sich an seinem eigenen Schopf aus dem nächtlichen Brunnen des Wahnsinns herausziehen, in dem er zu ertrinken droht. Er war die Tote und wollte zugleich ihr Retter sein. Lenz hatte den Glauben verloren. Er durchlitt den Beziehungstod. Die mißglückte Totenerweckung von Urbach war der Versuch, sich selbst die Existenz Gottes zu beweisen, an die er nicht mehr glaubte.

In Weimar hatte sich Lenz mit Goethe identifiziert und sämtliche Verhältnisse durcheinandergerüttet. Hier im Steinachtal wiederholt er die alten Fehler. Auf der Kanzel, in der Schule, auf den Höfen – überall hätte er tätig werden können. Lenz will mehr und erreicht nichts. Er identifiziert sich mit Petrus. Höher kann man nicht greifen. Wie der Apostel ist er allein mit dem Leichnam und wird unbemerkt beobachtet. Er betet, wirft sich über die Tote und versucht eine Stunde lang vergeblich, das Kind wiederzubeleben. Dann verläßt er den Raum, geht zur Mutter und gibt ihr die Schuld an der mißlungenen Totenauferweckung. „Alle Dinge sind möglich dem, der da glaubt" (Markus 9,23), hatte Jesus gesagt. Schuld sind immer die anderen. Ihr habt nicht an mich geglaubt! Diese Denkmuster kehren in den siebziger Jahren des 20. Jahrhunderts wieder, wo sich eine neue verlorene Generation mit dem Dichter Lenz identifizieren wird. Lenz ist noch selbstkritisch genug, sein eigenes Versagen zu erkennen. Wenig später jedoch behauptet er, *er* habe das Kind vergiftet und entschuldigt sich bei der Mutter.

Nachts springt er wieder in den Brunnentrog, tagsüber ist er ruhig, beschäftigt sich mit Zeichnen und Malen, liest in der Bibel und bereitet eine Predigt vor. Oberlin sucht das seelsorgerliche Gespräch, Lenz gesteht seine Sünden, glaubt aber nicht an die Möglichkeit der Vergebung. Im gleichen Moment blickt er händeringend zum Himmel und ruft: „Ach! ach! göttlicher Trost – ach – göttlich, o – ich bete – ich bete an!" Ein lebender Widerspruch. Im nächsten Augenblick bezichtigt er sich des Mordes an seiner Geliebten und seiner Mutter. Oberlin versteht die Sprache der Heimsuchung nicht, er redet von Bekehrung. Lenz betritt das Dienstzimmer mit Gerten, fordert Oberlin auf, ihn auszupeitschen. Diese Form der Buße ist dem Pfarrer fremd. Er gibt ihm einige Küsse auf den Mund. Mit Schlägen, sagt er, könne man keine Sünden tilgen, das vermöge nur der Glaube an Jesus Christus, an ihn solle er sich wenden. Lenz verläßt den Raum. In der Nacht rennt er mehrfach aus seinem Zimmer, springt in den Trog, kehrt ins Haus zurück. Dienstmägde, die unter seinem Zimmer schlafen, berichten von jämmerlichem Winseln während der ganzen Nacht. Lenz ist zerrissen von Schuldgefühlen. Er kann darüber nicht sprechen, nur Zeichen geben, die niemand versteht. Christus nimmt hinweg die Sünden der Welt. Das weiß er, glaubt es aber nicht. Deshalb sucht er den Freitod. Lenz springt aus dem Fenster und verrenkt sich dabei den Arm, er besucht Friederickes Grab. Oberlin läßt ihn bewachen und fesseln. Lenz bricht aus, rennt erneut nach Urbach, verlangt, ins Gefängnis geworfen zu werden, da er der Mörder Friederickes sei.

Oberlin bittet ihn, wenigstens eine Nacht ruhig im Bett zu bleiben und nicht in den Trog zu springen. Gesinde, Kinder und Ehefrau seien beunruhigt, völlig erschöpft und wollten sich einmal ausschlafen. Lenz verspricht es, betet aber die ganze Nacht hindurch so laut, daß die Mägde wieder keine Ruhe finden. Er liest in der Apokalypse des Johannes. Dort ist die Rede von sieben schrecklichen Engeln. Mit ihren Posaunen verkündigen sie den Weltuntergang. Sterne fallen vom Himmel, die Brunnen des Abgrundes öffnen sich, Skorpione und Heuschrecken fallen über die verfluchten Menschen her und quälen sie so sehr, daß sie sich den Tod wünschen. „Und in jenen Tagen werden die Menschen den Tod suchen und nicht finden, sie werden begehren zu sterben, und der Tod wird vor ihnen fliehen." Worte des Unheils, in denen sich der arme Lenz wiederfindet. König der schrecklichen Mächte ist der „Engel des Abgrunds; sein Name heißt auf hebräisch Abaddon" (Offenbarung 9,11). Zuerst hatte sich Lenz mit Goethe identifiziert, dann mit Petrus, jetzt schreibt er nach Weimar, er sei Abaddon, der Engel des Abgrundes. „Der Brief war mir unverständlich", erinnert sich Oberlin.

Wieder springt Lenz aus dem Fenster. Eine Zeichenhandlung, ein Höllensturz. Seht den Engel des Abgrundes! Oberlin versteht die Sprache der Unterwelt nicht. Völlig verdreckt sitzt Lenz in seinem Dienstzimmer. In einem unbeobachteten Moment rennt er wieder hinaus und stürzt sich in den Trog. Oberlin weiß nicht mehr weiter. Er wird wütend, will Lenz unter scharfe Bewachung stellen. Lenz spürt dies. Beim Abendessen steht er auf, bittet, ins Dienstzimmer gehen zu dürfen, um dort etwas zu lesen. Oberlin folgt ihm. Er schreibt, Lenz blättert unkonzentriert und mit großer Schnelle in der französischen Bibel. Als Oberlin für einen Augenblick das Zimmer verläßt, will sich Lenz mit einer Schere erstechen. Die Pfarrersgattin kommt dazwischen. Jetzt ist das Maß für Oberlin voll. Er wirft Lenz Undankbarkeit vor. Der springt auf, wirft sich Frau Oberlin zu Füßen, bittet um Verzeihung. Sie aber flüchtet voller Angst. Lenz jammert, er hätte die Frau umgebracht wie das Kind. „Alles, alles bring' er um, wo er hin käme." Beziehungstod überall. So mag sich der Besessene von Gerasa gefühlt haben.

Endlich kommt die Bewachung. Aber Lenz findet keine Ruhe. Übernatürliche Kräfte werden in ihm wach. Trotz Aufsicht durch zwei starke Männer gelingt es ihm, mit dem Kopf gegen die Wand zu rasen. Oberlin stürzt ins Zimmer, bittet die Männer, Lenz freizugeben. Der sitzt inzwischen ruhig auf seinem Bett. Oberlin solle für ihn beten. Während des Gebetes wiegt sich Lenz mit dem Oberkörper hin und her. Der Friede täuscht. Lenz kommt nicht zur Ruhe. Mit großer Wucht und ohne Vorankündigung donnert er seinen Kopf gegen die Wand. Oberlin läßt einen dritten Wächter rufen. Lenz sieht ihn und spottet, die drei stämmigen Männer wären nicht stark genug, ihn zu bändigen. Noch in der Nacht wird die Abreise vorbereitet. Lenz will alle um Vergebung bitten. Die Mägde und Frauen halten sich vor ihm versteckt. Dann bricht er auf. Ein rätselhafter, unlösbarer Fall. Für einige Tage kommt er bei seinem Freund Johann Gottfried Röderer in Straßburg unter. Gemeinsam suchen sie Pfarrer Stuber auf. Lenz wirft sich vor ihm nieder und bittet um sein Gebet. Wieder will kein Frieden in seine Seele einkehren. Der Weg zum Glauben bleibt versperrt. Vor Schmerz und Erschöpfung gibt der Pfarrer das Gebet auf. Lenz geht mit Tränen in den Augen fort. Nachdem sämtliche geistlichen Versuche einer Heilung gescheitert sind, resigniert auch der Freund Röderer.

Der Engel des Abgrundes wird zu Goethes Schwager Johann Georg Schlosser nach Emmendingen in Pflege gegeben. Wieder plagen ihn schwere Anfälle. Ketten fesseln ihn ans Bett. Die Freunde versuchen, ihm mit einer Kältetherapie zu helfen, und bringen ihn nachts an einen Fluß. Zehn Minuten lang badet er hier im kalten Wasser. Ein Anfall folgt dem nächsten. Wieder herrscht Ratlosigkeit. Lenz rennt mit dem Kopf gegen die Wand, wird in Ketten gelegt, schreit laut, weint, zerfetzt die Kissen und zerkratzt sich die Haut. Nach zehn Tagen ist sein Wille gebrochen. Dann kommt eine Phase der Hyperaktivität. Er schreibt pausenlos. Ihn plagen Schuldgefühle. Tagelang kann er nicht sprechen. Schüttelkrämpfe im Kopf und am ganzen Leib durchzucken ihn, er schlägt drei Minuten lang in atemberaubender Geschwindigkeit mit dem Kopf auf die Kissen. Manchmal redet er dabei unverständliche Worte. Dann ist er wieder heiter und vergnügt. Wohin mit dem Mann, dem niemand helfen kann? Schlosser will ihn ins Frankfurter „Tollhaus" bringen, überlegt es sich anders, richtet einen langen Brief an Lenz Vater, mit dem er die Heimkehr des verlorenen Sohnes vorbereitet. Der Sohn selbst fügt dem Schreiben nur ein Zitat aus der berühmten biblischen Parabel bei:

> „Vater! ich habe gesündigt im Himmel und vor Dir
> und bin fort nicht wert, daß ich Dein Kind heiße."

Lenz kehrt ins Vaterhaus zurück. Seine Gotteskrankheit wird keine Heilung finden. Die letzten zehn Jahre seines Lebens verbringt er als Lehrer in Moskau, wo er im Elend stirbt. Kein Mensch kennt sein Grab.

Der Exorzist

Lenz suchte Heilung der Seele und fand sie nicht. Evangelische Geistliche hatten mehrfach vergeblich mit ihm und für ihn gebetet. Wie wäre sein Lebensweg verlaufen, wenn er katholischer Konfession und Oberlin ein geweihter Priester gewesen wäre? Hätte er Heilung gefunden? Ein Gebet für den Menschen, der sich von dämonischen Mächten umsessen oder besessen erfährt, ist der evangelischen Tradition nicht fremd. Pfarrer Johann Christoph Blumhardt (1805–1880) praktizierte es mit Erfolg. Sein Sohn aber versagte bei dem Versuch, dem jungen Hermann Hesse Seelenfrieden zu schenken. Seit der Reformation lebt die biblische Form des Exorzismus als Verhörmethode und Austreibungsritual allein in katholischer Tradition fort. Im zwölften Abschnitt des Römischen Ritenverzeichnisses von 1614 (Rituale Romanum) finden sich die bis heute gültigen Gebete, Bibelzitate, Litaneien und Beschwörungsformeln. In den Richtlinien („Normae observandae circa exorcizandos a daemonio") zur Durchführung des Exorzismus werden vier Maßstäbe zur Enthüllung des Teufels benannt. Sie ergeben sich aus der jahrhundertelangen Erfahrung der Kirche. Woran kann ein Priester einen Besessenen erkennen? 1. Der Mensch muß eine ihm unbekannte Sprache sprechen oder verstehen, 2. hellseherische Fähigkeiten besitzen, Gedanken lesen oder Auskunft geben können über Geschehnisse an einem fernen Ort und 3. über außergewöhnliche Körperkräfte verfügen. 4. Beim Verhör durch den Exorzisten muß der Dämon in dem Menschen wahrheitsgemäße Auskunft geben.

Die Vorschriften aus dem Römischen Ritenbuch warnen den Priester ausdrücklich vor einer Überschreitung seiner Befugnisse. „Der Exorzist hüte sich, dem kranken Besessenen irgendeine Arznei zu verabreichen oder anzuraten. Diese Sache überlasse er den Ärzten." Auch soll er nicht leichtfertig annehmen, jemand sei vom Teufel besessen. Jahrhunderte des Hexenwahns haben gezeigt, wie dringend die Skepsis gerade hier gefordert ist. Der Teufel sei ein mit allen Wassern gewaschener Lügner, der voll List und Heimtücke den Exorzisten zu irritieren versuche. Mal gebe er sich für einen Heiligen, mal für einen Engel aus, dann verhalte er sich ruhig, so daß der Exorzist glaube, der Kranke sei nicht besessen. Vor allen Dingen lasse sich der Geistliche nicht auf Gespräche mit dem Teufel ein, sondern „vollziehe die Exorzismen mit befehlender Macht, voll Glaube, Demut und Eifer". Nach Möglichkeit solle die Austreibung unter Ausschluß der Öffentlichkeit, aber im Beisein von Angehörigen in einer Kirche vorgenommen werden. Der Geistliche habe stets ein Kruzifix zur Hand oder in Reichweite. Auf Brust und Kopf des Besessenen solle er Heiligenreliquien legen.

Der Exorzist beruft sich auf die Vollmacht des Gottessohnes. „Im Namen unseres Herrn Jesus + *(Priester macht das Kreuzzeichen)* Christus, beschwöre ich dich, unreiner Geist, jede feindliche Macht, jedes Gespenst: reiße dich los und weiche von diesem Geschöpf Gottes + " („Exorcizo te, immundissime spiritus, omnis incursio adversarri, omne phantasma, omnis legio, in nomine Domini nostri Jesu + Christi eradicare, et effugare ab hoc plasmate Dei"). Bei den Dämonenaustreibungen Jesu genügte ein mächtiges Wort, und die bösen Mächte gaben ihr Opfer frei. Das Rituale Romanum jedoch ist eine endlose Beschimpfung des Teufels und seiner Dämonen. Dem Dichter Lenz, der sich innerlich zerrissen und von Schuldgefühlen zerrieben erfährt, der mit übermächtiger Kraft seinem Leben ein Ende bereiten will, wäre es keine Hilfe gewesen. Im Gegenteil! Die inquisitorischen Verhörmethoden hätten seine Schuldgefühle und Selbstvorwürfe noch verstärkt. Eine schreckliche Satansbeschimpfung folgt der nächsten. Unter ihr muß die kranke Seele endgültig zusammenbrechen. „Höre es also und fürchte dich, Satan („Audi ergo, et time, satana"), du Glaubensfeind, du Widersacher des Menschengeschlechtes, du Mörder und Räuber des Lebens, du Verächter der Gerechtigkeit, du Wurzel aller Übel, du Herd aller Laster, du Verführer der Menschen, du Verräter der Völker" – so geht es in einem fort, unterbrochen von schwersten Beschuldigungen. „Du bist schuldig vor dem allmächtigen Gott, dessen Gebot du übertreten hast. Du bist schuldig vor seinem Sohn Jesus Christus, unserem Herrn, den du zu versuchen wagtest und in deiner Vermessenheit gekreuzigt hast. Du bist schuldig am Menschengeschlecht, dem du mit deiner Überredung den tödlichen Gifttrank dargereicht hast."

Dramatischer Höhepunkt des Rituals ist die Aussprechung ewiger Verdammnis in den Flammen der Hölle. Wie wird diese von dem Kranken selbst erlebt, der im Stimmengewirr seiner Seele nicht mehr zwischen fremdem und eigenem Ich unterscheiden kann? „Weichet von mir, ihr Verfluchten ins ewige Feuer, das dem Teufel und seinen Engeln bestimmt ist!" („Discedite a me, maledicti, in ignum aeternum, quae paratus est diabolo et angelis eius"). „Dich, du Gottloser, und deine Engel werden Würmer peinigen, die niemals sterben. Dir und deinen Engeln ist ein unauslöschliches Feuer bereitet. Denn du bist der Urheber verfluchten Mordens, der Anstifter der Blutschande, der Anführer der Religionsfrevler, der Lenker schändlicher Taten, der Lehrmeister der Irrlehrer, der Erfinder jeglicher Unzucht."

Als Papst Pius XII. im Jahre 1954 die Gültigkeit des alten Rituals bestätigte, konnte er nicht ahnen, daß es zwanzig Jahre später vor einem Millionenpublikum praktiziert werden würde. 1973 kam der Film „Der Exorzist" von William Friedkin in die amerikanischen Lichtspielhäuser. Der Regisseur hatte sich von Jesuiten beraten lassen. Seine Filmerzählung von dem zwölfjährigen Mädchen Regan ist eine Pubertätsparabel. Sie beschreibt die Angst vor dem Erwachsenwerden, die in vielen Fällen von Besessenheit eine gewichtige Rolle spielt. Fremde Mächte haben von Regan Besitz ergriffen und ihr Wesen verändert. Der Film deutet diese Inbesitznahme nach dem klassischen Muster der Besessenheit: Regan spricht in veränderter Stimmlage, redet Lateinisch und kann Worte und Sätze rückwärts aufsagen. Paranormale Phänomene tauchen auf. Sie würgt grünen Brei hervor, ihre Gesichtshaut verändert sich. Levitationen geschehen: Sie selbst schwebt über dem Bett, Gegenstände fliegen durch die Luft. Sie stößt sexuelle Obszönitäten hervor, während sie mit einem Kruzifix masturbiert: „Laß Jesus dich ficken!" Regans Welt bekam einen Riß, als ihre Mutter eine neue Bindung zu einem Mann einging.

„Der Exorzist" wurde ein Welterfolg. Warum? Im Spiegel des Einzelschicksals der besessenen Regan fand sich eine vaterlose Generation wieder, die auch zwischen den Zeiten leben mußte. Die Welt drohte auseinanderzubrechen. Studentenunruhen in Paris und Berlin, Anti-Vietnamdemonstrationen, Kaufhausbrände, Bombenanschläge, Überfälle auf Botschaftsgebäude, Flugzeugentführungen, der Watergate-Skandal, der Sturz Allendes in Chile, die Bombenattentate der PLO bei den olympischen Spielen in München: Vom Tod Benno Ohnesorgs (2. Juli 1967) bis zum Selbstmord der Terroristen Andreas Baader, Gudrun Ensslin und Jan-Carl Raspe (28. April 1977) und der anschließenden Eskalation des Terrors in Deutschland zog sich der Riß durch die Gesellschaft.

Im fränkischen Weinort Klingenberg, zwanzig Autominuten südlich von Aschaffenburg, verdichteten sich die Widersprüche der Zeit im Leben von Anneliese Michel (21. September 1952 – 1. Juli 1976), die glaubte, vom Teufel besessen zu sein, und nach siebenundsechzig mehrstündigen Exorzismen elendig verhungerte. Diese ferne Schwester des Dichters Lenz erlebte auf dem Höhepunkt der Studentenproteste kurz vor ihrem sechzehnten Geburtstag den ersten epileptischen Anfall. Als sechs Jahre später im Herbst 1974 „Der Exorzist" in die deutschen Kinos kam, hatte der bekannteste Exorzist Deutschlands in einem Gutachten über Anneliese Michel bereits festgehalten, daß ein „begründeter Verdacht auf Besessenheit vorliegt." Ohne die Autorität Adolf Rodewyks (4. Februar 1894 – 9. November 1989) wäre es nie zu einem „Fall Michel" gekommen. Der Jesuit kannte Anneliese Michel noch nicht persönlich, als er dem Aschaffenburger „Main-Echo“ (9. Oktober 1974) ein ausführliches Interview zum Thema „Besessenheit“ gab. In dieser lebenslustigen Stadt hatte Anneliese Michel ihre Reifeprüfung abgelegt, hier erschienen Rodewyks Bücher „Dämonische Besessenheit heute“ und „Dämonische Besessenheit in der Sicht des Rituale Romanum“ (Pattloch Verlag).

Der achtzigjährige Exorzist, vertraut mit über fünfhundert Fällen, wird von Jutta Jöring befragt, wie er eine körperliche oder seelische Abnormität von einer Besessenheit unterscheide. Er spreche bei begründetem Verdacht einen Probeexorzismus, antwortet Rodewyk. Wenn der Mensch daraufhin keine Reaktion zeige, sei er nicht besessen. Falle er jedoch in Trance, spreche oder verstehe fremde Sprachen, entwickle übernatürliche Kräfte, könne er hellsehen oder reagiere aggressiv auf geweihte Gegenstände, so erhärte sich der Verdacht. Der Besessene spüre den Unterschied zwischen einem geweihten und einem ungeweihten Rosenkranz. „Er stürzt sich auf ihn und zerreißt ihn in Stücke. Unter Umständen reagiert er auch körperlich. Bekommt Brandblasen.“ Besessenheit sei für den Teufel selbst eine Strafe. „Das ist gar kein Vergnügen für ihn, an einen anderen Menschen gebunden zu sein.“ Aber warum läßt Gott die Heimsuchung des Menschen zu? Wieder steht die uralte Hiobfrage im Raum. Besessenheit könne eine Strafe Gottes sein oder die Auswirkung eines Fluches. Aber es gebe auch das unschuldige Opfer, vergleichbar mit einem Mann, der „ein Kind aus einer Gruppe herausgreift und es anständig verprügelt. Er überfällt also einen völlig Harmlosen.“ Gott schickt den Blitz, zerstört und bringt alles wieder in Ordnung. Er brauche sich nicht zu rechtfertigen. Manchmal sei Besessenheit eine erzieherische Maßnahme Gottes, nämlich wenn „Gott einmal zeigen will, was ein Teufel aus einem Menschen machen kann. Das kann pädagogisch sehr gut sein. Der Mensch kann ja hinterher alles wieder gutmachen. Es ist ein Lehrbeispiel. Wenn Gott hilft, die Besessenheit zu überwinden, dann ist das auch für die Umwelt lehrreich.“ Nach dem Tod der Anneliese Michel erklärte Rodewyk: In Klingenberg habe der Herrgott mal richtig auf die Pauke gehauen, daß es die ganze Welt höre.

In den Himmel will ich kommen

Warum gerade ich? Was haben wir falsch gemacht? Eltern stellen sich Fragen wie diese, wenn ihr Kind schwer erkrankt, vom Auto angefahren wird oder tödlich verunglückt. Man braucht nicht in die extremen Fälle zu gehen. Schon eine Serie von Kinderkrankeiten kann die junge Familie aus der Bahn werfen. Es fängt mit einem grippalen Infekt des Erstgeborenen an. Im Laufe der nächsten Wochen bekommt auch seine fünfjährige Schwester die Grippe, dazu eine Mittelohrentzündung. Dann springen die Krankheitserreger auf die Eltern über. Magen- und Darmgrippe, stechender Schmerz im Ohr, die Kinder nässen ins Bett und übergeben sich im Wohnzimmer. Nur der kleine Jaakob an der Mutterbrust bleibt gesund. Bald sind die Abwehrkräfte aufgebraucht. Scharlach kommt hinzu. Vater und Mutter liegen mit hohem Fieber danieder, die weinenden Kinder um sie herum. Gut, daß es Großeltern gibt, die jetzt helfend einfliegen. Alle jungen Familien machen Phasen durch, die an die Substanz gehen. Alle überleben sie.

Aber es gibt Momente voll seltsamer Gedanken, da könnte man glauben, die Bazillen wären lebendige Wesen und hätten sich bewußt ihr Opfer ausgesucht. Was haben wir falsch gemacht? Kein Sperling fällt vom Dach, ohne daß es Gott gewollt hat. Annelieses Eltern führen ein streng religiöses Leben. Das Gebet im Familienkreis ist ebenso selbstverständlich wie der regelmäßige Kirch- und Beichtgang. Wenn möglich, besucht man täglich die Heilige Messe. Das Gebet zur Mutter Gottes ist eine liebe Pflicht. Jeder Tag hat seinen Heiligen, man kennt ihn genau und versichert sich seines Beistandes. Diese Frömmigkeit wurde durch Wohlstand und Fruchtbarkeit sichtbar gesegnet. Aber die Welt ist nicht heil, das persönliche Glück ständig bedroht. Überall ist der Widersacher und Durcheinanderwerfer am Werk und versucht die Ordnung zu stören. Wer seinen Versuchungen erliegt, darf nicht auf Gottes Gnade zählen. Gott ist unbestechlich. Er richtet über Lebende und Tote. Wer mit den Böcken zur Linken gehen muß, dem drohen die Flammen der Hölle. Warum gerade wir? Was haben wir falsch gemacht? So lauten auch die Fragen, die Annelieses Eltern beunruhigen, als mehrere Krankheiten in Folge ihre Tochter heimsuchen.

Wenn die Anspannung in Schule und Beruf nachläßt, die Familie endlich zur Ruhe kommt, werden die Kinder krank. Ein Zeckenbiß kurz vor dem

Abflug nach Portugal, die kleinen Finger in der Autotür eingeklemmt, Reiseübelkeit und Streitigkeiten auf der Rückbank. Am Urlaubsort angekommen, reagiert die Tochter mit allergischem Hautausschlag und die Söhne toben, weil sie sich ein Zimmer teilen müssen. Das sind Familienferien. Mitten im Sommerurlaub (1968) bricht auch Annelieses Krankheit aus. In der Nacht hat sie einen generalisierten Krampfanfall mit Schaum vor dem Mund, Zungenbiß und Einnässen. Der Anfall wiederholt sich nach einem Jahr. Diesmal suchen Mutter und Tochter einen Nervenarzt auf (25. August 1969). Er verschreibt Tabletten (Zentropil), morgens eine, abends zwei. Die Messung der Hirnströme ergibt keine Auffälligkeiten. Über ein Jahr soll sie die Tabletten einnehmen, tatsächlich setzt sie aber nach drei Monaten das Medikament ab, weil sie es nicht verträgt. Den Nervenarzt sucht sie erst nach drei Jahren (5. September 1972) wieder auf. Er wird nicht erfahren, daß Anneliese in der Zwischenzeit für ein halbes Jahr in der Spezialklinik für lungen- und bronchialkranke Kinder und Jugendliche in Mittelberg gewesen ist. Komplikationen bei der Entfernung der Mandeln, Rippenfell- und Lungenentzündung folgten einander. Wochenlang lag Anneliese im Krankenhaus. Vom 28. Februar, dem Beginn der Passionszeit, bis zum 29. August 1970 dauerte die Kur. In den Briefen an die Familie tritt ihr Charakter deutlich hervor. Über ihren Gesundheitszustand und die therapeutischen Maßnahmen ist sie gut informiert, kennt die Medikamente (Myambutol, Neoteben, Isoxyl, Spritzen mit Streptomycin) aus dem Krankenhaus in Aschaffenburg und die Medikamente, die ihr in Mittelberg verschrieben werden. Die neuen Tabletten (Bencazyl) verträgt sie nicht und erbricht sich. Auch die neuen „4 rote kleine Ektebin" verursachen Übelkeit. Sie leidet unter Appetitlosigkeit, ißt wenig. Das verstärkt die Übelkeit, besonders „abends, da wird's mir immer schlecht, wenn ich nicht genug gegessen habe". Warum ißt sie nicht mehr? Leidet sie unter Magersucht?

Langweilig ist ihr im Heim nicht. Sie lernt Kurzschrift und belegt einen Kurs in Eilstenographie, läßt sich von zu Hause Bach- und Händelnoten für das Klavierspiel kommen, Gitarre und Akkordeon, Lateinlehrbücher und eine Grammatik. Der geistliche Leiter der Anstalt übt mit ihr. Auch die Zuwendung der Schwestern und anderen Patientinnen ist herzlich. Sie strickt, bastelt, bereitet die Hausmessen mit vor, singt leidenschaftlich gerne, übernimmt Schreibarbeiten für einen Pfarrer, der auch in dem Heim untergebracht ist. Daß der Vater des Geistlichen in der Staustufe des Mains bei Klingenberg ums Leben gekommen ist, berichtet sie zweimal nach Hause.

Regen Anteil nimmt sie an dem Leben der Familie. Oma Fürg, die Großmutter mütterlicherseits, liege zuviel im Bett. Das sei nicht gut, mahnt Anneliese. Selbstbewußt in der Rolle der großen Schwester berät sie ihre Eltern bei der Wahl des weiteren Ausbildungsweges der „Kleinen“. Sie ist die erste und wird die einzige bleiben, die ein Gymnasium besucht. Die zehnte Klasse des musischen Dalberggymnasiums in Aschaffenburg hat sie abgeschlossen. Längst ist sie ihren Eltern geistig entwachsen. Das lange Jahr der Krankheit und Kur bedeutet auch eine Unterbrechung der Schule. Anneliese wird älter als ihre Mitschülerinnen sein. Vielleicht werde sie ihre weitere Schulbildung an einem anderen Gymnasium der Gegend mit geringeren Leistungsanforderungen fortsetzen. „Ich mache wahrscheinlich in Amorbach weiter, wo es halt leichter ist.“

Ihr Berufswunsch ist Grundschullehrerin. Sie wählt das Vertraute. Eine der drei Schwestern soll später im Sägewerk die Büroarbeit der Mutter unterstützen. Dazu brauche sie kein Abitur, sondern nur die Handelsschule, schreibt Anneliese. Nach katholischem Brauch der Zeit sammeln die Kinder Geld für die Mission. „Spart für das Heidenkind weiter“, werden sie von der großen Schwester ermuntert. „Lerne nicht zu viel; auch wenn Du viele Hausaufgaben zu machen hast, gehe unbedingt an die frische Luft; mindestens eine halbe Stunde“, wird die Schwester Gertraud (*1954) ermahnt. Samstags hört sie wie alle jungen Frauen die Hitparade. Star im April 1970 ist Rex Gildo mit „Love a little bit Belinda“. Freundinnen aus Aschaffenburg berichten von ersten Männerfreundschaften. Sie fangen an zu rauchen und hängen in Cafes herum. Die leidenschaftliche Chorsängerin Anneliese kann nur mit dem Kopf schütteln. „Die Gudrun raucht neuerdings auch; so ein dummes Ding; versaut sich ihre ganze Stimme durch das Qualmen.“ Natürlich werden die neusten Neckermannkataloge studiert, und wenn Gerd Müller und Franz Beckenbauer bei der Weltmeisterschaft 1970 im Spiel gegen England den Einzug ins Viertelfinale erstreiten, stimmt auch Anneliese in das „Wir-Gefühl“ ein. „Als nächstes müssen wir gegen Italien spielen; die packen wir bestimmt auch.“ Fachmännisch wird kommentiert: „In der 2. Halbzeit war das Spiel der Deutschen überhaupt weit besser; viel schneller und wendiger; das hinderte die Engländer, ihre Abwehrmauer zu bilden; dadurch und durch die Täuschungsmanöver gelangen uns die Tore.“ Dann folgt ein Vergleich mit dem klassischen Spiel Deutschland-Uruguay von 1966.

Der Vater hält sie mit Zeitungsausschnitten über die schulischen Ereignisse auf dem laufenden. Wie überall in Deutschland wird auch in Aschaffenburg gegen den Numerus Clausus demonstriert. „Es ist ganz recht, wenn die Gymnasien gegen den ‚Numerus clausus' (d.h. gegen die Zulassungsbeschränkung an den Universitäten) protestieren", rechtfertigt Anneliese den bildungspolitischen Protest ihrer Mitschüler in einer zeittypischen Argumentation. Als angehende Lehramtsstudentin könnte sie selbst ein Opfer der Zulassungsbeschränkungen werden. „Und warum führen sie den ‚Numerus clausus' überhaupt ein – nur aus dem einen Grund, weil sie zu wenig Universitäten haben und das Geld ihnen dazu fehlt. Andererseits haben sie genug Geld für Kriegsrüstungen und Atomforschungen. Nichts gegen Atomforschung, wenn sie für friedliche Zwecke verwendet wird, aber das ist ja meistens nicht der Fall." Ihr eigener politischer Standort bleibt dennoch der großen bayerischen Partei treu. Ablehnung findet die Ostpolitik der SPD-Regierung. Egon Bahr verkaufe die Deutschen an die Russen. „Bonn garantiert den Frieden mit Russland, während die Russen bei geringstem Aufmucken von uns einmarschieren können, wie sie es in der CSSR taten." Da klingen Ängste der Zeit an, eine unsichere berufliche und politische Zukunft.

Anneliese hat in allen Bereichen eine entschiedene Meinung und läßt sich nicht fremdsteuern. Im Heim lernt sie niveauvolles religiöses Schrifttum kennen und empfiehlt die Lektüre ihren Geschwistern statt des „Kitsches", den sie bisher zu lesen bekamen. Sie beugt sich auch nicht bedingungslos den Anordnungen der Ärzte. „Mit den Tabletten ist es bei mir Essig. Die Ektebin sind so stark, daß es mir jedesmal schlecht wird. Jetzt setze ich wieder aus." Übelkeit und Erbrechen waren die Nebenwirkung. Dann erlebt sie während der Liegekur um vierzehn Uhr (3. Juni 1970) einen kurzen epileptischen Anfall. Der erste seit einem Jahr. „Ich habe mir wieder die Zunge verbissen und verkrampft war ich auch; einen Schrei habe ich auch fahren lassen; das haben sie mir alles danach erzählt." Den Ärzten der Heilstätte (Geiger und Schulz-Herringen) berichtet sie von der Vorgeschichte. Brieflich erbitten sie von den Eltern genauere Angaben über die Krankheit, Medikamente und den behandelnden Arzt. In Kempten (Dr. Haller) wird Anneliese neurologisch untersucht und bekommt Apyolan verschrieben. Mit dieser Krankheit kann sie rational umgehen und beruhigt ihre Mutter: „Reg Dich bloß nicht auf. Das geht schon wieder weg."

Statt der Ektebin werden ihr leichter verträgliche Myambutol und Neotebin verschrieben. Neue Untersuchungen ergeben eine Schilddrüsenüberfunktion von 15 %. Auf sie führt Anneliese „Schwindel, Appetitlosigkeit, Depressionen, Müdigkeit" und hohen Blutdruck (rechts 90/135; links 80/120) zurück, die mit der Einnahme von Jodtabletten verschwinden. Der Anfall hat für sie nichts Beunruhigendes und wird in keiner Weise dämonisch gedeutet. Im Gegenteil, es „mußte so kommen, sonst müßte ich immer noch die Ektebin nehmen und gesund werden würde ich auch nicht, weil ich dauernd gebrochen habe". Als der geistliche Leiter der Heilstätte beim Sprung durch das Johannisfeuer mit zwei Jungen zusammenstößt und sich das Schienbein bricht, kehrt die Formulierung wieder: „Das mußte so kommen". Der Unfall bedeute für den unermüdlich tätigen Priester, Verwaltungschef und Lehrer, der sich nachts nur drei bis vier Stunden Schlaf gönne, eine heilsame Zwangspause, die ihn vor dem „Herzklaps" bewahrt habe. „Auf die Dauer hätte er es sowieso nicht mehr ausgehalten." Annelieses Gedanken richten sich verstärkt auf die berufliche Zukunft. Soll sie überhaupt noch die Oberstufe besuchen? Die Verweildauer von einem halben Jahr ist relativ kurz. Andere Kinder und Jugendliche bleiben ein Jahr und länger in Mittelberg. Abschlußuntersuchungen werden gemacht. Der Arzt „hat gesagt, bei mir kennt sich niemand aus". Durch die Untersuchungen des Nervenarztes weiß sie: „Der Anfall muß doch vom Gehirn ausgelöst worden sein." Sie ist Epileptikerin, hat eine Schilddrüsenüberfunktion und eine schwache Lunge. Wird sie jemals den Beruf einer Lehrerin ausüben können? Was wird sein, wenn sie ein Anfall unverhofft vor der Schulklasse heimsucht? Lohnt es sich überhaupt noch, das Abitur zu machen? Bildung ist für Anneliese kein Selbstzweck. Jetzt könnte sie bereits eine Ausbildung als Katechetin beginnen und sich drei Jahre Schulstreß ersparen. Sie ist eine durchschnittliche Schülerin, lernt viel, hat aber Prüfungsängste wie viele ehrgeizige Mädchen.

Gott hat ein Zeichen gegeben, er hat durch die Krankheit gesprochen. Anneliese erlebt die letzten Wochen in Mittelberg als einen spirituellen Reifungsprozeß. Das Gebet ist ihr seit frühester Kindheit so selbstverständlich wie das Atmen. Ihr berufliches Schicksal hat sie in die Hände der Mutter Gottes gelegt. „So habe ich mit der Mutter Gottes ausgemacht, daß, wenn ich Katechetin werden soll, ich das Abitur nicht schaffe, während ich es schaffe, falls ich Lehrerin werden soll. Außer sie gibt mir es deutlich genug auf andere Weise zu verstehen." Das Gebet zur Königin des Himmels schenkt ihr Sicherheit und Gelassenheit. In dem Brief an die Mutter (19. August 1970) folgen weitere Ausführungen, die zeigen, wie Anneliese um ihre

Berufung, ihren Auftrag und den Sinn ihrer langen Krankheit ringt. „Ich bin eigentlich ganz froh darüber, daß ich krank war, da geht einem so manches auf. Man erkennt, daß es andere Werte gibt als Geld, Reichtum und Autos, für das es sich lohnt zu leben. Daß man zur Ehre Gottes auf dieser Welt ist und nicht für vergängliche Werte. Das solltest Du Dir auch einmal überlegen. Aber wenn man gesund ist und im Alltagsleben steckt, da denkt man, mir geht es doch gut, was kümmert es mich, wenn andere Menschen in Biafra oder Lateinamerika sterben vor Hunger, die Hauptsache, mir geht es gut. Das Schlimmste ist heutzutage die Gleichgültigkeit dem Nächsten gegenüber und mag es nur in der Nachbarschaft sein. Die Menschen können heute so unmenschlich sein, weil es ihnen zu gut geht. Eigentlich müßte in ihnen noch der Schrecken vom letzten Kriege drinnen stecken. Aber das ist heute schon alles vergessen." Das sind wieder typische Worte der Zeit. Anneliese sucht, wofür es sich zu leben lohnt. Der Glaube an Gott und an das Leben nach dem Tod ist in der Familie selbstverständlich. Himmel und Erde, Gegenwart und Zukunft sind ineinander verzahnt. Der Glaube hat ethische Konsequenzen. Wer in den Himmel kommen will, der muß ein gottgefälliges Leben führen. Das wird jeden Sonntag von der Kanzel gepredigt. Was aber gefällt Gott? Der Brief versucht eine Antwort zu geben.

> „Eins mußt Du Dir merken:
> In den Himmel will ich kommen,
> mag es kosten, was es will,
> für den Himmel ist mir
> nichts zu viel."

Welch hohe Worte! Wie kommt man in den Himmel? „Darum sollte ich auch mein Leben in den Dienst für den Nächsten stellen aus Liebe zu Gott, und mehr auf Gottes Lohn hoffen als auf Menschen Lohn. Besser von den Menschen verachtet werden als von Gott. Vielleicht weißt Du jetzt auch, warum ich Katechetin werden möchte, wenn es Gott so für mich bestimmt hat. Und sei froh, daß ich so denke und Du keine Hure als Tochter hast." Auf den sittlichen Lebenswandel der Töchter wird streng geachtet, aber nicht in übertriebener Weise. Beide Eltern sind beruflich sehr eingespannt. Doch der Schulbesuch in Aschaffenburg gewährt den älteren Töchtern einen Freiraum und ermöglicht die Erfahrung einer anderen Welt. Wie andere Mädchen ihres Alters wird Anneliese seit der zehnten Klasse zu Geburtstagsfeten eingeladen, und wie die meisten Väter wartet Herr Michel um elf oder zwölf Uhr abends im Auto, um seine Tochter heimzufahren. Das gefällt Anneliese nicht immer. Nach dem Tischgebet berichtet sie ihrem Vater aus der Schule. Die Abmeldungen vom Religionsunterricht nehmen zu. Auch über den Nationalsozialismus wird gesprochen. Mit der Klasse habe sie den Hitlerfilm von Joachim Fest gesehen. Jeden Morgen gehe sie an dem Kino vorbei und sei noch immer von den Bildern beunruhigt. Am Bahnhof von Aschaffenburg irritierten sie Rauschgiftsüchtige und „Haschbrüder". Die Welt zeige überall Risse.

Anneliese fühlt sich für andere Menschen verantwortlich. Sie will die Welt heilen und ein Opfer zur Bekehrung der Rauschgiftsüchtigen bringen. „Wenn man für sie betet und wenn man für sie etwas tut, wenn man für sie opfert, dann kann man diese retten." Der Vater denkt an die zarte Natur seiner Tochter und reagiert abweisend: Sie solle sich nicht mit Opfergedanken befassen. Anneliese ist willensstark, betet, fastet und schläft auf dem Fußboden neben ihrem Bett. Dies versteht sie als Sühneleistung für die Sünden der Jugendlichen, die sich von Gott abgewendet haben. Eine hilflose Helferin. Am 4. August hat sie einen großen Anfall, der sich am 8. November wiederholt. Im „Spiegel" (10. Januar 1972) hatte Heinrich Böll freies Geleit für die Terroristin Ulrike Meinhof gefordert und die Berichterstattung der „Bild"-Zeitung mit derben Worten attackiert: „Ich kann nicht begreifen, daß irgendein Politiker einem solchen Blatt noch ein Interview gibt. Das ist nicht mehr kryptofaschistisch, nicht mehr faschistoid, das ist nackter Faschismus, Verhetzung, Lüge, Dreck." Jetzt zieht sich der Riß der Zeit durch Annelieses Seele. Der Aschaffenburger Nervenarzt Lüthy hat den Eindruck, seine Patientin nehme die Medikamente nicht regelmäßig ein. Von ihrer Lungen-Rippenfellentzündung erfährt er nichts. Im Frühjahr 1973 bringt das Abitur neue Belastungen für die Familie. Innere Stimmen flüstern Anneliese während der Deutschklausur unentwegt zu, sie sei verdammt und ein Kind der Hölle, so wie die „Haschbrüder" am Bahnhof. Als Teil der alten kirchlichen Lehre wird die Existenz der Hölle von der Familie selbstverständlich akzeptiert. Dem Modernismus und den Reformen des Zweiten Vatikanischen Konzils traut man nicht. Visionen, religiöse Träume und Wunder gehören zu dieser Glaubenswelt. Den Vater plagt eine tiefe Angst vor der Zukunft. Die Welt ist zerrissen. Alles befindet sich im Umbruch und Wandel. Eine bleierne Zeit hat begonnen. Vielleicht stehe das

Ende der Zeit und das Strafgericht Gottes unmittelbar bevor, wie es im Jahre 1917 die Mutter Gottes von Fatima prophezeit hatte. Der Vater besucht den stigmatisierten Pater Pio in Italien und mit seiner Tochter Gertraud den portugiesischen Wallfahrtsort Fatima, wo sie für einige Zeit als Pilgerleiterin tätig ist. Falls der Weltuntergang kommen sollte, hätte die Familie hier einen Zufluchtsort.

Die Angst regiert in Deutschland. „In der Welt habt ihr Angst; aber seid getrost, ich habe die Welt überwunden" (Johannes 16,33). So lautete der Konfirmationsspruch von Ulrike Meinhof. Annelieses Prüfungsängste finden auch in körperlichen Symptomen Ausdruck. Die Beine versteifen sich, die Stimme versagt. Am musischen Gymnasium muß sie eine praktische Prüfung im Fach Gesang ablegen. Was soll jetzt werden? Wie wird die Zukunft sein? Sollte sie Lehrerin werden, so hatte sie es mit der Mutter Gottes vereinbart, werde sie das Abitur bestehen. Drei Jahre Oberstufe drohen jetzt verlorene Zeit gewesen zu sein. Die Mutter paukt mit ihr Vokabeln vor der Lateinklausur, Anneliese betet um Hilfe. Sie besteht das Abitur, ist aber in der Berufswahl unsicher geworden. Sie weiß nicht mehr, was sie will. Andere fahren jetzt mit der Interrailkarte quer durch Europa, genießen Freiheit und Freizügigkeit. Der Vater spürt, daß auch seine Tochter frische Luft schnuppern muß. Im norditalienischen Wallfahrtsort San Damiano gab es neue Erscheinungen der Mutter Gottes. Eine Pilgerleiterin aus dem Nachbarort Ebersbach fuhr mit einem oder zwei Bussen monatlich über den Brenner hinab. Anneliese und ihren Schwestern wird der Ortswechsel guttun. Nach der Rückkehr aus Italien spricht die Pilgerleiterin Thea Hein gegenüber Josef Michel eine Vermutung aus: Anneliese sei besessen oder zumindest umsessen. Anna Michel wehrt die Diagnose mit Entsetzen ab. Warum in aller Welt soll gerade ihre Tochter besessen sein? „Da hab ich gesagt: Das gibt's ja nicht, das kann nicht sein, das ist nicht wahr. Das brave Mädchen wird jetzt besessen sein unter Millionen von Menschen, das kommt ja selten vor." Über zwei Jahre wird die Mutter sich gegen die Annahme der Besessenheitsthese wehren. „Ich habe gewußt, das Mädchen hat einen guten Umgang, und wenn die Parties gehabt hatten, hat sie mein Mann abgeholt, und sonntags ist sie in die Kirche gekommen."

Anneliese dagegen war überzeugt, daß dämonische Mächte sie seit der Zeit des Abiturs heimsuchten und ihr Angst machten. Den Eltern gegenüber sprach sie davon nicht. „Die wollte uns nicht ängstigen", erinnert sich die Mutter. „Die hat gewußt, daß uns das alles *sehr peinlich ist*, und daß das

Müßte nicht ein Steg der Gnade oder zumindest der Buße über den garstig tiefen Abgrund der Sünden hinwegführen? Müßte es nicht ein Hintertürchen zum Himmel oder ein Programm der Reinigung der schwarzen Seelen geben? Die endgültige Scheidung der Menschheit in Höllen- und Himmelbewohner war zu radikal, als daß sie nicht eine Kompromißlösung gefordert hätte.

Hieronymus Bosch: Das Jüngste Gericht, um 1516.
Städtisches Museum Brügge.

für uns halt unvorstellbar ist. Nach der Erziehung, die wir gehabt haben, und nach dem Leben, das wir geführt haben, konnte man auch nicht annehmen, daß die besessen ist. Das war für mich ein Unding, daß die besessen sein soll." Thea Hein gegenüber öffnet Anneliese ihre Seele. Die Pilgerleiterin und vierfache Mutter nimmt sich für Anneliese Zeit. Im Umgang mit Ausnahmesituationen ist die entschlußkräftige Frau geübt; sie kennt die Nachstellungen des Teufels aus eigener Erfahrung. Auf der nächtlichen Rückfahrt von San Damiano war es zu einem Skandal gekommen. Eine Pilgerfahrt im vollbesetzten Bus ist kein Freizeitunternehmen. Der Rosenkranz wird gebetet, Cassetten mit religiösen Vorträgen und Exorzismen werden gespielt, an Schlaf ist nicht zu denken. Thea Hein ließ gerade eine Cassette mit einem Vortrag des Exorzismusspezialisten Kurt Koch über die Freimaurer laufen und verteilte geweihte Medaillen von der wundertätigen Madonna. In diesem Moment zeigen sich bei Anneliese in der vorletzten Bank des Busses die ersten Anzeichen eines großen Anfalls.

Ihre Schwester läuft durch den Bus und will die Pilgerleiterin verständigen. Die geht zu Anneliese und wird mehrfach aufgefordert, die Medaillen nicht weiter auszuteilen, denn die würden ihr die Luft zum Atmen abschnüren. Dabei verkrampft sich Anneliese und zittert am ganzen Körper. Zur Beruhigung will ihr die Pilgerleiterin einen Schluck Wasser von San Damiano geben. Es gilt als wundertätig und besonders heilsam bei Besessenheit. Anneliese weist es von sich. Sie versetzt der Pilgerleiterin einen Stoß. Als Thea Hein sie verlassen will, wird sie zum Bleiben aufgefordert. Anneliese sagt: „Ich sehe laufend diese Fratzen um mich herum und auch das Glitzern von den Medaillen. Das kann ich nicht ertragen." Mit der Hand zeigt sie zur Fensterscheibe. Dort seien die Fratzen zu sehen und auch neben ihr im Bus, gleich werde Frau Hein sie auch riechen können. Tatsächlich meint die Pilgerleiterin im selben Moment einen intensiven Brandgeruch wahrzunehmen. Anneliese lacht plötzlich hell auf. „Ich bin eine Schlange, ich werde es Ihnen schon noch wacker machen!" Jetzt riecht Frau Hein penetranten Gestank. Es wird ihr unheimlich. Sie greift nach dem Kreuz ihres Rosenkranzes, richtet es gegen Anneliese und beschwört sie im Namen der Heiligsten Dreifaltigkeit, Ruhe zu geben. Anneliese zittert am ganzen Körper und verkrampft sich. Der Anfall dauert etwa sieben Minuten. Als sich Anneliese beruhigt hat, will Thea Hein aufstehen, wird aber gebeten zu bleiben. Sie nimmt Anneliese in ihre mütterlichen Arme und verspricht ihr Hilfe. Noch einmal wiederholt sich das widersprüchliche Verhalten. Vehement wird die Pilgerleiterin zum Gehen und gleichzeitig zum Bleiben aufgefordert. Anneliese will sich an der mächtigen Brust bergen. „Ich habe schwer gegen Gott und gegen die Liebe gesündigt, oh, wenn Sie wüßten, was ich alles gegen Gott getan habe." Thea Hein ist aber nicht die Mutter Gottes. Sie verweist auf die Beichte. Gott verzeihe alle Sünden. „Nein, das kann ich nicht, ich kann nicht beichten, das kann ich nicht. Wenn Sie nur wüßten, was ich für eine bin, was ich für eine Schlange bin." So spricht kein Mädchen aus frommem Elternhaus.

Für Thea Hein sind das sichere Hinweise auf eine Besessenheit. Sie verstärken sich noch, als die Gruppe nach durchfahrener Nacht um sieben Uhr morgens in Miltenberg ankommt und einen Gottesdienst feiert. Anneliese singt und betet nicht mit. Sie zittert am ganzen Körper. Einige Tage später begegnen sich Thea Hein und Anneliese wieder. Im Wohnzimmer der Michels weist Anneliese auf den ausgeschalteten Fernseher. „Schau, da steht er wieder, da guckt er wieder raus." Wer ist gemeint? „Mein Freund, der Teufel." Thea Hein sucht das Gespräch, will Anneliese beistehen. Heute sei es zwecklos, entgegnet Anneliese, Thea Hein strahle keine Kraft aus, wie damals im Bus. Das leuchtet der Pilgerleiterin ein, hatte sie doch noch keinen lateinischen Rosenkranz gebetet. Einen Zusammenhang mit den epileptischen Anfällen sehen beide Eltern offenbar nicht. Josef Michel sucht zuerst bei sich die Schuld für Annelieses seltsames Verhalten. Er pendele in seiner Freizeit. Vielleicht sei das die Strafe Gottes. Thea Hein rät ihm, er und seine Frau sollten dreimal täglich den Rosenkranz und den Exorzismus beten. Eine neue Angst zieht ins Elternhaus. Im Gebet suchen sie Zuflucht bei den Heiligen. Josef Michel unternimmt eine Wallfahrt zum Grab des wundertätigen Paters Pio, Anna Michel steht betend am Grab der verstorbenen Familienangehörigen. Beide erleben paranormale Phänomene, die sie als teuflische Nachstellungen deuten. Der Vater klagt über Leibschmerzen. Annelieses Hände verkrampfen sich, das Gesicht wirkt entstellt, die Pupillen sind stark vergrößert. Die Mutter bespritzt ihre Tochter mit Weihwasser. Anneliese schreit: „Kein Weihwasser mehr, es wird nur noch schlimmer, ich sehe tausend Fratzen."

Thea Hein wendet sich erst telephonisch, dann schriftlich an Adolf Rodewyk. Der Jesuit diagnostiziert in einem Brief vom 6. August 1973 an die Pilgerleiterin, „daß bei Anneliese ein begründeter Verdacht auf Besessenheit vorliegt". Viele Verhaltensauffälligkeiten während der Pilgerfahrt stimmten mit klassischen Symptomen der Besessenheit überein. Ungewöhnlich sei jedoch das fünf bis sieben Minuten andauernde Zittern.

Grund der Besessenheit könnte eine persönliche Schuld sein. „Ziel dieser Besessenheit scheint zu sein, daß wieder alles in Ordnung kommt. Offenbar ist das eine in San Damiano erhaltene Gnade." Da Anneliese aber nicht beichten könne, müsse zuerst der Teufel angegriffen werden. Priesterliche Hilfe sei erforderlich. Ein Geistlicher solle den „Exorzismus probativus" sprechen. In einem zweiten Schritt könne der Bischof von Würzburg verständigt werden, um die Erlaubnis zum „Schlußexorzismus" zu geben. Bei der Antragstellung dürfe sein Schreiben als Gutachten eingereicht werden, auch sollten es die Eltern Michel zur Kenntnis nehmen. Er selbst sei mit bald achtzig Jahren zu alt, um den Exorzismus zu sprechen.

An wen sich wenden? Ein regelmäßiger Wallfahrer nach San Damiano ist der pensionierte Pfarrer Eduard Herrmann von der Muttergottespfarrei in Aschaffenburg. Er wird im folgenden Jahr viele seelsorgerliche Einzelgespräche mit Anneliese führen. Dabei klagt sie über Kopfschmerzen, sagt, sie sei nicht mehr sie selbst und fühle sich manchmal verfolgt. Für eine Besessenheit aber kann der erfahrene Geistliche nicht den geringsten Anhalt finden. Die Eltern sind ratlos. Drei Wochen nach Rodewyks Diagnose besuchen Mutter und Tochter den Nervenarzt Siegfried Lüthy. Aber der Satan ist neurologisch nicht auszumachen. Zwei Monate vor Semesterbeginn weiß Anneliese nicht, ob sie das Studium aufnehmen soll. Eine apokalyptische Stimmung lastet auf Annelieses Gemüt. Schwarze Vögel der Seele verdunkeln den Himmel. Sie steht am Anfang des freien Studentenlebens in Würzburg, doch scheint ihr das Ende der Zeit gekommen zu sein. Ihr fehle die Entschlußkraft, sie habe kein Interesse, erklärt sie. Sie leide unter Schlafstörungen und sehe öfters Fratzen. *„Der Teufel ist in mir, alles ist leer in mir."* Bald komme das Brandgericht. Bei diesen Äußerungen seiner Patientin fällt dem Arzt ein verworrenes Denken mit paranoiden Denkinhalten auf. Vielleicht entwickle sich eine beginnende paranoide Psychose. Als Anneliese eine Woche später (10. September 1973) noch einmal mit ihrer Mutter erscheint, sitzt sie nur schweigend in der Ecke. Es ist der letzte Besuch. Nach Studienbeginn ist sie in der Würzburger Nervenklinik in regelmäßiger Behandlung, es kommt aber nicht zu einer Zusammenarbeit zwischen Medizinern und Theologen. Sie bricht eine psychiatrische Behandlung ab und verläßt nach wenigen Sitzungen auch eine Gruppentherapie. Die Fragen des Psychoanalytikers nach der Familiengeschichte empfindet sie als unpassend. Was soll ihre Krankheit mit ihrer frühkindlichen Elternbeziehung oder ihrer sexuellen Phantasie zu tun haben? „Ich bin doch nicht verrückt, was soll ich dort", sagt sie ihrem Freund Peter Himsel, den sie zu Semesterbeginn auf einer Fete des Studentenwohnheimes „Ferdinandeum" kennengelernt hat. Auch später wird sich Anneliese keinem Menschen vollständig öffnen.

Zwei Jahre dauert die Irrfahrt der Seele. Die Eltern wenden sich an Priester und Patres, suchen ihren Beistand und werden abgewiesen. Niemand will im Jahre 1973 das Amt des Exorzisten ausüben. Dann wird ein junger Geistlicher gefunden, der von den Angstzuständen ergriffen wird, die alle anderen nicht spüren. Als Kaplan Karl Roth von der Muttergottespfarrei seinem Freund Kaplan Ernst Alt (*1937) von der Agathakirche („Achetkersch") in den „Fall Michel" einweiht, spürt der mit paranormalen Fähigkeiten (Wünschelrutengänge, Telepathie, Vorahnung) begabte Geistliche die teuflischen Bedrängnisse. „Ich geriet dabei in eine seltsame, nie gekannte Erregung, alles zum Schrecken und Erstaunen meines anwesenden Mitbruders", schreibt er an Bischof Stangl. Beim abendlichen Meßopfer habe er einen Stoß in den Rücken bekommen, intensiven Brandgeruch und einen kalten Lufthauch wahrgenommen. „Ich spürte, wie eine negative Macht mich umgab". Obwohl er „eine stark wirkende Schlaftablette, die sonst immer half, genommen hatte", wurde es eine unruhige Nacht. Infernalischer Gestank habe sich in seinem Schlafzimmer ausgebreitet und aus dem Rollschrank sei lautes Poltern zu vernehmen gewesen. Schweißgebadet habe er beim Exorzismus Zuflucht gesucht. Es wird eine schicksalhafte Begegnung mit Anneliese. Bald ist Alt über die Familienverhältnisse gut orientiert, kennt auch die Risse, die unter der heilen Oberfläche verborgen liegen. Sein Gebet und priesterlicher Segen wirken auf Anneliese beruhigend, während Behandlungsversuche mit Magnetismus, Akupunktur und Homöopathie erfolglos geblieben waren. Am 30. September 1974 beantragt er beim Bischof Josef Stangl die Genehmigung des Exorzismus und die Berufung eines geeigneten Priesters. Wäre Anneliese, wie sie es befürchtet hatte, in die geschlossene Anstalt nach Lohr eingewiesen worden, hätte die Öffentlichkeit nie von ihrem Schicksal erfahren.

In Prüfungssituationen reagiert sie mit innerer Unruhe und Angstzuständen, besonders als sie in der Trennfurter Schule ihre erste Religionsstunde vorführen soll. Sie ist den Anforderungen nervlich nicht gewachsen. Eine weitere Lehrprobenstunde muß sie mehrfach absagen. War es ein Zufall, daß Ernst Alt die Pfarrei in Ettleben, unweit von Würzburg, übernahm? Er wird gerufen, als Anneliese am 1. Juli 1975, ihrem späteren Todestag, von Angstzuständen völlig zerrüttet ist. Ihre Aufzeichnungen sind Protokolle zunehmender Entselbstung. Die Gotteskrankheit breitet sich in Annelieses Seele aus. Der Glaubensverlust wird als Ich-Verlust erlebt. Sie kann nicht mehr beten und die Kommunion einnehmen, fühlt sich deshalb vom Heil ausgeschlossen und verdammt in Ewigkeit. *„Mein Herz brennt, der Heiland ist darin eingeschlossen, und die Teufel haben mein Herz umkrallt"*, sagt sie zu ihrem Freund Peter Himsel. Neben dem Studentenheim befindet sich in der Neumünsterkirche eine Anbetungskapelle. Hier solle sie ihre Gebete verrichten und sich in einem strengen religiösen Lebenswandel üben, hatte ihr priesterlicher Freund empfohlen. Beinahe täglich telephoniert sie mit ihm. In den Himmel wollte sie kommen, und das bestandene Abitur sollte ein gutes Zeichen der Mutter Gottes sein. Jetzt vernahm sie auch andere Stimmen, die von Verdammnis, Untergang, Tod und Hölle sprachen. Es gibt Situationen, da weiß sie nicht, woher die Stimmen kommen. „Ich bin nicht mehr ich selber!" wiederholt sie immer wieder.

Sie denkt über ihr Leben nach. Angstzustände in der Pubertät, der Bodensatz der Familiengeschichte wird sichtbar. Das Unheimliche, Mächte des Himmels und der Hölle. Ihre verstorbene Großmutter Michel, ihre Schwester Martha, die im Alter von acht Jahren an einem Nierenleiden starb. Seit deren Tod ist sie die große Schwester, das älteste Kind. Martha umgibt ein Geheimnis. In der Familie wird darüber nicht gesprochen. Anneliese fühlt, daß ihr eigenes Schicksal mit dem ihrer Schwester zusammenhängt. Ihr Leben steht unter einem Fluch. Und dieser Fluch hat einen Riß in die Familie gebracht. Zwischen Sägewerk und Elternhaus liegt der Friedhof. Hier besitzen die Eltern zwei Grabstellen. In einer großen an der Friedhofsmauer ist Martha begraben worden, in der anderen im Zentrum des Friedhofes die Großeltern väterlicherseits. Es scheint, als wolle die eine Seite der Familie mit der anderen nichts zu tun haben. Dieser Fluch wurde von einer eifersüchtigen Frau aus dem Wohnort der Mutter ausgesprochen. Flüchtlinge waren nach Niederbayern gekommen. Einer hatte sich in die einzige Tochter des Sägewerkbesitzers verliebt, ein uneheliches Kind gezeugt und die heile Welt zerrissen. Am Main hatte sich zur gleichen Zeit der Sohn eines Sägewerkbesitzers in ein evangelisches Mädchen verliebt. An eine Heirat war nicht zu denken. Das wäre eine Mischehe gewesen, aus der nichts Gutes hätte werden können. So dachte man damals in der Nachkriegszeit. Zwei Menschen hatten geliebt, und ihre Liebe hatte Familientraditionen zerrissen. Die Großeltern suchten zu flicken. Über eine Anzeige im Würzburger Bistumsblatt lernen sich die Großeltern kennen und verkuppeln ihre Kinder. Josef hieß der junge Mann aus dem Weinort am Main. Der Name paßte. Er heiratete die Frau mit der zweijährigen Tochter. Der Riß schien geheilt. Das lockte die Neider hervor. Der Fluch wurde gesprochen. Zwanzig Jahre später bezieht ihn Anneliese auf sich. Denn sie kommt im Geburtsort der Mutter zur Welt und nicht in Klingenberg. Ja, so könnte es gewesen sein. Aber was wäre damit erklärt?

„Hoffnungslosigkeit sitzt an der Wurzel, wo das Leben ist", so beschreibt Anneliese (Juli 1975) ihren inneren Zustand. Die Sakramente haben ihre Kraft verloren. Trotz Teilnahme an der Heiligen Kommunion sei sie in der Seele und im Geist verzweifelt. Die Krankheit der Gottesferne wuchert. *„Eine eiserne Kette hält mein Herz umklammert. Angst, Entsetzen."* Satzfragmente wie aus einem expressionistischen Gedicht zeigen den zunehmenden Ich-Verlust an. Viele Worte sind durchgestrichen. Sie ringt um sprachlichen Ausdruck der Gotteskrankheit. Das Gefäß ihrer Seele hat einen Riß bekommen, die Empfindungen verströmen sich. *„Ich habe keinen Mut, verzweifelt, ich habe Angst, daß ... Pfarrer ... meine ... kein Vertrauen, ich stehe am Scheideweg entweder Leben oder Tod. Tief verletzt all die Jahre durch, hab mich nicht mehr gewehrt, jetzt auch nicht."* Anneliese notiert dies direkt nach dem Besuch der Anbetungskapelle. „Ich bin ein Sünder, das habe ich heute in der Kapelle klar erkannt, auch wenn ich mir etwas anderes eingebildet habe." Ihre Sündhaftigkeit führt sie auf den Stolz zurück, die Hauptsünde Lucifers. Niemand blicke bei ihr durch, hatte ihr der Arzt in Mittelberg gesagt. Jetzt hat sie „Angst, daß man an mir verzweifelt", daß sie aufgegeben wird und den Rest ihrer Tage in der Nervenheilanstalt Lohr verbringen muß. Verlorenes Ich, sich verströmendes Ich. Die steigenden Wasserfluten des Unbewußten drohen das Gefäß der Seele zu sprengen, „es wird von Tag zu Tag schlimmer, wenn nicht ein Damm gebaut wird". Hochwasser der Seele. Auch die Flüsse traten im Februar 1970 über die Ufer, als Anneliese nach Mittelberg fuhr. In diesen wirren und widersprüchlichen Gefühlen von Schuld, Verworfenheit, Stolz und Angst sucht sie einen Rettungsring in der Arbeit. Noch vor Beginn der Semesterferien wählt sie das Thema ihrer Zulassungsarbeit für das Lehramt an Volksschulen. Es lautet: „Die Aufarbeitung der Angst als religionspädagogische Aufgabe". Nach mehrmaliger Beantragung einer Verlängerungsfrist wird sie am 28. Mai 1976 eingereicht. Diese Examensarbeit ist der Versuch, die Angst mit Hilfe der Vernunft zu besiegen.

Im Juli 1975 führen Annelieses Eltern ein Gespräch mit den behandelnden Ärzten der Würzburger Nervenklinik. Wird ihre Tochter jemals den Beruf der Volksschullehrerin ausüben können? Die Mediziner zerstreuen die Bedenken. Ob sie von Annelieses quälenden Schuldgefühlen und ihrer Gotteskrankheit wissen? Jetzt holen die Eltern ihr Kind heim. Zu Hause zerspringt das Gefäß der Seele endgültig. Immer wieder wirft sich Anneliese vor ihren Eltern nieder, küßt ihnen die Füße und bittet sie um Verzeihung. Sie sei verdammt und könne nie mehr gerettet werden. Eine für Eltern und Geschwister unerträgliche Situation baut sich auf. Hilfe von außen erwartet niemand mehr. Was ist der Sinn dieses Leidens? Auf einem sonntäglichen Spaziergang (27. Juli 1975) mit ihrem Freund Peter löst sich plötzlich die innere Anspannung. Seit ihrer Kindheit sei sie nicht mehr so frei gewesen wie jetzt. Ihr Vater ist an diesem Wochenende in San Damiano. Während des Spazierganges sagt sie Peter, die Mutter Gottes habe zu ihr gesprochen und ihr den Sinn der Schuldgefühle und Ängste offenbart. Sie dienten als Sühne zur Rettung vieler verlorener Seelen. Für andere Menschen Sühne zu leisten war seit der Rückkehr aus Mittelberg ihr Wunsch. Nur mit der Schwere des Opfers hatte sie nicht gerechnet. „Du rettest viele Seelen und wirst wieder freisein, Du wirst heiraten können, Kinder bekommen und sehr glücklich sein." Der Gottesfriede hält nicht lange an. Schon lauert die Angst vor den Türen der Seele und sucht Einlaß. Ein größeres Opfer als Angst und Schuldgefühle scheint von ihr verlangt zu werden. Ihre Passion beginnt.

Sie küßt Peter und ihren Vater, ohrfeigt beide, spuckt ihnen ins Gesicht und bittet sie um Verzeihung. Ihre Blicke schweifen über eine Darstellung des letzten Abendmahles, das Jesus mit seinen Jüngern hielt und verharren bei Judas. Jesus und Judas. Wer ist Anneliese? Judas blicke sie an, Judas stehe im Zimmer. Judas hatte seinen Herrn mit einem Kuß verraten und sich aus Verzweiflung erhängt. Dafür sitzt er jetzt in der Hölle. Wieder küßt sie ihren Vater. Sie entkleidet sich, stellt sich splitternackt ins weitgeöffnete Fenster, springt durch das Haus wie ein Geißbock, küßt die Hand ihres Vaters. Zitternd vor Angst kommt sie nachts ins Schlafzimmer der Eltern. Sie liegt halbentblößt auf dem Fußboden vor ihrem Bett, geht die Treppe hinunter ins Erdgeschoß, reißt die Schlafzimmertür auf und schreit, die Eltern sollten aufstehen, bei ihnen unten in der Hölle gäbe es auch keinen Schlaf. „Könnt ihr denn nicht eine Stunde mit mir wachen?" „Meine Seele ist betrübt bis an den Tod; bleibt hier und wacht mit mir!", hatte Jesus im Garten

Getsemani zu seinen Jüngern gesprochen (Matthäus 26,38–40). Morgens um sechs Uhr stürmt sie ins Schlafzimmer der Eltern, will den Vater ständig küssen, bis ihm die Nerven durchgehen. „Der will sein Kreuz nicht tragen!" sagt Anneliese. Sie uriniert auf den Küchenboden und küßt den Urin auf, näßt mehrfach ins Bett und steckt sich eine vollurinierte Unterhose in den Mund. Als ihr Freund sie daran hindern will, rennt sie einige Male mit dem Kopf gegen einen Steinpfosten und sagt: „Jetzt hast Du wieder meinen Willen zerstört und ich muß noch Schlimmeres tun." Dann greift sie in ihr Geschlechtsteil und führt anschließend die Finger in den Mund. „Das ist sehr schlimm für mich, aber ich muß es tun, damit ich nicht noch mehr gequält werde."

Auf Befehl der Mutter Gottes und zur eigenen Demütigung müsse sie Eltern, Geschwister und ihren Freund schlagen und bei laufender Spülung ihren Kopf in die Kloschüssel stecken. Maria habe auch gesagt, sie sei verdammt, weil sie ihr Kreuz nicht auf sich genommen habe. Sie hätte eine Heilige werden können. Mehrfach tut Anneliese so, als hielte sie eine Hostie in der Hand und kommunizierte. Schuldgefühle und Provokationen im Wechselbad der Gefühle. Viele Stunden verbringt sie in der Augusthitze auf dem Dachboden, ißt dort angeblich Spinnen, beißt einem toten Vogel den Kopf ab und leckt ständig an einem verrosteten Fahrrad. Heiligenbilder und eine Muttergottesstatue werden zerstört. Die leidgeprüfte Familie ist völlig hilflos und hat Angst, den Hausarzt zu verständigen, denn Annelieses Körper ist mit blauen Flecken verunstaltet. Pfarrer Alt ist auf Italienurlaub. Nach mehrfacher telephonischer Bitte ist Adolf Rodewyk zum Kommen bereit. Bald wird er sein goldenes Priesterjubiläum (27. August 1975) feiern. Thea Hein und der herzkranke Pfarrer Eduard Herrmann fahren mit ihm nach Klingenberg. Vormittags war Anneliese in den Keller gelaufen, hatte sich mit ihrer Kleidung in einen gefüllten Waschkessel gesetzt, anschließend im Kohlevorrat gewälzt und bekleidet ins Bett gelegt. Um sechzehn Uhr (12. August 1975) betet Rodewyk den Exorzismus. Er hält Annelieses zarte Hände, so wie er vor bald vierzig Jahren Magdas Hände gehalten hatte. Allen zeigt er die vernarbten Schnittwunden aus dem Kampf gegen Magdas Dämonen. Einer der Hauptteufel damals hieß Judas. Jetzt sagt Rodewyk: „Na, Judas, wir zwei, wir kennen uns doch so lange, Du brauchst Dich gar nicht zu verstecken. Du kannst ruhig Antwort geben." Dreimal wiederholt er die Anrede. Dann schreit es aus Anneliese heraus. Vor Entsetzen läuft die Mutter aus dem Haus, auch der alte Pfarrer

Herrmann, der nicht an die Besessenheit glauben wollte, ist so erschüttert, daß er auf der Rückfahrt nach Aschaffenburg mit keinem Wort auf das Erlebte zu sprechen kommt.

Abends flehlt Anneliese, es solle nicht weiter für sie gebetet werden, vor allen Dingen kein Exorzismus, denn der verschlimmere ihren Zustand und habe die Wirkung, als steche man in ein Wespennest. Tagelang hatte sie nichts gegessen und getrunken, dann verschlingt sie Äpfel, Bananen und Kuchen, trinkt Milch und erbricht sich. Verdauungsbeschwerden plagen sie. Sie fällt in ein langes Schweigen. Nachts schläft sie weiterhin auf dem Boden. Peter offenbart sie gegen Ende des Monats August: *„Ich weiß jetzt, daß ich verflucht worden bin. Hätte ich aber mein Kreuz angenommen, wäre inzwischen alles vorbei."* Ohne Unterbrechung sage ihr eine innere Stimme, sie sei verdammt. Ihre Besessenheit, glaubt sie, habe im Alter von etwa dreizehn Jahren mit der Pubertät begonnen. „Ich hatte oft Angst, die eigentlich unbegründet war, und war deshalb oft schweißgebadet." Düstere Vorahnungen und Zukunftsängste hätten sie an Neujahrstagen und an ihren Geburtstagen regelmäßig heimgesucht. Auch führe sie jetzt ihre Lungen-Rippenfellentzündung auf diabolischen Einfluß zurück. Trotz ihres Zustandes will sie für die Examensprüfungen arbeiten. Da aber ihr selbständiges Denken behindert ist und sie den Stoff nicht in eigenen Worten wiedergeben kann, lernt sie ihn auswendig. Auch ihre Examensarbeit ist eine große Zitatcollage.

Als Ernst Alt aus Italien zurückkehrt, beantragt er (16. September 1975) beim Bischof von Würzburg die Ernennung des Salvatorianerpaters Arnold Renz zum Exorzisten. Anna Michel träumte von einem frommen Priester, der über ein Lilienfeld ihr entgegenkam. Ein visionärer Traum hatte auch Thea Hein heimgesucht. Ihr träumte, sie befände sich allein mit einem frommen Priester in der Muttergottespfarrei. „Auf einmal, im Moment fliegt die Tür hinten auf, und der Teufel kommt rein mit einem Geschrei, das überläuft mich jetzt noch – mit einem Geschrei, abnormal groß, ganz wie glühend Kohlen ausschauend. Er war wie glühend Kohlen mit Hörnern. Das kann man sich gar nicht vorstellen. Es war furchtbar. Und da geht er schnurstraks auf den Pater zu. Da geht er hin und wollt ihn am Hals nehmen und den Hals zudrehen. Im allerletzten Moment, aber im allerletzten, nimmt der Pater den Weihwasserpinsel und taucht ihn ein und gibt ihm eine Sendung Weihwasser so ins Gesicht. Da ist der Teufel zurückgeflogen.

‚Hohohoh!' hat er geschrien. Also es war furchtbar." Dann greift der Diabolos die Pilgerleiterin an. Sie weiß, der Teufel hat einen großen Zorn auf sie, weil sie ihm viele Seelen in San Damiano abspenstig gemacht hat. Im Traum hüpft sie von Bank zu Bank. Satan holt sie ein, streckt seine Hand aus „und hat in dem Moment drei Schlangen in der Hand gehabt. Die waren so milchig und hatten oben einen braunen Streifen gehabt. Da fährt er so aus und wollt mir die Schlangen gerade so ins Gesicht hauen. Und im allerletzten Moment – das kann man sich gar nicht vorstellen – kommt der Pater wieder mit dem Weihwasserpinsel und spritzt da einen Schuß Weihwasser gegen den. Und da torkelt der so rückwärts. Und der Pater hat gespritzt und gespritzt. Und rückwärts ist er zur Kirche raus und hat geschrien und geplärrt."

Pater Arnold Renz eröffnet die Teufelsaustreibungen. Unendliche Verhöre der Teufel Judas, Lucifer, Nero, Kain, Hitler und Fleischmann. Unter den vielen Personen, die Anneliese jetzt ist, läßt sich ihr eigenes Ich nicht mehr finden. Die guten und bösen Mächte ihrer Lebenswelt sind in ihr auferstanden. Sie identifiziert sich mit den Teufeln Judas, Lucifer, Nero und Kain aus dem „Fall Magda". Im Pfarrhaus von Ettleben geistert die Seele eines verfluchten Priesters mit Namen Fleischmann herum, vor dem sich Ernst Alt fürchtet. Dieser Priester hat mehrfach den Zölibat gebrochen. Eine seine Töchter hieß Martha, so wie Annelieses verstorbene Schwester. Hitler war aus dem Film von Joachim Fest in ihr Bewußtsein getreten. Himmel und Hölle spiegeln sich in Annelieses Seele. Denn wie Magda erfährt sie auch die Anwesenheit himmlischer Mächte: Bruder Konrad von Altötting, Pater Pio und der ganze religiöse Kosmos der Familie. Auch die verstorbene Großmutter Michel, Siegfried, der Neffe vom Kaplan Karl Roth und die Schwester Martha stehen ihr bei. Die Exorzismen werden auf Band aufgenommen. Drei Cassettenrecorder laufen gleichzeitig. Weit über hundert Stunden Tonbandaufnahmen existieren von den Sitzungen. Arnold Renz befragt den Teufel Judas: „Wofür hast Du das Geld gebraucht? Für Hasch? Wofür hast Du das Geld gebraucht? Hat er Dich hungern lassen? Hast Du Dir ein Haus bauen wollen?" Niemand kann das Stimmengewirr unterscheiden. Himmel und Hölle sind durcheinandergeraten. Die Teufel geben vor, im Namen der Mutter Gottes und des Heilandes Botschaften für den Bischof von Würzburg zu haben. Der Himmel benutzt die Hölle als Mitteilungsorgan. Ernst Alt: „Du hast sicherlich dem Bischof von Würzburg noch was zu sagen. Alles ganz genau zu sagen, daß es jeder versteht. Es muß an die Öffentlichkeit." Arnold Renz: „Jetzt hast Du Gelegenheit, dem Bischof Botschaft zu bringen. Jetzt ist sein Bote da."

Die Austreibung war offiziell genehmigt. Jetzt war Annelieses Zustand ein kirchenpolitischer Fall. Doch der Bischof weigerte sich, den Diabolos persönlich kennenzulernen. Alles wird schieflaufen. Photos zeigen Anneliese's erbärmlichen Zustand. Wird sie zerstört? Zerstört sie sich selbst? Wer steuert hier wen? Alle Beteiligten werden bis an die Grenzen ihrer seelischen und körperlichen Kräfte geführt. Abends sprechen die Teufel bei den Exorzismen aus Anneliese, tagsüber führt sie auf Anregung von Arnold Renz ein geistliches Tagebuch. Da empfängt sie Offenbarungen von Christus und Maria. Oder kommen auch sie vom Teufel? Anneliese kann die Herkunft der Stimmen nicht mehr unterscheiden. *„Ich weiß nicht genau, ob dies vom Heiland ist oder vom Satan"* (25. Oktober 1975). Zwischen Himmel und Hölle, Ober- und Unterwelt wird Anneliese erdrückt, ihre Seele verrückt. Aber der Heiland hatte auch gesagt: *„Du wirst eine große Heilige werden"* (20. Oktober 1975). Da scheint sich inmitten der Leidenstage zu erfüllen, was Anneliese gegen Ende ihres Aufenthaltes in Mittelberg an die Mutter geschrieben hatte:

> „Eins mußt Du Dir merken:
> in den Himmel will ich kommen,
> mag es kosten, was es will,
> für den Himmel ist mir nichts zu viel."

Auch nicht der Tod? Anneliese identifiziert sich zugleich mit Christus und Lucifer, dem geliebten und dem verworfenen Sohn, dem Erwählten und Verfluchten. Sie erlebt die einsamen Stunden Jesu am Ölberg und den Höllensturz des gefallenen Engels, ist die verlorene Tochter und die erwählte Magd des Herrn. Wie Christi Tod am Kreuz werde auch ihr Leiden zur Vergebung der Sünden beitragen, teilt ihr der Heiland persönlich mit (24. Oktober 1975): *„Du wirst viel leiden und sühnen, schon jetzt. Deine Leiden, Deine Traurigkeit und Trostlosigkeit dienen mir dazu, andere Seelen zu retten."* Abends sprechen wieder die Teufel. Lucifer: „Ich sitze in der schon drin seit der Geburt" (24. Oktober). „Die Rotznase (Anneliese) ist verflucht worden. Und zwar von dem Weib" (10. Oktober) aus Leiblfingen, dem Heimatort der Mutter, wo auch Anneliese zur Welt kam. Jetzt kann sie alles sagen, was sie den Priestern und ihren Eltern nie zu sagen wagte. Anneliese? Nein, die

Dämonen. „Du, Sie Hund Sie!“ „Verfluchte Sau!“ (zu Ernst Alt) „Ja. Sie Drecksau, Sie verfluchte, Sie schaffe ich noch durcheinander, daß Sie nicht mehr wisse, wo oben und unten ist.“ „Und ich bring' noch soviel durcheinander und Streit heraus, daß ihr's nicht mehr aushalten könnt!“ „Ihr kriegt noch mehr (Gebete) aufgepackelt!“ „Ihr müßt erst noch ein bißchen beten, bevor ich was sage!“ „Ihr fallt alle um. Hahaha. Es kracht.“ Die Botschaft von Fatima werde sich bald in einem Strafgericht erfüllen, größer als beide Weltkriege zusammen. „Es wird ganz schön krachen. Ganz schön wird's krachen.“ „Aber es wird ziemlich verwüstet sein nachher.“

So kam es. Monatelang führt Anneliese ein Doppelleben, pendelt zwischen ihrem Elternhaus mit den exorzistischen Sitzungen und Würzburg, wo sie im Wintersemester mehrere Prüfungen erfolgreich ablegt. In Klingenberg steht sie immer wieder mit Suizidgedanken vor der Mainschleuse. Selbstmord ist Teufelswerk. Judas hatte sich aus Verzweiflung erhängt. Auch Hitler saß nicht wegen Völkermordes in der Hölle, sondern weil er Selbstmord verübt hatte. Verrat war vergebbar, Suizid nicht. Niemand blicke bei ihr durch, hatte der Arzt in Mittelberg gesagt. Es gab nur einen Weg: In den letzten beiden Monaten vor ihrer Selbstauslöschung verweigerte sie die Nahrungsaufnahme, nahm auch keine Tabletten mehr ein. „Mutter bleib da, ich habe Angst!“ waren ihre letzten Worte (1. Juli 1976).

Knapp zwei Monate vorher hatte Ulrike Meinhof in einem letzten Kassiber vor ihrem Suizid notiert: „Angst ist reaktionär. Ich habe ernsthaft Angst. Ich kann nicht mehr“ (8. Mai 1976). Als sich Annelieses Seele verströmt hatte und der Fall an die Öffentlichkeit drang, gab es einen Skandal sondergleichen. Eltern und Priester wurden wegen unterlassener Hilfeleistung verurteilt, doch weder Bischof Stangl noch Pater Rodewyk mußten vor Gericht erscheinen. Neurologen, Psychiater und Gerichtsmediziner sprachen ihr Urteil. Vor Prozeßbeginn kursierte das Gerücht, Annelieses auf fünfunddreißig Kilogramm abgehungerter Körper liege unverwest im Grab neben Martha. Das Grab wurde geöffnet. Vielleicht war sie doch zu einer Heiligen geworden, wie sie selbst prophezeit hatte? Das Ergebnis der Obduktion verhinderte nicht, daß ein Heiligenkult einsetzte, der bis auf den heutigen Tag Pilgergruppen aus ganz Europa nach Klingenberg zieht. Der Vater errichtete seiner Tochter direkt neben dem Friedhof eine Kapelle. Hier wird Anneliese als Fürsprecherin angerufen. Als der Vater starb, ließ er sich im Grab seiner Eltern beisetzen, nicht in dem großem Grab, wo Martha und seine erstgeborene Tochter lagen.

In ihrer Examensarbeit hatte Anneliese auch über die Angst in der Kirche geschrieben: „Früher mußte die Kirche danach streben, das Bestehende zu erhalten. Heute besinnt sich die Kirche darauf, daß sie eine Geschichte durchläuft. Sie ist also dabei, aus ihren vertrauten, sie sichernden Gehäusen auszuziehen, sich der Gegenwart zu stellen und der Zukunft zu öffnen. Diese ungewohnte Situation hat Angst zur Folge. Es ist die Ungewißheit, wohin die Reise hingehen wird. Selbstverständlich muß sich die Kirche vor der Gefahr des Modernismus hüten. Es ist aber auch ihre Aufgabe, Veränderungen in Gang zu bringen und diese Veränderungen in die Bahnen des Heils zu lenken. Darin liegt jedoch eine große Verantwortung, und es könnte uns Christen dabei angst werden." Und an anderer Stelle heißt es: „Wir stehen alle im Kampf und wissen nicht, wie er ausgeht." Selbst Jesus habe am Ölberg Todesangst ausgestanden, und er habe auch nicht alle Menschen geheilt. „Zum Schluß sei noch gesagt, daß es Fälle gibt, wo einer, obwohl er gebeichtet hat und im Innersten in Frieden mit Gott lebt, von einer merkwürdigen Angst geplagt wird, einer Leidens- und Todesangst, von dem man einen Menschen nicht befreien darf. Man kann, wenn das einem Menschen auferlegt ist, nur schweigend stehen und beten, daß er auch durch diese Angst hindurch geführt wird. Es gibt das besondere Teilhaben am Kreuze Christi und seiner Todesangst. Die wichtigste Grundhaltung für das seelsorgliche und ärztliche Bemühen ist die Ehrfurcht vor dem Geheimnis der Geschichte eines Menschen mit Gott."

VOLLENDUNG

DAS WIEDERGEFUNDENE PARADIES

„Und der Teufel, der sie verführte,
wurde geworfen in den Pfuhl von Feuer und Schwefel,
wo auch das Tier und der falsche Prophet waren;
und sie werden gequält werden
Tag und Nacht, von Ewigkeit zu Ewigkeit.“

Offenbarung 20,10

Immer – nimmer

Würde unserem Leben etwas fehlen, wenn das letzte Kapitel ungeschrieben bliebe? Wenn wir einfach tot wären und nichts mehr käme, kein Himmel, keine Hölle und auch kein Fegefeuer?

Es war einmal ein Gänsehirt, der weidete tagein, tagaus seine Herde. Dann kam der Tod und holte den Gänsehirten über den Fluß in sein Reich. Was geschah mit den Gänsen? Vermißten sie ihren Hirten? Nichts geschah, antwortet das Märchen. Ein neuer Gänsehirt kam. Wir sterben, und unser Platz in Schule, Büro, Familie und auf den Baustellen des Lebens wird von anderen Menschen eingenommen. Ein neuer Schüler kommt, ein neuer Sachbearbeiter, ein neuer Papa. Wir wollen es nicht wahrhaben, aber das Leben geht auch ohne uns weiter. Wir werden nicht mehr gebraucht.

Groß ist der Tod, aber die Liebe ist größer. Sie weist über den Tod hinaus in den Himmel und jene Regionen, wo das verlorene Paradies liegt. Hier bekommen wir alles zurück, was man uns genommen hat, und jede gute Tat wird reichlich vergolten. Ja, und am Ende kommen wir alle in den Himmel. Dort ruht das Lamm neben dem Wolf. Weiße, Schwarze, Gelbe und Rote unterhalten sich friedlich, es gibt keine Umweltverschmutzung mehr, und statt Bier und Wein trinken alle Menschen nur noch Fruchtsäfte. Stimmt das wirklich?

Ewigkeit ist ein Donnerwort, ein Schwert, das die Seele durchbohrt. Schon die Stunde kann entsetzlich lang werden und zäh wie Kaugummi, das auf dem Teppichboden klebt. Kindheit ist Wartezeit. Eine Ewigkeit dauern die zehn Minuten, wo Hannah schweigend ihr Essen einnehmen soll. Nach dem Vormittag im Kindergarten wartet Jaakob auf seinen Freund Gunzi, abends wartet er auf den Vater, daß er von der Arbeit nach Hause kommt. Das Kind wartet, daß es sieben Jahre alt und eingeschult wird. In der Schule wartet es, daß die Glocke schellt. Wie schrecklich lang

Endlich werden die Gläubigen in Frieden leben können, Gott wird ihnen alle Tränen abwischen, und der Tod wird nicht mehr sein. Die Himmelsbewohner trinken das Wasser des Lebens, und der seit den Paradiesestagen versperrte Zugang zum Baum des Lebens ist wieder frei. Wäre es denkbar, daß nach einer kleinen Ewigkeit der Erholung sich im Himmel eine Gruppe aus Engeln und Menschen zusammenfände, die den „Fall Satan" noch einmal aufgriffe und Fürbitte für den gefallenen Engel und die Dämonen des Lebens leistete?

Der Engel verschließt die Hölle.
Aus: Psalter der St. Swithuin's Priory, um 1150.

wird erst die Ewigkeit sein? Mit der Ewigkeit kenne sie sich aus, sagt die kleine Eva. Sobald der Mensch gestorben sei, höre er ein Summen wie von einem unsichtbaren Bienenschwarm. Mit beiden Händen leise den Takt andeutend, macht sie den Ton mit Gaumen, Zunge und Lippen so eindrucksvoll nach, daß dem jungen Hans Carossa das kalte Grausen kommt. Irgendwo, sagt Eva, „irgendwo ist eine Uhr, so groß wie die halbe Welt, die darf niemand aufziehen als der liebe Gott, und das tut er nur alle paar Millionen Jahre. Sehen kann man sie natürlich nicht; aber wie der Sekundenzeiger geht, so hört man ins Gesumm hinein unaufhörlich zwei Worte: Immer – nimmer – immer – nimmer – immer – nimmer – das geht Millionen Jahre so fort ..."

Immer oder nimmer? Werden wir immer sein oder nimmer sein? Schon das kleine Kind kennt die Momente der angehaltenen Zeit. Ein warmes Sommergewitter. Das Kind sitzt mit Tante Martha in der Gartenlaube und kann nicht ins Haus zurück, weil die „Tata" nicht mehr gut auf den Beinen ist. So müssen die alte Frau und ihr Großneffe auf das Ende des Regens warten. Zuerst vertreiben sie sich die Zeit. Die „Tata" trägt wie immer ihre alte Schürze, und weil es Hochsommer ist, sind ihr faltiger Hals und das welke Fleisch der Arme unbedeckt. Neben dem Saftglas liegt ihre Zeitung „Der Schlesier". „Tata" muß fern der Heimat leben, weit weg von Zimpel, wo sie ein schönes Haus bewohnt hatte. Ihren zweijährigen Großneffen Karsten nennt sie „den letzten Schlesier". Seinen Namen spricht sie „Kasten" aus. Die „Tata" muß uralt sein, denkt das Kind. Bestimmt schon fünfzig oder sechzig Jahre oder siebzig oder achtzig. Aus Bonbonpapieren und Streichhölzern fertigt die „Tata" bunte Fähnchen für die Matchbox-Autos. Der Regen will nicht enden. Dann blicken die Alte und das Kind stumm in den Garten und lauschen dem Regen. Es bedarf keiner Worte. Da steht das Unaussprechliche im Garten. Die angehaltene Zeit. Gottesnähe. Adern voll Dasein. Immer – immer – immer – immer! Unendliches Glück.

„Und es soll geschehen in den letzten Tagen, spricht Gott, da will ich ausgießen von meinem Geist auf alles Fleisch; und eure Söhne und eure Töchter sollen weissagen, und eure Jünglinge sollen Gesichte sehen, und eure Alten sollen Träume haben", zitiert der Apostel Petrus in seiner Pfingstpredigt (Apostelgeschichte 2,17) den alten Propheten Joel.

Zwei Jahre später konnte das Kind bis Einhundert rechnen. Es wußte, daß zwischen fünfzig und achtzig Jahren eine lange Lebensspanne liegt. Dann starb plötzlich die Lehrerin. Der Schulleiter war eines Tages vor die

Klasse getreten und hatte mit ihr ein Gebet für Fräulein Zellmann gesprochen. Die Lehrerin war knapp sechzig Jahre alt geworden. Das sei kein Alter, hörte das Kind seinen Vater sagen, der wie die Schulkinder großen Respekt vor dem strengen Fräulein Zellmann gehabt hatte. Als Klassensprecher durfte das Kind bei der Beerdigung anwesend sein. Wie alle anderen Trauergäste stand es in der Leichenhalle am offenen Sarg. Da lag Fräulein Zellmann mit wächsernem Gesicht. Dem Kind fröstelte es. Wie lange wird die Lehrerin in dem Sarg liegen? Wird sie im dunklen Erdreich nicht Angst haben? Und wie soll sie dort unten Luft zum Atmen bekommen? Die angehaltene Zeit. Gottesferne. In den Adern kein Dasein mehr. Nimmer – nimmer – nimmer – nimmer! Unendliches Unglück.

Gott, der Schöpfer, hat mit dem Himmel und der Erde auch den Raum und die Zeit erschaffen. Der Mensch ist ein Kind des Raumes und der Zeit. Er kann die Ewigkeit nicht denken. Aber sie ist ihm ins Herz gelegt. Das macht ihm manchmal Angst. Unter der Ewigkeit stellt er sich eine unendlich lange Zeit vor. Das Kind sitzt mit der „Tata" und seinen Großeltern vor dem Fernseher. Es ist Samstagabend. Die Mutter ist bei Bekannten in Oldenburg, der Vater arbeitet in der Werkstatt. Die Alten sehen einen Film mit Hans Moser. Das ist meistens lustig. Hans Moser singt: „Der alte Herr Kanzleirat, der träumt jetzt von der Heirat, die nicht mehr kommt!" Zu spät in alle Ewigkeit. Nimmer – nimmer – nimmer – nimmer wird er das Versäumte nachholen können. Der alte Kanzleirat bleibt ausgeschlossen vom Eheglück. Warum schießen dem Kind jetzt Tränen in die Augen?

Kindliche Szenen, kindische Gefühle und doch braut sich in ihnen bereits das zusammen, was später den Namen „Hölle" erhalten wird. Hiersein heißt, fern der Heimat leben zu müssen. Das Paradies lag unerreichbar hinter dem eisernen Vorhang in Schlesien, in Königsberg, der mütterlichen Heimat, und in Sagan, wo der Vater geboren worden war. Ein Dämon hatte Deutschland zerrissen. Jetzt war die Heimat da, wo das Kind noch nie gewesen war. So lautete die Lehre der „Tata". Die Hölle ist keine Erfindung der Priester. Sie liegt in unserer Seele, dort, wo auch die Dämonen des Lebens hausen. „Nimmer – nimmer – nimmer – nimmer", raunt der Dämon der Verzweiflung. „Die große Seelenwahrheit des Infernos erfaßt keiner so leicht vor seinem vierzigsten Jahr", sagt Hans Carossa mit einigem Recht. Die Hölle der Seele, die Hölle, die Menschen den Menschen auf Erden bereiten, ist schreckliche Wirklichkeit. Aber ist die Hölle auch ein Ort, den wir nach Überschreiten der Schwelle des Todes betreten? Auf tausenden von

Bildern setzen Maler die Hölle ins Bild, die größten Dichter haben sie beschrieben, mittelalterliche Philosophen sogar vermessen. Aber welche Hölle sahen sie?

Mit vielen Christen meint auch Hans Carossa, daß sich die Vorstellung von einer Hölle im Jenseits nicht mit dem Glauben an Gottes Güte und Allmacht vereinbaren lasse. „Gott aber, dem Meister aller Meister, darf man zutrauen, daß er auch aus dem gemeinsten Stoff noch etwas machen kann. Der Baum, der schlechte Früchte bringt, wird ausgehauen und verbrannt; so unterhält er immerhin das reine Element des Feuers; ja, wenn er nur liegt und fault, hilft er neues Wachstum ernähren. Die Natur verwahrt und verwertet jedes Atom; der große Künstler formt aus dem Antlitz eines Mörders ein herzerschütterndes Bild, – und die Gottheit sollte vergeuden?" Gäbe es eine Hölle, sie wäre nach diesen Worten ein Beweis für Gottes Unfähigkeit, die Mächte des Bösen zu wandeln. Aus Dämonen könnten wieder Engel werden, aus dem gefallenen Engel wieder der herrliche Sänger im ersten Engelchor. Gott könnte aus jedem Teufel einen Engel formen. Aber will er es auch? Tief in unsere Seelen eingeschrieben ist die Sehnsucht, daß am Ende alles in allem gut sein wird. Aber gesetzt den Fall, Gott öffnete auch den Dämonen und dem gefallenen Engel die Pforten des Himmels, würden diese zum Eintritt und zur Versöhnung bereit sein?

Der Bildhauer Auguste Rodin hatte einen prophetischen Blick ins zwanzigste Jahrhundert geworfen, als er ein Relief mit dem Titel „Das Höllenportal" (1880) entwarf. Über den leidenden Menschen sitzt kein Teufel, sondern eine kleine Nachbildung der berühmten Figur des Denkers. Mit den Vernichtungslagern hat unser Jahrhundert Höllen von beispielloser Grausamkeit hervorgebracht. Sie stimmen alle Optimisten und Humanisten nachdenklich. Nach Auschwitz ist unser Blick auf die alte christliche Predigt von der Hölle, in die Christus nach seinem Tod hinabgestiegen war und aus deren Rachen er Menschen befreit hatte, ein anderer geworden. Und auch die Utopien von einem friedlichen Jenseits, in dem alle Menschen vereint sind, von einem Himmel ohne Hölle, haben sich verändert. Ist es im Ernst vorstellbar, daß ein Eichmann, ein Hitler oder Goebbels in die gleiche Ewigkeit eintreten wie ihre Opfer, daß der Menschenschinder neben dem Geschundenen sitzt und das unschuldige Kind auf alle Ewigkeit neben seinem Vergewaltiger? Die große Trennung der Menschheit in Himmel und Hölle wird aus der Perspektive der Opfer, der Gefolterten und Mißbrauchten anders bewertet als aus der Blickrichtung der Täter, Folterer und Ausbeuter. Auf den Höllendarstellungen des Mittelalters sehen wir erstaunlich oft Päpste, Bischöfe, Mönche und reiche Bürger abgebildet. Auch die Bibel spricht aus Sicht der Opfer. Das will bei der Lektüre beachtet sein.

Jesus war gekommen, um die Menschheit wieder zu ihrem himmlischen Vater zurückzuführen. Wer nach seinem Vorbild lebte und ihm nachfolgte, der konnte mit einem Sitz im Himmel neben Christus und den Urvätern Abraham, Isaak und Jaakob rechnen. Eines Tages, so hatte Jesus prophezeit, werde er mit seinen Engeln wiederkommen und die große Scheidung der Menschheit vollziehen. Spätestens dann werde sichtbar, wer auf Seiten der Dämonen oder der Engel Gottes gestanden habe. „So wird es auch am Ende der Welt gehen: die Engel werden ausgehen und die Bösen von den Gerechten scheiden und werden sie in den Feuerofen werfen; da wird Heulen und Zähneklappern sein" (Matthäus 13,49–50). Alle Worte von Himmel und Hölle beziehen sich auf jenen Tag der Unterscheidung. Was hülfe es dem Menschen, wenn er große Macht erlangte, allen Besitz der Welt und nähme dabei Schaden an seiner Seele? Besser, mit verkrüppelten Händen in den Himmel einzutreten als mit zwei gepflegten Händen in die Hölle. Wenn das Auge oder der Arm nach den Dämonen schielt, ist es besser, sich von ihnen zu trennen. Lieber einäugig und einarmig in den Himmel eintreten, als mit heilen aber sündhaften Gliedern in die Hölle kommen. In unterschiedlichen Bildern wird dieser Ort des Schreckens beschrieben. Ein gebranntes Kind scheut das Feuer, und schon ein Sturz ins Brennesselfeld schmerzt lange auf den nackten Armen und Beinen des Kindes. Das Feuer der Hölle aber ist unauslöschlich. Hier werden Leib und Seele verdorben. Heulen und Zähneklappern, Angst und Schrecken erfüllen den Feuerofen mit ewigen Klageschreien.

Im Elternhaus, in der Schule und im Büro herrscht ein trügerischer Friede. Dann kommt der große Krach, und es wird die Entzweiung sichtbar. Der Hausherr steht auf, verschließt die Tür. Vergeblich klopft man an die Pforte, umsonst wird das Gespräch gesucht. Draußen vor der Tür stehen zu müssen, auf alle Ewigkeit vom Reich Gottes ausgeschlossen zu sein, das heißt Leben in der Hölle. Durch die Tür wird man dem Herrn zurufen, man kenne sich doch. „Herr, tu uns auf!" Man zählte zu seinen Zuhörern, auch habe man gemeinsam das Brot geteilt. Erinnere sich der Herr nicht mehr? Und dieser wird knallhart antworten: „Ich kenne euch nicht; wo seid ihr her?" (Lukas 13,25). Jesus hatte seine Zuhörer eingeladen, durch die weitgeöffneten Türen in den Festsaal des Gottesreiches zu treten. Wenige waren gekommen, viele hatten die Einladung ausgeschlagen, nicht wissend, welche Folgen das haben werde. Hinausgestoßen, draußen vor der Tür, steht auch der gefallene Engel. Wie ein Blitz war der Satan vom Himmel gefallen. Jesus hatte seinen Sturz gesehen, als die zweiundsiebzig Jünger erfolgreich einige Dämonen des Lebens ausgetrieben hatten. Aber wohin war der gefallene Engel gestürzt? Der Triumph der Erlösung ist zugleich die Geburtsstunde der Hölle. Wer konnte sicher sein, nicht eines Tages zu ihren Bewohnern zu zählen? Als der junge Mann das erste Mal die Geschichte vom reichen Mann und dem armen Lazarus las, durchfuhr es ihn.

Kinder haben Angst vor der Ewigkeit, aber nicht vor der Hölle. „Himmel und Hölle" heißt ein Straßenspiel, bei dem mehrere Kästchen mit Kreide oder einem Stück vom roten Ziegelstein auf den Asphalt gemalt werden. Auf einem Bein werden sie durchhüpft. Wer einen Strich berührt, eine Grenze verletzt, bei dem „brennt es". Pommernland war abgebrannt wie Zimpel, Sagan und Königsberg. „Himmel und Hölle" gehören zum Wechselspiel des Kinderlebens und zum Wechselbad der Gefühle. Heute ist Carina die beste Freundin, morgen Mira; heute ist Melike ein Engel, morgen ein Teufel. Wenn die Geschwister trotz mehrfacher Ermahnung durch den Vater ungehorsam sind und ihr lauter Streit kein Ende nehmen will, werden sie auf ihre Zimmer verwiesen. Die große Scheidung wird vollzogen. Bei den Eltern ist der Himmel, in den Kinderzimmern die Hölle. Manchmal herrscht nach dem Machtwort des Vaters auch hier Heulen und Zähneklappern, manchmal genießen aber auch die Kinder die Ruhe. Kein Kind rebelliert gegen eine gerechte Strafe. Krankspielen macht Spaß, aber für alle Zeit krank sein muß furchtbar sein. Die Hölle auf Zeit ist erträglich, aber in Ewigkeit draußen vor der Tür der Küche oder des Wohnzimmers der Eltern sitzen zu müssen, wäre schrecklich. Das ist die Situation, in der sich der reiche Mann nach seinem Tod befindet.

In der Hölle

Im irdischen Leben erging es ihm bestens. Er trug feine Kleidung aus Purpur und kostbarem Leinen und lebte alle Tage herrlich und in Freuden. Nicht, daß er seinen Wohlstand genoß, wird ihm zum Verhängnis, sind doch auch schöne Stoffe eine gute Gabe des Herrn. Der reiche Mann dachte nur an sich, er hatte nicht zu teilen gelernt und verschloß die Augen vor dem bejammernswerten armen Mann, der von Geschwüren bedeckt „vor seiner Tür" lag und auf ein paar Abfälle von der reichgedeckten Tafel hoffte. Er ist so kraftlos, daß er sich der Hunde nicht erwehren kann, die kommen, seine Wunden zu lecken. Nach dem Tod wird Lazarus von den Engeln in Abrahams Schoß getragen. Ein Uterussymbol wie das Paradies. Der reiche Mann aber fährt zur Hölle. Der Reiche ist der Böse, der Arme der Gute. Lukas schafft mit dieser einfachen Gegenüberstellung eine Urform von Bertolt Brechts epischem Theater. Zwischen Himmel und Hölle ist ein Blickkontakt möglich, und in seiner Qual hebt der Reiche hilfesuchend die Augen und sieht in der Ferne ein Bild der Geborgenheit, an dem er Anteil haben möchte. Auch Lazarus und Abraham können vom Himmel aus einen Blick in die Hölle werfen. Ob sie die Freuden des Himmels bei gleichzeitigem Anblick der Pein genießen können?

Die gerechte Trennung der Menschheit in Himmel- und Höllenbewohner wird von dem Reichen so wenig bestritten wie die Gerechtigkeit seiner Verurteilung. Er bittet Abraham nicht um eine Befreiung aus der Hölle, sondern allein um einen kleinen Liebesdienst. Lazarus solle kommen, „damit er die Spitze seines Fingers ins Wasser tauche und mir die Zunge kühle; denn ich leide Pein in diesen Flammen". Darf man dem Reichen diese kleine Bitte abschlagen? Ist es nicht unbegreiflich grausam, dem Verurteilten keine Verringerung seiner Qual zu gewähren? Doch auch die umgekehrte Frage stellt sich: Darf es Lazarus zugemutet werden, jetzt den Mann zu pflegen, der sich zu irdischen Lebzeiten in keiner Weise um sein erbarmenswertes Schicksal gekümmert hatte? Soll ausgerechnet das Opfer zum Krankenpfleger des Täters werden?

Abraham antwortet dem Reichen: „Gedenke, Sohn, daß du dein Gutes empfangen hast in deinem Leben, Lazarus hat Böses empfangen; nun wird er hier getröstet, und du wirst gepeinigt."

Auf den ersten Blick enthält diese Antwort den wenig anstößigen Gedanken der ausgleichenden Gerechtigkeit. Aber es schwingt auch die Vorstellung eines begrenzten Gnadenvorrates mit, der irgendwann ausgeschöpft sei. Eine Ewigkeit in der Hölle für sechzig oder siebzig Jahre angenehmen Lebens auf Erden, da scheint mit ungleichen Gewichten gewogen zu werden. Aber von Ewigkeit ist hier nicht die Rede. Doch nicht weniger beunruhigend ist die zweite Antwort, die Abraham dem Reichen gibt: „Und überdies besteht zwischen uns und euch eine große Kluft, daß niemand, der von hier zu euch hinüber will, dorthin kommen kann und auch niemand von dort zu uns herüber“ (Lukas 16,26). Da ist er wieder, der Riß, der zu Anfang die Schöpfung geteilt hatte. Niemand könne ihn heilen, niemand könne den tiefen Abgrund zwischen Himmel und Hölle überwinden, weder Abraham, Lazarus noch einer der Höllenbewohner. Gilt das auch für Gott? Könnte angesichts der verfahrenen Lage nicht der Bruder, Schwager oder Großvater vermittelnd eingreifen und den Abgrund überwinden?

„Daß die Parabel vom reichen Prasser und dem armen Lazarus nichts weiter sein will als eine ernste Warnung an die Lebenden, sich des Armen vor ihrer Tür zu erbarmen, ist klar.“ Ist das wirklich so „klar“, wie Hans Urs von Balthasar, der große Kenner des Origenes, behauptet? So müßte es sein, und auch der Reiche bittet, daß Abraham wenigstens den Lazarus zu seinen noch lebenden fünf Brüdern schicke, damit sie gewarnt seien und „nicht auch kommen an diesen Ort der Qual“. Abraham entgegnet, die Brüder des Reichen hätten Moses und die Propheten als Mahner der Nächstenliebe. Und selbst „wenn jemand von den Toten auferstünde“, ergänzt er in Anspielung auf Christus, „so werden sie sich auch nicht überzeugen lassen“ (Lukas 16,31).

Das Rätselhafte ist, daß sich einige Menschen trotz besseren Wissens der Stimme Gottes und seiner Engel verschließen und der Gnade verlorengehen. Das ist gerade für den Gläubigen ein unerträglicher Gedanke, weshalb die großen Heiligen mit ihrem Liebeseifer Sturm gegen die Pforten der Hölle gelaufen sind. Katharina von Siena spricht ihren himmlischen Bräutigam in diesem Sinne an: „Wie könnte ich denn, Herr, mich damit abfinden, daß ein einziger von denen, die Du wie mich nach Deinem Bild und Gleichnis geschaffen hast, verlorenginge und Deinen Händen entglitte? Nein, auf gar keinen Fall will ich einen einzigen meiner Brüder zugrunde gehen sehen, einen einzigen derer, die mir durch eine gleiche Geburt zur Natur und zur Gnade geeint sind. Ich will, daß sie alle dem *alten Feind entrissen seien,* daß Du sie alle zur Ehre und zur größeren Verherrlichung Deines Namens gewinnst." Aber selbst die Heilige glaubt nicht an eine Versöhnung aller. Denn selbst wenn alle Menschen für den Glauben gewonnen werden könnten, der altböse Feind, der Teufel und seine Dämonen, stünden auch in Katharinas Himmel draußen vor der Tür.

Der Reiche hatte keine Ausrede. Er hätte auch ohne Christus wissen müssen, daß sein erbarmungsloses Verhalten gegen das Gebot der Nächstenliebe und das Gesetz Gottes verstößt. Es gibt Sünden, die unvergebbar sind. Das ist alte Lehre der katholischen Kirche. „Wir definieren zudem", schreibt Benedikt XII. (20. Dezember 1334–25. April 1342), „daß nach allgemeiner Anordnung Gottes die Seelen der in einer aktuellen Todsünde Dahinscheidenden sogleich nach ihrem Tod zur Hölle hinabsteigen, wo sie mit den Qualen der Hölle gepeinigt werden" (Denzinger 1002). Selbst das liberale Zweite Vatikanische Konzil hält aus diesem Grund an der Existenz der Hölle fest. „Darum könnten jene Menschen nicht gerettet werden, die sehr wohl wissen, daß die katholische Kirche von Gott durch Jesus Christus als eine notwendige gegründet wurde, jedoch nicht in sie eintreten oder in ihr ausharren wollten" (Denzinger 4136).

Für den Himmelsbewohner Lazarus bedeutet der breite Höllengraben ein Sicherheitsgefühl. Darauf kommt es hier an. Aber müßte nicht ein Steg der Gnade oder zumindest der Buße über den garstig tiefen Abgrund der Sünden hinwegführen? Der Reiche und alle, die mit ihm in der Hölle sitzen, hatten zu Lebzeiten die Stimme Jesu überhört, sie waren nicht eingetreten in das Reich des Glaubens. Jetzt erkennen sie ihre Lage. Wenn sie noch einmal eine Chance bekämen? Müßte es nicht ein Hintertürchen zum Himmel oder ein Programm der Reinigung der schwarzen Seelen geben? Die endgültige Scheidung der Menschheit in Höllen- und Himmelbewohner war zu radikal, als daß sie nicht eine Kompromißlösung gefordert hätte. Im Hochmittelalter wird daher die Kirche, ihrer Vermittlerrolle zwischen Gott und Mensch folgend, die Topographie des Jenseits noch einmal vermessen und die große unüberwindliche Kluft untersuchen. Offenbar hatte Lukas nicht genau hingesehen, denn zwischen Himmel und Hölle wurde jetzt ein Ort der Reinigung der Seelen, das Fegefeuer (Purgatorium) sichtbar.

Innozenz IV. und das Erste Konzil von Lyon (28. Juni – 17. Juli 1245) unterscheiden zwischen dem ewigen Feuer der Hölle und dem zeitlich begrenzten des Fegefeuers. Hier werden die Seelen von kleinen und geringfügigen Sünden gereinigt, „die nach dem Tode auch dann belasten, wenn sie im Leben vergeben wurden. Wer aber ohne Buße in einer Todsünde dahinscheidet, der wird ohne Zweifel auf immer von den Gluten der ewigen Hölle gepeinigt" (Denzinger 838–9). Das Zweite Konzil von Lyon (7. Mai – 17. Juli 1274) unter Gregor X. zeigt, warum die Lehre vom Fegefeuer bei den Gläubigen sehr beliebt war. Sie entsprach der menschlichen Erfahrung, daß niemand, einige Heilige ausgenommen, mit weißer Weste aus dieser Welt ging und daß jeder die Chance einer Reinigung von den Erdenresten nötig hatte. Zudem war der Läuterungsprozeß Aufgabe der gesamten Kirche. Der Christ befand sich in der Solidarität der Sünder, die alle der Fürsprache und Gnade bedurften: „Und zur Milderung derartiger Strafen nützen ihnen die Fürbitten der lebenden Gläubigen, nämlich Meßopfer, Gebete, Almosen und andere Werke der Frömmigkeit, die von den Gläubigen entsprechend den Anordnungen der Kirche für andere Gläubige gewöhnlich verrichtet werden" (Denzinger 856). Das Bedürfnis nach Reinigung, Aussprache, Klärung der Verhältnisse, Vergebung und Versöhnung ist zutiefst im Menschen verankert. Durch das Fegefeuer konnten Schuldgefühle bewältigt werden, der Mensch bekam die Chance zur Wiedergutmachung seiner schlechten Taten.

Mit dem Ablaßhandel als Wildwuchs dieser Heilsökonomie war Martin Luther konfrontiert und wandte sich deshalb gegen die Lehre vom Fegefeuer. Auch das Konzil von Trient mahnt auf seiner Sitzung vom 3. Dezember 1563, daß an der „gesunden Lehre vom Reinigungsort" („ut sanam de purgatorio doctrinam") festgehalten, aber nicht zugelassen werde, „daß Unsicheres bzw. was am Schein der Falschheit krankt, unters Volk gebracht und behandelt wird. Das aber, was zu einer gewissen Neugierde oder zum Aberglauben gehört oder nach schändlichem Gewinn schmeckt, sollen sie als Ärgernis und Anstoß für die Gläubigen verbieten" (Denzinger 1820). Zu solchem Ärgernis gehören heute die Gesprächsprotokolle, die Menschen mit den armen Seelen im Fegefeuer geführt haben wollen (Eugenie von der Leyen) und das exorzistische Verhör von Priestern (Verdi Garandieu), die für ihre Sünden in den Flammen der Hölle büßen. Diese angebliche „Direktschaltung" in die Hölle wird mit modernen audiovisuellen Mitteln betrieben. Daß der Exorzist Arnold Renz nach dem Tod der Anneliese Michel sein Werk in der Schweiz fortsetzt und eine kranke Frau als Botschafterin der Hölle mißbraucht („Mahnung aus dem Jenseits"), wird zu Recht als Skandal empfunden. Wenn es eine Hölle gäbe, so meinen Kritiker, dieser Propangandist der erbarmungslosen Rache Gottes hätte die Anwartschaft auf einen ihrer heißesten Plätze.

Sollte der Teufel erlöst werden?

Origenes (185–254) hatte es mit der Nachfolge Jesu sehr genau genommen und sich um des Himmelreiches willen entmannt. Seine Lehre wurde 543 auf der Synode von Konstantinopel mit dem Verdammungsurteil (Anathema) belegt. Der Kirchenvater Origenes hielt an der zeitlich begrenzten Strafe der Dämonen und der gottlosen Menschen fest. Nach einer bestimmten Frist werde sie ein Ende haben und es werde eine Wiederherstellung (Apokatastasis) der ursprüglichen Gestalt der Dämonen und bösen Menschen geben. Am Ende der Zeit werden aus Dämonen wieder Engel und aus Sündern Gnadenempfänger. Das war nicht die einzige Zumutung, die dieser Lehrer der allmächtigen Gnade und Liebe Gottes für seine Kirche bereithielt. Er stellte die grundsätzliche Frage: „Sollten auch der gefallene Engel und die Dämonen des Lebens erlöst werden?" und beantwortete sie mit einem „Ja!". Niemand bestritt, daß Gott, wenn er es wollte, auch den gefallenen Engel erlösen könnte, aber keiner wagte, dies zu fordern – mit Ausnahme des Origenes und seiner Schüler. Origenes lehrte eine mehrfache Wiedergeburt des Menschen zum Zweck der Reinigung. Sie werde so lange dauern, bis wir wieder reif für den Himmel sind. Irgendwann wären alle Geschöpfe mit Gott vereint, auch die Dämonen des Lebens. Christus werde in dem kommenden Weltreich (Äon) noch einmal gekreuzigt werden und für die Sünde des gefallenen Engels und der Dämonen sterben, damit auch sie erlöst würden („christòs èn to méllonti aíoni staurothésetai hüpèr daimónon").

Eine unversöhnliche Vision vom Ende des gefallenen Engels hatte dagegen Johannes auf der Insel Patmos geschaut. Alte und moderne Apokalypsen sind sprachtherapeutische Versuche einer Bewältigung der endzeitlichen Schrecken, die als pechschwarze Vögel die gläubige Seele und ihren Himmelsblick verdunkeln. Heute heißen sie globale Umweltzerstörung, Ozonloch, Weltraumschrott, atomare Bedrohung und Überbevölkerung, zu Johannes Zeit war es die Domitianische Christenverfolgung (95 n. Chr.), die das Herz des Gläubigen verfinsterte. Johannes will die leidende Gemeinde stärken, ihre Naherwartung wecken und die Hoffnung auf einen endgültigen Sieg über den gefallenen Engel. In den römischen Arenen wurden die Christen in Tierfelle eingenäht und von Hunden zerfleischt, ans Kreuz geschlagen, zum Zweck nächtlicher Beleuchtung mit Pech bestrichen und verbrannt. Mit den römischen Teufeln war keine Verhandlung möglich. Wie hält ein gläubiger Mensch diese Situation äußerster Bedrohung aus? Wie schafft er es, jetzt seinem Glauben nicht abzuschwören? Inmitten dieser Aussichtslosigkeit irdischer Verhältnisse richtet Johannes tröstend und klärend den Blick auf Himmel und Hölle. Was die Gemeinde hienieden erlebe, sei Teil eines kosmischen Ringens zwischen Michaels himmlischer Truppe und den höllischen Mächten, an deren Ende der alte Drache für alle Zeit besiegt sein werde. „Und der Teufel, der sie verführte, wurde geworfen in den Pfuhl von Feuer und Schwefel, wo auch das Tier und der falsche Prophet waren; und sie werden gequält werden Tag und Nacht, von Ewigkeit zu Ewigkeit" (Offenbarung 20,10).

Endlich werden die Gläubigen in Frieden leben können, Gott wird ihnen alle Tränen abwischen, und der Tod wird nicht mehr sein. Die Himmelsbewohner trinken das Wasser des Lebens, und der seit Paradiesestagen versperrte Zugang zum Baum des Lebens ist wieder frei. Wäre es denkbar, daß nach einer kleinen Ewigkeit der Erholung sich im Himmel eine Gruppe aus Engeln und Menschen zusammenfände, die den „Fall Satan" noch einmal aufgriffe und Fürbitte für den gefallenen Engel und die Dämonen des Lebens leistete? Hans Blumenberg (*1920) hat die alte Frage, ob der Teufel erlöst werden *sollte*, noch einmal aufzugreifen gewagt und ein langes Plädoyer für die Allmacht der Gnade gehalten (FAZ, 27. Dezember 1989): „Weil der Teufel einen unschätzbaren Dienst zur Entlastung des ersten Artikel im Credo leistet und zudem den Menschen sich in seiner Bosheit ertragen läßt, indem da doch noch eine andere Hand im Spiel ist, deshalb kann er nicht schwerer bestraft werden, als die Menschen ihre Mörder zu strafen mühsam gelernt haben – zwar lebenslänglich im Urteil, aber auf Zeit durch Aussetzung oder Begnadigung."

Wer könnte sich vor Gott rühmen? Wer bedürfte nicht seiner Gnade? Die lange Geschichte des gefallenen Engels und der Dämonen des Lebens ist kompliziert und trotz aller Aufhellungen vom Sturz aus dem ersten Engelchor bis zur Verführung Evas, vom „Fall Hiob“ bis zur Versuchung Jesu, von Judas bis zur Verfolgung der Gemeinde voller Dunkelheiten. Auch nach der Erlösung müssen wir mit diesen Schatten und dem Drachen an unserer Seite leben. Gott hat es dem Satan gestattet, die christliche Gemeinde wie den Weizen zu sieben. Warum er die Lizenz zum Sieben ausstellte, wird uns nicht verraten.

Gibt es da unheimliche Zusammenhänge, wie Hans Blumenberg vermutet? „Der Teufel war ein Engel der höchsten Rangstufe gewesen, dem Gottesthron am nächsten und damit der Ausstrahlung der absoluten Wahrheit. Wie konnte der Engelfürst sich dieser Wahrheitsmacht entziehen? Sie gerät ins Zwielicht, wenn ihr Geschöpf aus dem Vollgenuß ihrer Aura abstürzt. Es ist nicht damit getan zu sagen, der hochgestellte Engel sei vom eigenen Glanz verblendet worden – wie konnte das sein? Wie konnte im Gotteslicht die Kreatur sich derart über sich täuschen, dem Übermut und Irrtum verfallen, in den Abgrund der ewigen Widergesetzlichkeit stürzen? Vor allem: Es gab keinen Verführer für den, der nach seinem Absturz zum Verführer werden und den ersten Menschen ins Unheil führen sollte. ... Ich meine, daß es nur eine Lösung für dieses Problem gibt: Lucifer (Phosphoros) sündigt, weil er verführt wird, und er wird verführt von dem einzigen, der es vermag, von Gott selbst.“

Ohne den Teufel gäbe es keine Erlösung, ohne den gefallenen Engel keine Erfahrung in Zeit und Raum. Alles begann mit dem gefallenen Engel und den Dämonen des Lebens. Gott wollte, daß wir geboren werden, er war verliebt in das Leben. Wir sollten das Paradies verlassen, damit wir wissend und frei werden. Als der Sohn aus der Heimat aufbrechen wollte, wurde er vom Vater nicht daran gehindert. Mußte der Sohn nicht den Vater verlassen, damit er die süße Gnade und das Himmelbrot schmecken lernte? Gott wollte, daß seine Geschöpfe aus Himmel und Paradies hinaustreten wie aus dem Mutterschoß und einen langen Umweg durch die Welt gehen, damit sie wissender und gottbewußter ins wiedergefundene Paradies zurückkehrten. Im Mutterleib wissen wir nicht, daß wir der Mutter bedürfen. Ohne Gotteskrankheit würden wir das Heil niemals erfahren. Erst in der Gottesferne erkennt der Sohn, daß er Gottes Gnade bedarf. War dies der geheime Sinn des Engelsturzes, und hatte uns Gott die Dämonen des Lebens zur Seite gestellt, damit wir erkennen, daß wir Gottes bedürfen?

DANKSAGUNG

„Der gefallene Engel“ verdankt sich vielfältigen Anregungen während der letzten zwei Jahrzehnte. Zu erinnern ist an die Gnosisstudien mit Barbara Aland, die langen Gespräche und den Briefwechsel mit Hans Blumenberg, meinem verehrten Lehrer. Mehrfache Annäherungen an das unerschöpfliche Thema geschahen durch Aufsätze, meine Monographie über Thomas Manns Roman „Doktor Faustus“ (1979) und meinen Roman „Der Ewige Deutsche“ (1984). Als ich vor sieben Jahren das Buch zu schreiben begann, mußte ich die ersten Entwürfe zur Seite legen, weil sich deutlich abzeichnete, daß „Der gefallene Engel“ eine Vorgeschichte im Himmel hat, die zuerst geschrieben sein wollte. So entstanden die Bücher „Breit aus die Flügel beide. Von den Engeln des Lebens“ (^{2}1994), „Das große Buch der Engel“ (^{2}1995) und „Unter deinen Flügeln geborgen“ (1995).

Durch persönliche Begegnungen mit Heimo Schwilk, Rüdiger Safranski, Ulrich Horstmann und Hans Wollschläger erhielt ich Anregungen. Für Gespräche, Informationen und Materialien habe ich zu danken: Anna Michel, Roswitha Rieß, Thea Hein, Peter Himsel, Dr. Siegfried Lüthy, Manfred Röllinghoff, Pfarrer Wilhelm Flückiger, Pastor Markert, Pastor Dr. Mellinghoff, Subregens Christoph Warmuth, Vizeoffizial Prälat Dr. Fries, Erzbischof Dr. Josef Stimpfle, Dr. Willem C. van Dam, Pater Dr. Jörg Müller SAC, Pfarrer Ernst Alt und Exorzisten, die um Diskretion gebeten haben.

Entscheidende Hilfestellungen bei den Recherchen erhielt ich durch den Bischof von Hildesheim, Dr. Josef Homeyer, den Landesbischof von Hannover, Dr. Horst Hirschler, durch Dr. Hans-Jürgen Ruppert von der Evangelischen Zentralstelle für Weltanschauungsfragen (Stuttgart), Pastor Wilhelm Knackstedt (Hannover), Dr. Ulrich Niemann SJ (Sankt Georgen) und meinen Freund Professor Dr. Rolf Meermann (Bad Pyrmont).

Ein besonderer Dank gilt Karin und Karl-Heinz Streb (Aschaffenburg) für die herzliche Gastfreundschaft, Annemarie Wenzel für die mühsame Abschrift der Interviewaufzeichnungen im Klingenberger Dialekt, meiner Frau Eleonora für das Sicherungsseil beim Abstieg ad inferos und ganz besonders dem Guardian des Klosters Engelberg, Pater Franz Gruber OFM, ohne dessen Gebetsbegleitung und priesterlichen Segen dieses Buch nicht vollendet worden wäre.

27. Juli 1995 *Uwe Wolff*

Namensregister